教育部人文社会科学重点研究基地吉林大学中国国有经济研究中心文库

教育部人文社会科学研究青年基金：
“新常态下我国劳动关系协调机制创新与国际比较研究”（16YJC710050）项目资助

新常态下 我国劳动关系协调机制创新 与国际比较研究

XINCHANGTAI XIA
WOGUO LAODONG GUANXI XIETIAO JIZHI CHUANGXIN
YU GUOJI BIJIAO YANJIU

张嘉昕 著

中国财经出版传媒集团

经济科学出版社
Economic Science Press

图书在版编目（CIP）数据

新常态下我国劳动关系协调机制创新与国际比较研究／张嘉昕著．—北京：经济科学出版社，2020.12
ISBN 978－7－5218－2203－8

Ⅰ．①新…　Ⅱ．①张…　Ⅲ．①劳动关系－对比研究－中国、国外　Ⅳ．①F249.26 ②F246

中国版本图书馆 CIP 数据核字（2020）第 254104 号

责任编辑：杜　鹏　凌　健
责任校对：靳玉环
责任印制：王世伟

新常态下我国劳动关系协调机制创新与国际比较研究
张嘉昕　著
经济科学出版社出版、发行　新华书店经销
社址：北京市海淀区阜成路甲 28 号　邮编：100142
编辑部电话：010－88191441　发行部电话：010－88191522
网址：www.esp.com.cn
电子邮箱：esp_bj@163.com
天猫网店：经济科学出版社旗舰店
网址：http://jjkxcbs.tmall.com
固安华明印业有限公司印装
710×1000　16 开　12.75 印张　225000 字
2021 年 2 月第 1 版　2021 年 2 月第 1 次印刷
ISBN 978－7－5218－2203－8　定价：66.00 元
（图书出现印装问题，本社负责调换。电话：010－88191510）

目　　录

第一章 绪 论

第一节 研究的意义与思路

劳动关系是生产关系的重要组成部分，是最基本、最重要的社会关系之一。劳动关系是否和谐，事关职工和企业切身利益，事关经济发展与社会和谐。党的十八大以来，中国在各个方面都取得了巨大成就，这些成就的取得离不开广大劳动者的辛勤劳动和创造。当前，我国劳动关系总体和谐稳定。但由于我们正处于经济社会转型时期，劳动关系矛盾进入凸显期和多发期，劳动争议案件居高不下，构建和谐劳动关系任务依然艰巨繁重。党的十八大明确提出要构建和谐劳动关系。为全面贯彻党的十八大和十八届二中全会、三中全会以及四中全会精神，中共中央国务院发布了《关于构建和谐劳动关系的意见》。在新的历史条件下，努力构建中国特色和谐劳动关系，对转变经济发展方式、全面建成小康社会和实现中国梦具有重大推动作用。劳动关系协调正是通过劳动关系参与主体间的自我调和，达到相互信任、相互协作的效果，促进劳动关系的和谐。党的十八届三中全会、五中全会先后提出，要创新和健全劳动关系协调机制。党的十八届三中全会提出的政府主导、社会自我调节良性互动，体现在劳动关系治理中，就是采用系统化的思维创新治理方法。党的十八届五中全会提出要健全劳动关系协调机制。重点在于探索建立适应我国国情的劳动关系双方依法自主协调集体劳动关系的制度、机制，畅通职工诉求表达和利益协调渠道，推进劳动关系双方沟通协商制度化；进一步健全协调劳动关系三方机制，完善组织体系，创新组织模式，充分发挥政府、工会和企业代表组织共同研究解决有关劳动关系重大问题的作用。同时，强化劳动纠纷调处和加强劳动保障监察执法。党的十九大报告明确提出，“完善政府、工会、企业共同参与的协商协调机制，构建和谐劳动关系”。尔后，党的十九届一中全会着重谈到了健全劳动关系协商机制的措施。党的十九届四中全会提出要健全劳动关系协调机制，构建和谐劳动关系，促进广大劳动者实现体面劳动、全面发展。这不仅需要政府部门、工会、劳动者、用人单位积极参与协商协调，更需要全社会协同参与，共同开创新时代中国特色社会主义劳动关系和谐的新局面，为推进国家治理体系和治理能力现代化提供稳定的社会基础。

中国特色社会主义进入新时代，我国社会主要矛盾已经转化为人民日益增长的美好生活需要和不平衡不充分的发展之间的矛盾。解决好发展不平衡不充分问题，要大力提升发展质量和效益，更好地推动劳动者的全面发展、社会的全面进步。这个任务相当艰巨，构建和谐劳动关系就显得特别重要。我们对新常态下我国劳动关系协调中的突出问题进行深入剖析，并注意比较和借鉴国际经验，提出创新劳动关系协调机制的政策建议，具有重要的理论和实际应用价值。

一、具体方向

（一）理论意义

1. 深化大国崛起过程中劳动关系治理经验的剖析。

资本主义生产方式决定了作为人格化资本的资本家与劳动者之间是资本雇佣劳动关系，实质是剥削与被剥削的关系，劳资矛盾严重。如何调和劳资矛盾一直是资本主义社会着重探讨的议题。国外学术界对劳动关系的研究形成了五个代表性学派，即新古典学派、管理主义学派、正统多元论学派、自由改革主义学派和激进主义学派。本书对它们的理论观点、政策主张及其在实践中形成的具体模式进行梳理，深化对西方劳动关系协调机制的理解，构建一个相对全面的分析框架。本书将在系统梳理国外协调劳动关系理论成果的基础上，认真研究日本、德国、美国和瑞典等国家的劳动关系治理实践，比较全面地归纳和总结西方国家劳动关系治理经验，整理其主要结论，反思并借鉴有益之处，为整个研究工作提供国际研究视野。这有助于追踪国外劳动关系调整的理论前沿与典型案例，认清资本主义劳动关系协调的本质，总结其经验教训的同时也获得有益启示，从而为创新我国劳动关系协调机制提供借鉴。

2. 丰富中国特色社会主义劳动关系理论的研究。

和谐劳动关系是社会主义和谐社会的重要基础。西方劳动关系理论自身所嵌入的社会制度、经济技术环境、资源禀赋、文化背景与价值取向与中国现实条件迥异，蕴含着不同群体对劳动关系的价值评判，直接引进的方法不足以解决新常态下我国劳动关系协调机制创新问题，需要通过比较研究借鉴相关理论的可行性。社会主义劳动关系理论的主旨在于提出如何发挥、扩大和创造我们的制度优势，形成真正以人为本，尤其是以劳动者为本的社会主义新型劳动关系。我们探索以实现劳动关系参与主体合作共赢、保障和改善民生以及经济社会协调发展为目标的劳动关系治理体系，重点研究如何创新、发展和完善我国劳动关系协调机制，寻求妥善化解潜在冲突的有效途径，进一步丰富新时代中国特色社会主义劳动关系理论的研究。

需要特别说明的是，劳动关系理论研究具有跨学科、多领域的鲜明特征。对劳动关系协调问题的研究是一个涉及多学科交叉的系统工程。已有的国内外研究多是经济学与劳动法学、劳动管理学、社会学、政治学及历史学等其他社会科学进行交叉融合的学术成果。在针对劳动关系协调机制的问题上，如何把握学科交叉性研究的实质，而不只是走形式主义过程，是需要思考的难点问题。本书以马克思主义政治经济学的研究方法与分析工具为基础，结合劳动关系协调机制问题自身所包含的跨学科性质，力图进行多学科、全方位地实现各相关领域的协调互动，以全面研究劳动关系协调问题。

（二）实际应用价值

1. 有利于夯实新时代社会主义和谐社会的建设基础，推进全面建成小康社会和铸就中国梦。

新时代社会主义和谐社会的构建迫切需要劳动关系的和谐，劳动关系的和谐是社会和谐的前提和基础，社会和谐是劳动关系和谐的延伸和结果。劳动关系协调即劳动关系双方主体之间进行自我调和来实现相互协作的目标。通过协调，可以促使参与主体相互理解、达成共识、赢得信任，促进劳动关系的和谐。我们重视研究的实证化与数字化，通过社会调查和数据库建设，客观分析新常态下我国劳动关系现状。进而提出创新劳动关系协调机制的可行性方案设计，为构建社会主义和谐社会夯实基础。

中华民族的伟大复兴有赖于创造性劳动的发挥与劳动潜能的释放，这必须以和谐劳动关系为基础。历史经验表明，一国在社会经济发展进程中，劳动关系往往会经历破折。一个有效的劳动关系协调机制十分重要，它可以促进劳动关系和谐，使社会经济更顺利地进入发达国家行列；否则，会在相当长时间内处于发展的瓶颈期，甚至陷入中等收入陷阱。本书旨在为新常态下我国劳动关系协调机制创新提供基本思路和具体对策建议，使创造性劳动有更好的施展平台，让人的潜能有更大的释放空间，推动全面建成小康社会战略的顺利实现，进一步凝聚中国力量铸就中国梦。

2. 对国有经济领域的劳动关系和谐进行分析。

中国在市场化改革过程中，国有企业劳动关系发生了重大变化，这是有目共睹的。这些变化包括：政府逐渐退出企业的劳动关系并放弃了对企业的"父爱主义"的控制方式；企业经营者获得了自主权；工人和企业经营者分化为劳动关系的双方；工人的社会地位下降，而工会原有的角色和职能也难以为继。这种变与不变的特征相互交织的现象，使我们很难根据西方劳资关系学的理论和模型做出解释。多年来，中国国有企业劳动关系的研究是多角度的，包括了政治学、经济学、社会学和法学等。这些不同学科具有差异性的研究方法得出一丝隐忧：国有企业劳动关系正在发生重大的变化，劳动者"企业主人翁"的身份丧失实际意义。

以公有制为主体、多种所有制经济共同发展的基本经济制度，决定了国有企业劳动关系的稳定具有重要作用和示范效应。国有企业劳动关系和谐有利于营造公平、正义和高包容度的良好工作氛围，提高劳动者工作积极性和创造力，提升生产力发展水平，夯实共享发展的物质基础。反之，共享发展又进一步促进劳动者生活水平的提高和生产能力的提升，促进社会的公平和协调发展，为共同富裕的实现提供强有力的支撑。国有企业劳动关系和谐是巩固和增强人民参与社会生产愿望的基础，为社会进步提供强劲动力。历史经验表明，一国在社会经济发展进程中，劳动关系往往会经历波折。和谐劳动关系有利于一个国家突破"中等收入陷阱"的瓶颈期，更顺利地进入发达国家行列。本书旨在为共享发展理念下国有企业劳动关系和谐发展提供基本思路和具体对策建议，使创造性劳动有更好的施展平台，有利于提升人民获得感，实现人人参与、人人尽力、人人享有，改善生产关系，增强经济社会发展活力，增进社会凝聚力和向心力，推进中华民族伟大复兴的早日实现。

3. 对民营经济领域的劳动关系和谐进行分析。

由于中国国有企业大部分设置有职工代表大会和劳动争议调解委员会，劳资矛盾还不是很尖锐，而民营企业工会组建率低，几乎没有任何的协调劳资关系的组织机构，劳资矛盾相对比较突出。新常态下民营企业很可能成为我国劳动关系最不稳定的部门，亟须从劳动关系的各方主体出发寻求应对措施，我们将结合经济新常态的特征以及民营企业劳动关系的现状、影响因素展开分析。直面当前“强资本弱劳动”的客观实际，探讨劳动者与企业反馈劳动政策法规协调的行为实质与规律，在劳动政策实施中更加有效地指导与影响双方的经济行为；另外，政府、劳动者与企业的利益互动关系产生积极社会效果，从而避免负面群体性事件等情况的发生。总之，经济新常态给民营企业劳动关系带来诸多影响和挑战，在新常态背景下协调好劳资关系对于建设社会主义和谐社会、促进社会主义市场经济健康稳定发展具有重要的现实意义。随着改革进程的全面深化以及党的群众路线的实践导向，协调民营企业劳动关系的体制机制与社会环境正在发生有利于劳资关系和谐共赢的变化，对此进行理论概括与总结，本书的研究将更具有政策指向性与实践可行性。

二、研究思路与逻辑

本书研究的主题是新常态下我国劳动关系协调机制创新与国际比较研究，按照这一主题展开了以下研究逻辑。

第一章绪论。介绍研究背景与研究意义，尔后，对近年来学术界关于劳动关系治理或劳动关系协调问题的相关代表性成果进行梳理总结，从而形成一个比较系统的文献综述。

第二章劳动关系理论综述。国内学术界主要关注的是西方主流经济学的劳动关系理论，而劳动关系理论并非只是西方主流经济学的专利，因此，我们对各种劳动关系理论进行了比较详细的梳理和总结。主要包括：马克思的劳动关系理论、劳动产权理论、国外马克思主义的劳动关系理论、劳动者自我管理经济学和现代西方经济学的劳动关系理论。对于国内学术界比较热衷的现代西方经济学的劳动关系理论，笔者将其划分为五个代表性学派，包括：新古典学派、管理主义学派、正统多元论学派、自由改革主义学派和激进主义学派。至此，我们可以对劳动关系理论有一个比较全面系统的了解，为研究劳动关系协调实践提供理论认识准备。

第三章国外劳动关系协调经典型模式。我们对国外具有代表性的劳动关系治理或协调模式进行了总结，主要包括：日本“三支柱”模式、德国共同决定制、美国职工持股制、瑞典共享型劳资关系以及西方合作制经济。通过对这五种劳动关系治理或协调机制的初步分析，使我们对当今世界的劳动关系协调模式有了初步了解，在对各模式介绍后，本章的最后一节是关于各模式对我国劳动关系协调创新启示的一个简要论述。

第四章新时代我国劳动关系的高质量发展。在对各种劳动关系理论进行分类梳理，以及对当前国外劳动关系协调模式实践进行比较研究之后，我们进入对新常态下中国劳动关系协调机制问题的研究。“十三五”时期，我国经济发展步入新常态，随着各项改革的同步深入，影响劳动关系的稳定因素增多。客观环境的变化使构建和谐劳动关系的任务艰巨繁重，但同时也为我国的劳动关系协同治理带来了一些新机遇。笔者首先分析了我国劳动关系转型调整的客观环境以及劳动关系协调出现的主要问题，在此基础上力图凝练出新时代构建和谐劳动关系的基本原则和提出劳动关系协调机制创新的对策，从而促进新时代我国劳动关系高质量发展。

第二节 文献归纳与总结

一、新常态下我国劳动关系的内涵与特征

（一）我国劳动关系的内涵

关于我国劳动关系的内涵，理论界存在“等同劳资关系说”“与劳资关系并列说” “包含劳资关系说” “双重制度安排说”等观点。杨体仁等（2000）认为，劳动关系和劳资关系范畴的内涵是一致的。[①] 周新军（2000）认为，劳动关系和劳资关系是两种不同体制下的经济关系。公有制企业中，国家资本、集体股份资本同社会劳动之间的关系表现为国家、企业管理层和职工之间的劳动关系；私企和外企表现为私有资本、外来资本与国内雇用劳动之间的劳资关系。[②] 黑启明（2004）认为，劳资关系是资本主义社会最本质的社会关系，劳动关系往往指社会主义制度下劳动与资本相结合而形成的

① 杨体仁、李丽林：《市场经济国家劳动关系》，中国劳动社会保障出版社 2000 年版。
② 周新军：《劳动关系与劳资关系：两种体制下的经济关系》，《现代财经》2001 年第 12 期。

社会关系。[①] 高新会（2007）认为，劳动关系包括两个层面的制度内涵：一是具有公共产品性质的基础性制度安排；二是具有个人契约性质的制度安排。[②] 荣兆梓（2010）认为，劳资关系是狭义的劳动关系，劳动关系除各类营利性企业中资本所有者与劳动力所有者的经济关系外，还包括国家机关与事业单位的劳动关系等。[③] 刘凤义（2012）认为，劳动关系是人类社会在物质生产过程中形成的基本社会关系，它反映了人与人之间的经济关系。当前，世界中存在着人身自由下强制型的劳动关系（资本主义制度下的劳动关系）；人身自由下平等型的劳动关系（社会主义制度下的劳动关系）。[④]

常凯（2005）最早提出我国劳动关系存在三个层面，即个别、集体、社会。在社会劳动关系中的劳方，不能以工会作为唯一的代表，而应将工会与工人作为两个主体纳入劳方形成一方。[⑤] 孟泉（2017）给出了社会劳动关系的定义，它是指劳资政三方通过互动的过程和共决的方式，以商定解决劳动问题的实体性与程序性宏观制度为目标，而构成的不断被规范化的三方博弈与合作的关系。[⑥] 弗里德曼（Friedman，2014）指出，中国劳动关系与西方劳动关系区别最大的两个特点就是国家在劳动关系的运行中占主导与强势的角色，另外就是我国工会与党政和会员关系所引致其身份的双重性。[⑦]

杨云霞（2018）概括了习近平中国特色社会主义和谐劳动关系思想。这一思想的内涵包括：在系统劳动观的基础上，凝练了创造性劳动的范畴，提出了尊重知识和创造性劳动的思想，并将其付诸制度实践；丰富和发展了劳动关系主体理论，提出了强化党对劳动关系的领导，强调劳动者主体地位和企业家精神；丰富和发展了劳动关系内容理论，开创性地提出了建立劳动关系中的社会主义民主协商机制等。[⑧] 杨成湘（2019）指出，中国特色劳动关系是社会主义性质的劳动关系，从类型上来说属于政府主导型劳动关系，而所谓国家主导型劳动关系说法不够准确。中国劳动关系政策措施都是在经济

① 黑启明：《劳动关系研究十大基本范畴的科学界定》，《理论与现代化》2004 年第 6 期。

② 高新会：《劳动关系的制度分析》，《经济师》2007 年第 5 期。

③ 荣兆梓等：《通往和谐之路：当代中国劳资关系研究》，中国人民大学出版社 2010 年版。

④ 刘凤义：《劳动关系研究中的马克思主义分析框架》，《马克思主义研究》2012 年第 6 期。

⑤ 常凯：《劳动关系学》，中国劳动社会保障出版社 2005 年版。

⑥ 孟泉：《什么是社会劳动关系》，《人力资源开发》2017 年第 6 期。

⑦ Friedman E. Insurgency Trap：Labor Politics in Post-socialist China，New York：Cornell University Press，2014.

⑧ 杨云霞：《习近平中国特色社会主义和谐劳动关系思想研究》，《理论视野》2018 年第 6 期。

体制改革以及基本经济政策的目标范畴内制定实施的，一切与此相矛盾或者背离的政策措施都很难得到政府支持。[①] 杨成湘（2019）还给出了中国特色和谐劳动关系的概念，这是中国共产党领导下的劳动关系，是强调根本利益一致基础上的劳动关系，是规范有序、公正合理、互利共赢、和谐稳定的劳动关系。[②]

（二）新常态下我国劳动关系的特征

李志伟（2016）认为，我国经济发展进入新常态时期，学术界研究了新常态背景下我国劳动关系的基本特征。新常态下的经济发展所导致的产业结构的调整和转型升级将会导致劳动力的供需平衡发生变化，就业流动性会进一步增强，劳资双方的劳动关系生命周期将会更加短暂。[③] 胡娇（2016）通过理论研究和实证分析，发现新常态背景下劳动关系主要存在的问题是薪酬福利、权益保障、民主参与和情感关系、企业效益与职业发展及劳动条件和劳动保护这几个维度中的一些方面。[④] 为预测经济新常态下企业劳动关系的发展趋势，以采取措施避免大量的劳资冲突事件的发生，部分学者在对经济新常态下企业劳动关系影响因素分析的基础上，采用因子分析法确定了员工信心指数、民主参与、企业经营绩效、员工权益实现、劳动环境、员工发展、收入公平性以及超时工作情况八个因变量，采用 Logistic 回归的计量分析方法建立了企业劳动关系预测模型（何勤、孟泉、李倩，2015）。[⑤] 同时，劳动力议价水平不断提升，工会在协调劳资双方矛盾的过程中起到了越来越大的作用，增加了构建双方长期合作、劳资两利的和谐劳动关系的复杂性。依据全国总工会第六届全国职工队伍状况调查，杨静（2014）发现工资集体协商制度落到实处使得劳动者工资收入实现较快增长；减少了劳资纠纷，降低集体劳动争议的发生率。[⑥] 乐君杰（2016）采用三阶段最小二乘法建立联立方程，研究发现工会所具有的代言—应答功能可以让工会通过有效沟通和激

---

① 杨成湘：《论中国特色劳动关系的特征与走向》，《理论探讨》2019 年第 5 期。

② 杨成湘：《关于构建中国特色和谐劳动关系的理论思考》，《理论视野》2019 年第 11 期。

③ 李志伟：《新常态下和谐劳动关系构建研究》，《中国劳动关系学院学报》2016 年第 6 期。

④ 胡娇：《新常态背景下我国企业和谐劳动关系构建》，湖南师范大学，2016 年。

⑤ 何勤、孟泉、李倩：《经济新常态下企业劳动关系风险预测研究——基于 245 家企业调查数据》，《中国人力资源开发》2015 年第 11 期。

⑥ 杨静：《完善我国工资集体协商制度推动劳动关系和谐发展》，《河北经贸大学学报》2014 年第 6 期。

励机制来提高员工的生产效率和组织认同。基于理论和实证分析结果，发现集体呼声是工会维护劳动者权益的更为有效的机制。蒋志远（2015）通过建立主成分得分模型，并运用 SPSS 软件工具对全国近期劳动争议状况以及劳动争议变化呈现出的规律进行分析，发现劳动报酬、工作时间、社会保险等劳动者权益的事项正在成为争议的焦点，用工单位的违法违规行为由“显性”转向“隐性”。①

张鸣起（2018）对新时代我国劳动关系治理进行了总体概况。他指出，新时代劳动关系主体成分和劳动力市场供求关系发生变化，对构建和谐劳动关系提出新问题；新行业、新业态的快速发展，使用工管理和劳动形态深刻变化，对保障劳动关系和谐发展的基本制度机制建设提出新的更高的要求；劳动争议数量在高位徘徊，处理难度加大，对强化劳动法律实施、劳动争议调处机制建设等提出新挑战。② 刘泰洪（2018）、涂永前（2018）等对新时代劳动关系的主要矛盾体现为劳动力供求不匹配的结构性就业矛盾以及劳动者对更高就业质量的需求与高质量就业岗位不足之间的矛盾。③ 李雄（2018）指出，基于新时代国家治理新理念和新要求，构建和谐劳动关系的价值理念应主要锁定在劳动关系高质量发展与劳动关系分类调整两大方面。④ 孟泉（2017）指出，新时代劳动关系的治理，应当定位在如何将顶层设计与源头治理真正有机地结合起来，推动劳动关系和谐发展。他对我国沿海地区的劳动关系治理实践进行了剖析。他聚焦广东省推动的和谐劳动关系综合试验区工作、天津市开发区创建的“三个一”工作法与大连市开发区两级集体协商机制等具体实践，剖析本土化劳动关系区域治理的策略、经验与机制。⑤

（三）新常态下我国劳动关系协调的基本对策

近年来，围绕我国劳动关系协调问题，许多学者从不同研究视角出发提出相应对策。刘泰洪（2018）、涂永前（2018）通过分析新时代劳动关系的主要矛盾和劳动关系治理的新问题，提出了四个方面的基本对策：加强新时

---

① 蒋志远：《主成分分析和线性回归在劳动争议数据中的应用》，吉林大学，2015 年。

② 张鸣起：《以习近平新时代中国特色社会主义思想为指导 构建新时代和谐劳动关系》，《社会治理》2018 年第 3 期。

③ 刘泰洪：《新时代的劳动关系及其治理》，《理论视野》2018 年第 5 期。涂永前：《新时代中国特色社会主义和谐劳动关系构建研究：现状、问题与对策》，《社会科学家》2018 年第 1 期。

④ 李雄：《如何构建新时代劳动关系》，《人民法院报》2018 年 2 月 27 日（002 版）。

⑤ 孟泉：《新时代和谐劳动关系治理策略与机制》，《社会治理》2017 年第 10 期。

期产业工人队伍建设、完善劳动关系领域的法治保障、构建多层次的冲突防范化解机制以及弘扬公平正义的劳动伦理。[①] 卢江（2019）指出，当前我们需要通过健全劳动者合法权益保障体系、防止公有制经济中的劳动关系被市场化侵蚀、扩大共享经济普及面等，并注意把握好新一轮技术革命带来的生产力变革和推动生产关系优化的关系，从而构建和谐可持续的劳动关系。[②] 韩喜平等（2016）认为，应通过推进政府引导、劳资力量均衡和集体协商，它是构建中国特色社会主义和谐劳动关系的关键。[③] 赖德胜等（2016）指出，新常态下劳动关系更加紧张，劳动关系的分化将更加明显，建立三方协商机制对于化解劳资矛盾具有积极作用，为完善三方协商机制需要加快政府职能转变、推动工会角色创新、强化雇主组织社会责任、发挥社会组织调解作用。[④] 胡磊（2015）认为，新常态下构建和谐劳动关系需要在优化企业发展环境、健全中国式集体协商机制、突出劳动者分层保护和激励、提升劳动争议调处效能、引导社会力量参与等多维度持续努力。[⑤] 常凯（2012）指出，中国的市场化劳动关系还是一种尚不规范的关系，还没有形成一个有利于劳动关系力量均衡的法制环境和运作机制，并指出劳动关系法律调整应该以个别劳动关系调整为基础、以集体劳动关系调整为核心、以社会劳动关系调整为总目标。[⑥]

我国还没有针对集体劳动争议处理的相关法律法规，《劳动争议调解仲裁法》（2007）也没有针对集体劳动争议的实质性规定，在实际处理过程中集体劳动争议常被分解为若干个别劳动争议分别进行处理，如若处理不当极易引发停工、怠工、集会、游行等职工群体性事件（潘泰萍，2016）。[⑦] 由于集体行动缺乏制度保障，集体劳动争议不能在制度框架内化解，地方政府往往通过行政手段来治理。徐景一（2015）通过案例分析对集体劳动争议模式进行对比研究发现，集体行动制度框架缺失、地方的经济增长目标优先以及

---

① 刘泰洪：《新时代的劳动关系及其治理》，《理论视野》2018 年第 5 期。涂永前：《新时代中国特色社会主义和谐劳动关系构建研究：现状、问题与对策》，《社会科学家》2018 年第 1 期。

② 卢江、陈弼文：《论新中国 70 年劳动关系演进——基于政府与市场作用的视角》，《经济纵横》2019 年第 10 期。

③ 韩喜平、周颖：《新常态下国有企业和谐劳动关系的构建》，《理论探索》2016 年第 1 期。

④ 赖德胜、李长安：《经济新常态背景下的和谐劳动关系构建》，《中国特色社会主义研究》2016 年第 1 期。

⑤ 胡磊：《面向经济新常态的企业和谐劳动关系构建研究》，《中国劳动》2015 年第 8 期。

⑥ 常凯：《构建和谐劳动关系与劳动关系法制化》，《思想政治工作研究》2011 年第 9 期。

⑦ 潘泰萍：《关于构建我国集体劳动争议预防制度的研究》，《兰州学刊》2016 年第 6 期。

劳资谈判主体不成熟是地方政府以行政手段处理集体劳动争议的主要原因。[①] 胡磊（2015）也认为，弱势的劳动者难以凭借自身力量维护自身权益，政府的适当干预是构建和谐劳动关系的关键。[②] 沈琴琴（2011）认为，工资集体协商制度效果不理想的根本原因在于相关法律法规缺位、协商主体不成熟、推进动力倒置等制度性障碍，进一步对现行工资集体协商构架进行必要的制度创新和制度完善。[③] 李丽林等（2011）从国际比较的角度对当前的三方协调机制进行了全面梳理和分析，并对我国三方协调机制的基本目标和作用进行了阐述，认为工会与资方代表性不足是影响三方协商机制有效性的直接原因，三方协商机制需要进行改革。[④]

二、国有企业劳动关系协调问题

（一）国有企业劳动关系问题综述

近年来，国内学术界对我国国有企业劳动关系的研究成果认为，当前国有企业劳动关系存在的问题主要体现在以下四个方面。

1. 国有企业劳动用工多元化问题明显。

国有企业的劳动者由劳动合同职工、临时职工、负担下岗职工、内退职工等，导致“同工不同酬”，使得企业的工作人员划分了不同的身份以及权利，工资福利不同、晋升机会以及民主管理权利高低。也有部分研究提出了在国有企业改革过程中对老职工的权益保护不当。左向（2013）提出，对老员工劳动关系内涵与新时期劳动关系的区别理解不到位。[⑤] 严晓琳（2016）提出，老职工待遇得不到提高，老职工在计划经济时代对国有企业的发展作出了突出的贡献，但在国有企业改革过程中，却面临着下岗的危机。[⑥] 杨亚莉（2013）认为，国有经济领域的社会保障制度有待健全，当前社保的覆盖

---

① 徐景一：《经济新常态背景下地方政府治理集体劳动争议模式研究》，《当代经济研究》2015年第8期。

② 胡磊：《更好发挥和谐劳动关系构建中政府作用》，《党政干部学刊》2015年第1期。

③ 沈琴琴：《基于制度变迁视角的工资集体协商：构架与策略》，《中国人民大学学报》2011年第5期。

④ 李丽林、袁青川：《国际比较视野下的中国劳动关系三方协商机制：现状与问题》，《中国人民大学学报》2011年第5期。

⑤ 左向：《国有企业劳动关系管理实践与思考》，《人力资源管理》2013年第10期。

⑥ 严晓琳：《国有企业劳动关系分析》，《中小企业管理与科技》（下旬刊）2016年第3期。

范围较狭隘，不同企业和地区之间发展不均衡、社会化水平低、政策执行不一致、欠规范等问题。①

2. 行政化管理束缚企业发展。

国有企业改革不够彻底，导致劳动关系一定程度上具有行政化特点，束缚企业发展。国有企业自 1992 年开始便倡导引入现代企业制度，经过多年的改革，国有企业逐渐建立了“产权清晰、权责明确、政企分开、管理科学”的现代企业制度，但由于受到计划经济时代的影响，行政化运行的痕迹明显。翁小玲（2015）提出，国有企业行政化的管理导致“干群关系”紧张，薪酬管理方案都按“管职工级别”标准，技术岗位等员工的薪酬和经营者管理者的薪酬差别大。② 周颖（2016）提出，传统体制下的国有企业劳动关系体现着行政一体的特点，劳动关系双方利益被平均主义的分配与福利制度所覆盖，公司制改革之后，经营者目标是利润最大化，而劳动者追求报酬更多，使得国有企业内部收入分配不合理。③ 王陆鸽（2017）认为，国有企业内部存在官本位思想，导致行政管理人员和基层工作人员收入差距大。④ 马瑞（2017）认为，劳动关系存在行政性质，企业领导人员都担任着一定的行政职务，技术员工无法获得和自身劳动相对等的薪酬。⑤

3. 法律制度不规范。

部分学者认为国家颁布的法律制度尚未完善，也有部分学者认为企业内部的劳动关系协调机制不完善，提出国有企业的相关法律制度没有跟上改革的步伐，不能为新问题的解决提出有效的法律制度依据。当前，我国劳动关系协调的法律制度还是不完善，不能为解决劳动关系问题提供法律依据。郭维河（2014）提出，劳动者合法权益得不到有效保障，由于制度上的缺失及劳动执法监察的不完善，使劳动者维权困难，职工归属感差，无法与企业共患难。⑥ 用人单位的法律意识淡薄及利益关系的驱动，使劳动者合法权益经常受到不同程度的损害。周颖（2016）认为，劳动者权益保障不健全且国家颁布的劳动关系协调不适用于国有企业。⑦ 刘爱玉（2003）通过实证调查研

---

① 杨亚莉：《刍议新时期国有企业劳动关系》，《劳动保障世界》（理论版）2013 年第 11 期。

② 翁小玲：《浅谈国有企业构建和谐劳动关系管理与对策》，《科技与企业》2015 年第 23 期。

③ 周颖：《中国国有企业和谐劳动关系的发展脉络与构建思路》，吉林大学，2016 年。

④ 王陆鸽：《构建国有企业和谐劳动关系的思考》，《人力资源管理》2017 年第 8 期。

⑤ 马瑞：《国企劳动关系存在的主要问题及对策》，《中国市场》2017 年第 32 期。

⑥ 郭维河：《构建国有企业和谐劳动关系的思考与研究》，《山东工会论坛》2014 年第 3 期。

⑦ 周颖：《中国国有企业和谐劳动关系的发展脉络与构建思路》，吉林大学，2016 年。

究发现国企普通工人在改革过程中尽管利益受损却表现出了集体无行动。[①]此外，我国的三方协调机制在立法、主体层面都有不容忽视的缺陷，因而其运行过于形式化（金侃廉，2008）。[②]

4. 将视角集中于国有企业所有制改革进程中劳动关系转型及其影响。

首先，关于国有企业改革引起的劳动关系转型的研究。不少学者认为，随着国有企业产权制度变革，其劳动关系逐渐市场化、法制化、规范化、全球化（刘元文和高红霞，2002；乔健，2007）。[③] 郭庆松（2007）总结了20世纪90年代以来的国内学术界研究成果，认为国有企业劳动关系总体上呈现过渡性和复杂性，过渡性体现为劳动关系主体身份尚不明朗、劳动关系的运行机制仍然受到政府干预的较强影响、其法制化和规范化处于一种渐进状态，而复杂性则是由过渡性派生出来的。[④] 现阶段国企劳动关系仍有其特殊性，既不同于私企劳动关系，也与资本主义国家的劳资关系有着本质区别（谭劲松和郭亭，2012）。[⑤] 其次，关于国企改革给劳动关系双方带来的影响研究。信卫平（2001）指出国有企业改革使得劳动者和管理者相对地位和实际收入差距拉大，打破了原有的劳动关系均衡状态。[⑥] 管理者阶层从行政体制中独立出来，分化为具有较强主动性的经济利益主体，工人阶层内部出现技术工人、普通工人这种阶层分化趋势（刘建洲，2006）。[⑦] 还有学者指出，国企所有制改革使得普通工人权益受损严重，尤其对于走裁员增效路子的国企下岗职工来说，其经济补偿权、劳动就业权均受到不同程度的侵害（高云飞，2012；傅利平等，2013）。[⑧] 吴清军等（2013）呼吁我国的劳工政策要重视保

---

① 刘爱玉：《国有企业制度变革过程中工人的行动选择——一项关于无集体行动的经验研究》，《社会学研究》2003年第6期。

② 金侃廉：《劳动关系三方协调机制研究》，华东政法大学，2008年。

③ 刘元文、高红霞：《产权改革后国有企业基本状况》，《工会理论与实践》2002年第12期。乔健：《略论我国劳动关系的转型及当前特征》，《中国劳动关系学院学报》2007年第4期。

④ 郭庆松：《当代国有企业劳动关系评述》，《上海行政学院学报》2007年第9期。

⑤ 谭劲松、郭亭：《把握国企劳动关系特殊性，构建国企和谐劳动关系》，《管理学刊》2012年第2期。

⑥ 信卫平：《国有企业改革进程中劳动关系市场化对劳动者的影响》，《工会理论与实践》2001年第4期。

⑦ 刘建洲：《新形势下国有企业劳动关系研究：一个管理者视角的分析》，《学术探索》2006年第8期。

⑧ 高云飞：《改制企业职工权益变动及相应对策研究——以F市为例》，吉林大学，2012年。傅利平、王鲁豫、韩涓：《关于国有企业改制中构建和谐劳动关系的几点思考——以河南省为例》，《中州学刊》2013年第4期。

护劳工合法权益。①

（二）国有企业劳动关系问题的原因

首先，针对劳动用工多元化的问题。张宪周（2013）和马瑞（2017）指出，自我国出台新版《中华人民共和国劳动法》（2008）后，劳动合同制成为国有企业主要的用工形式，但大部分国有企业还保留计划经济时期的成员身份，又雇用了临时工等，导致企业内部劳动用工形式多元化，产生了“同工不同酬”、待遇不公等问题。其次，行政化束缚企业的发展。张宪周（2013）认为，在国有企业成为市场主体的同时，国有经济改革不彻底，尽管行政级别已被取消，但仍然保持领导职务的行政级别，在企业内部管理方面还存在“行政化”倾向，具有“行政级别”的决策层、领导层和管理层的薪酬和福利待遇远高于技术人员和普通职工，从而造成职工热衷于追逐行政级别。②

此外，一些学者对国有企业劳动关系矛盾冲突的原因进行总括。王兴华（2013）总结了国企劳动纠纷的原因：部分公有制企业通过损害劳动者利益来保证利润，部分国企领导在经营权内按照私有制企业的方式来组织生产，从而导致劳资冲突。③ 王燕春（2014）提出，国有企业在建立现代企业制度的过程中，管理体制和用工机制发生深刻变化，许多涉及职工切身利益的问题凸显，劳动关系不稳定性增加。④ 韩喜平等（2016）结合新常态的三大特征来阐述国有企业劳动关系冲突，经济增长放缓影响国有企业员工工资增长，但生活费支出反而有所增加，给员工带来不安全感；经济结构调整导致加快企业兼并重组，涉及更多批企业员工下岗、解雇或分流安置问题，劳动关系矛盾进入凸显期和多发期。⑤

---

① 吴清军、刘宇：《劳动关系市场化与劳动权益保护——中国劳动关系政策的发展路径与策略》，《中国人民大学学报》2013 年第 1 期。

② 张宪周：《国企劳动关系存在的主要问题及对策》，《中外企业家》2013 年第 33 期。马瑞：《国企劳动关系存在的主要问题及对策》，《中国市场》2017 年第 32 期。

③ 王兴华：《国有企业：劳动关系与三方权利平衡机制设计》，《会计与经济研究》2013 年第 2 期。

④ 王燕春：《国有企业如何构建和谐劳动关系》，《工友》2014 年第 11 期。

⑤ 韩喜平、周颖：《新常态下国有企业和谐劳动关系的构建》，《理论探索》2016 年第 1 期。

（三）国有企业劳动关系协调的对策

1. 完善劳动关系协调机制。

刘建洲（2006）比较研究了调节劳动关系的“人力资源管理”模式和“集体谈判”模式，他指出当前国企并不具备采取人力资源管理模式的微观环境，加强工会力量、建立集体谈判制度更适用于中国国企劳动关系调节。[①] 曹红延和陈长鑫（2013）提出，针对不同利益主体施行不同的结算方法。[②] 杨亚莉（2013）提出，要高度重视下岗职工的再就业及社保问题。[③] 左向（2013）提出，加强国有企业劳动关系管理制度建设，推进法治建设，以及对新老员工有所侧重，区别对待，对老职工，尽量妥善安置，制定内退政策，保障他们的基本生活；对新职工按照国家劳动法规法制管理。[④] 翁小玲（2015）提出，要完善劳动关系协调机制，把调节工作落实到位。[⑤] 刘洋针对现有用工制度不利于劳动者的就业公平、工资收入差距扩大加剧工人阶级群体分化，以及政府未能充分发挥劳动关系协调治理的引导作用这三个引发现阶段国有企业劳动关系紧张的主要问题，提出要建立国有企业管理层、劳动者与政府部门三方利益平衡机制以实现劳动关系各方力量对比的均衡，是国有企业和谐劳动关系建构的基本路径。[⑥]

2. 加强法律制度建设。

有学者指出国家应加强引导，通过立法干预，主导集体协商机制建立健全过程（程延园，2011；韩喜平和周颖，2016）。[⑦] 翁小玲（2015）和程远珍（2014）从法律制度的角度分析国有企业劳动关系的应对措施，可以概括为三点：依法修订劳动合同文本；完善劳动合同期限管理；依法制定直接涉及

① 刘建洲：《国有企业劳动关系转型的理论依据和模式选择》，《上海行政学院学报》2006 年第 11 期。

② 曹红延、陈长鑫：《经济转型期国有企业构建和谐劳动关系的对策》，《当代经济》2013 年第 13 期。

③ 杨亚莉：《刍议新时期国有企业劳动关系》，《劳动保障世界》（理论版）2013 年第 11 期。

④ 左向：《国有企业劳动关系管理实践与思考》，《人力资源管理》2013 年第 10 期。

⑤ 翁小玲：《浅谈国有企业构建和谐劳动关系管理与对策》，《科技与企业》2015 年第 23 期。

⑥ 刘洋：《改制后国有企业的劳动关系：现状、问题与协调治理路径》，《教学与研究》2018 年第 7 期。

⑦ 程延园：《世界视阈下的和谐劳动关系调整机制》，《中国人民大学学报》2011 年第 5 期。韩喜平、周颖：《新常态下国有企业和谐劳动关系的构建》，《理论探索》2016 年第 1 期。

职工切身利益的规章制度。[①] 杨亚莉（2013）提出，强化法制建设，加大执法落实力度。[②] 王燕春（2014）着力贯彻劳动法律法规。[③]

3. 重视人力资源和文化建设。

努力提升员工的自身能力。曹红延和陈长鑫（2013）以及王陆鸽（2017）提出，国有企业劳动关系治理要坚持以人为本的管理理念，关注民生把职工需求放在首位。[④] 郭维河（2014）提出，要注重员工心理疏导和人文关怀，让职工时刻感受企业的温暖；搭建成长平台，让职工与企业目标同向；注重文化引领，让职工与企业命运共济。[⑤] 王燕春（2014）提出，要推行民主管理，要在国有企业开展职工代表大会评议企业领导人员工作，公开国有企业领导人员的薪酬水平、职务待遇、职务消费和业务消费等热点问题，促进企业领导班子和领导人员的廉政建设；并着力于畅通员工成长通道与着力于搞好企业文化建设。左向（2013）提出，加强国有企业人力资源队伍建设，增加国企人力资源从业人员的使命感与责任感，对从业人员学习能力进行培养，增加忍耐力，提高职业素养。也有学者表示企业党政应当重视起工会以维权为主要职责的职能转变，狠抓工会干部维权意识和能力（宋璐鹏，2017）。[⑥] 朱富强（2019）专门就企业文化问题进行研究，他认为国有企业的新型劳动关系嵌入在企业文化中，无论是利益协调机构的创设还是民主决策机制的完善都与文化有关。从根本上说，好的文化致力于实现社会交往合理化，从而具有强烈的价值理性和集体主义倾向，这正是儒家文化的基本特质。因而要加强国有企业的文化建设从而促进国有经济劳动关系和谐。[⑦]

三、民营企业劳动关系协调问题

在民营经济领域，工会作为劳动者的代表，在解决劳资矛盾中具有决定

---

① 翁小玲：《浅谈国有企业构建和谐劳动关系管理与对策》，《科技与企业》2015 年第 23 期。程远珍：《国有企业劳动关系管理法律风险的防范》，《科技经济市场》2014 年第 9 期。

② 杨亚莉：《刍议新时期国有企业劳动关系》，《劳动保障世界》（理论版）2013 年第 11 期。

③ 王燕春：《国有企业如何构建和谐劳动关系》，《工友》2014 年第 11 期。

④ 曹红延、陈长鑫：《经济转型期国有企业构建和谐劳动关系的对策》，《当代经济》2013 年第 13 期。王陆鸽：《构建国有企业和谐劳动关系的思考》，《人力资源管理》2017 年第 8 期。

⑤ 郭维河：《构建国有企业和谐劳动关系的思考与研究》，《山东工会论坛》2014 年第 3 期。

⑥ 宋璐鹏：《国有企业工会维权的突出问题及破解思路》，《理论探索》2017 年第 5 期。

⑦ 朱富强：《契约主义企业观的责任性文化：再论国企改革中的新型劳动关系》，《人文杂志》2019 年第 10 期。

性作用，然而工会的存在和发展并不能得到雇主的认可，雇主认为工会只争取工人的权利而忽略了他们的义务，工会要对低生产率和低产量负责。凯常宇和威廉·布朗（Kai Chang Yu & Brown William，2013）① 以及埃尔夫斯特龙和库鲁维拉（Elfstrom & Kuruvilla，2014）② 认为，中国劳动争议的方式正在由个体维权向集体维权转变，性质正在从事后的被动维权向事前的主动抗争转变，权利诉求向利益诉求转变，扮演双重角色的工会作用有限。姚先国和郭东杰（2004）通过实证研究发现职工对工会的态度与劳动关系的满意度之间有显著的正相关关系，认为工会是否真正代表工人的利益是影响劳动关系质量的一个重要因素，调查数据显示，只有 36.8% 的职工认为工会真正代表了工人的利益，可见我国工会的职能转型刻不容缓。③ 新常态下民营经济领域劳动关系的主要特点是农民工利益诉求多元化、劳动者诉求表达渠道不畅以及劳资双方利益协调机制缺失（郑东亮，2015；陈晨，2015）④。徐景一（2019）提出，要建构旨在促成共建共享的劳资一体格局的新时代，和谐劳动关系顶层设计制度框架。新时代民营企业劳动关系协调机制应从党政主导的政府部门联动决策、基于源头治理的工会工作、健全完善的三方协商、基于新技术的劳动者权益表达保障、畅通高效的劳动争议多元化调处等路径进行创新与建设。⑤

新常态下就业质量成为我国经济发展与构建和谐劳动关系的突出问题。就业质量反映劳动者与生产资料结合的状况，包括工作的性质、工资水平、工作稳定性、工作环境、社会保险和劳动关系等（王阳，2014）。⑥ 该理念是由国际劳工组织提出“体面劳动”的概念得来的，指“促进男女劳动者在自由、公平、安全和具有人格尊严的条件下，获得体面的、生产性的可持续工

① Chang K & Brown W. The Transition from Individual to Collective Labour Relations in China. Industrial Relations Journal, 2013, 44 (2): 102 - 121.

② Elfstrom M & Kuruvilla S. The Changing Nature of Labor Unrest in China. Industrial and Labor Relations Review, 2014, 67 (2): 453 - 480.

③ 姚先国、郭东杰：《改制企业劳动关系的实证分析》，《管理世界》2004 年第 5 期。

④ 郑东亮：《经济新常态下构建和谐劳动关系面临的挑战和对策》，《中国劳动》2015 年第 10 期。陈晨：《经济发展新常态下构建和谐劳动关系研究》，《郑州大学学报》（哲学社会科学版）2015 年第 6 期。

⑤ 徐景一：《新时代民营企业劳动关系协调机制创新路径研究》，《社会科学辑刊》2019 年第 9 期。

⑥ 王阳：《我国就业质量水平评价研究——兼析实现更高质量就业的政策取向》，《经济体制改革》2014 年第 5 期。

作机会”，同时还为之制定了一整套衡量各国“体面劳动”的主要指标体系（郭铁民，2013）。[①] 与发达国家相比，我国在就业质量方面的研究相对较晚和不足，从“十二五”规划、《促进就业规划（2011－2015年）》开始，我国才提出要提高就业质量，这也是第一次将就业质量列入国家议事日程。党的十八大报告中明确提出推动实现更高质量的就业，党的十九大报告继续强调实现更高质量就业，是一种实事求是、与时俱进的选择，是实现包容性增长、全面建成小康社会的必然要求（赖德胜，2017）。[②] 李林和郭赞（2020）基于对“体面劳动”的理解，制定了民营中小企业劳动关系质量的评价标准和体系，采用实地调查与模糊层次分析方法对我国民营中小企业劳动关系质量现状。尔后，他们从继续改善劳动过程质量、增强劳动者权益保障力度、加强员工薪酬福利制度建设、通过培训增加员工晋升机会、实现员工工作兴趣与企业文化认同等角度，提出改善我国民营中小企业劳动关系质量的对策，以提高劳动者工作满意度，实现体面就业。[③]

对于民营经济提高就业质量的实现路径，学界主要从以下三个方面提出建议：（1）实施就业优先战略和积极就业政策，始终把促进就业作为经济社会发展的优先目标，在制定财税、金融、产业、贸易、投资等重大政策时，应综合评价对就业岗位、就业环境、失业风险等带来的影响，优先考虑是否有利于扩大就业规模、改善就业结构、促进充分就业、提高就业质量（刘燕斌，2017）。[④]（2）提供全方位公共就业服务，促进高校毕业生等青年群体、农民工、就业困难人员等各类群体多渠道就业创业、提高就业创业的质量，要加大基层公共就业创业服务平台建设，加大人员、资金投入（张丽宾，2017）。[⑤] 大力推进职业技能培训和职业教育，建议完善现行职业培训体系，建立从业标准制度，做好区域产业结构预测和教育分流（杨宜勇，2017）。[⑥] 深化就业与精准帮扶融通融合，解决好重点地区、重点群体就业，增加政策

① 郭铁民：《推动实现更高质量就业》，《福建日报》2013年6月24日。

② 赖德胜：《高质量就业的逻辑》，《劳动经济研究》2017年第6期。

③ 李林、郭赞：《民营中小企业劳动关系质量评价标准探析：基于体面劳动的视角》，《宏观质量研究》2020年第1期。

④ 刘燕斌：《就业是最大的民生》，《中国人力资源社会保障》2017年第11期。

⑤ 张丽宾：《中国特色社会主义新时代的就业问题和就业工作》，《中国人力资源社会保障》2017年第12期。

⑥ 杨宜勇：《以新体系提升经济创新力竞争力》，《经济日报》2017年第7期。

精准度（沈嘉贤，2017）。[1]（3）要发挥工会、商会和行业协会等各类社会组织的组织优势，充分参与劳资关系协调，完善政府、工会、企业共同参与的协商协调机制，加强劳动监察，保护劳动者权益，构建和谐劳动关系（杨宜勇，2017；刘燕斌，2017）。

四、工会与劳动关系协调

（一）中国工会的产生及定位

与西方国家工会相比，中国工会的诞生背景和形式具有极大的特殊性，在时间上要晚100多年，在我国半封建半殖民地时期中开始形成，是在中国共产党领导下成立的（蒋茜，2015）[2]，它自诞生之日起便接受中国共产党的领导，学习党的理论，随着党组织的发展而发展（尚长泉，2017）[3]，而工会形成并非像西方国家那样自发组成工会，以至于中国工会成为各级党政机构的下属行政单位，而工会的权力是国家公共权力的延伸（李锦峰，2013）[4]。

我国是社会主义国家，实行以公有制主体、多种所有制经济共同发展的社会主义经济体制。因为所有制基础不同导致形成的社会经济制度不同，导致资本主义劳资关系与社会主义劳动关系的根本不同，这也决定了我国工会定位与西方国家存在差异。在社会主义制度下，劳资关系主要指的是非公有制经济中类似于资本主义企业的劳资关系，我国工会不仅需要代表维护工人阶级的利益，也需要在共产党的带领下作为一种桥梁纽带促进劳动关系和谐发展（蒋茜，2015），工会不仅定位为劳工权益的保护性组织，还承担着西方国家工会所不可能承担的政治、社会和经济职能（尚长泉，2017），以至于中国工会所扮演角色多元化。蒋茜（2015）认为，我国工会的总体定位体现为双重性，即党联系职工群众的桥梁和纽带，会员和职工合法权益的代表。陈维政等（2016）研究归纳出我国工会所扮演的三种角色——维稳、维序、维权。这三种角色分别代表了三种不同的责任期望，即政府维稳、企业维序、

---

① 沈嘉贤：《高水平实现“更高质量和更充分”就业》，《浙江经济》2017年第23期。

② 蒋茜：《社会主义市场经济中我国工会定位问题的探讨》，《政治经济学评论》2015年第3期。

③ 尚长泉：《新常态下增强企业工会活力的若干思考》，《山东社会科学》2017年第2期。

④ 李锦峰：《国企改制过程中的国家与工人阶级：结构变迁及其文献述评》，《社会》2013年第3期。

职工维权。[①] 可见，由于我国工会诞生的背景和特定的社会环境下的组织形式的不同，注定我国工会总体定位和所扮演的角色的不同。

（二）中国工会的职能和作用

中国经济进入新常态，随着市场化改革的不断深入，中国新生代农民工逐渐成为产业工人的主体，我国劳资冲突案件呈增长趋势，劳动者和用人单位之间的各种摩擦越来越多，由此引发的群体事件也屡见报端。这些劳资冲突事件的频发，一方面说明企业职工对于维护自身权益的意识在不断增强；另一方面也说明增强工会活力，高度重视和落实广大职工的切身利益，改进和完善工会工作方法和工作模式已迫在眉睫。由于我国工会自身定义和角色的复杂化，在自身维护劳动者权益方面的职能发挥效应一直饱受诟病。孙中伟等（2012）研究发现，工会对外来务工者的强迫劳动、社会保险等劳动权益具有积极的维护和保障作用，但对工资增长无显著影响，与西方国家仅仅保障会员权益不同，我国工会作用具有正向“溢出效应”，但是我国工会无法满足劳动者的“增长型权益”，只能保障职工的“基本型权益”，其作用机制类似于田间的“稻草人”。[②] 孙中伟等（2012）研究指出，中国工会只能保障劳动者的“底线型权益”，对“增长型权益”的保护作用有限。李明等（2014）认为，中国工会的效能近年来虽然有了很大提升，但仅仅着重体现在一些边缘性职能上，核心职能仍未得到充分发挥。[③] 涂永珍（2011）认为，工会的“行政化色彩”使工会领导在实际工作中主要是向上级负责，而不是向工人负责，实际上是削弱了工会代表工人利益的功能和地位。[④] 李戈（2015）认为，虽然工会的确参与了企业内部员工利益平衡问题的解决，但作用仅体现在意见征集、信息传达和决策咨询等议事层面，成为集体娱乐、旅游、休闲、喝茶、会餐的代名词。机构形态尚存但仍未摆脱维权职能空壳化的案臼。工会缺乏能够代表和维护工人权益的有效平台和手段，工会代表性难以显现。[⑤] 瞿皎皎等（2017）认为，虽然维权职能被定为工会的核心职能，

---

① 陈维政、任晗、朱玖华、王西柄、陈玉玲：《中国企业工会角色冲突对工会职能作用发挥的影响和对策研究》，《管理学报》2016 年第 3 期。

② 孙中伟、贺霞旭：《工会建设与外来工劳动权益保护——兼论一种“稻草人机制”》，《管理世界》2012 年第 12 期。

③ 李明、徐建炜：《谁从中国工会会员身份中获益？》，《经济研究》2014 年第 5 期。

④ 涂永珍：《工会法定“代言人”地位的缺失与重构》，《学习论坛》2011 年第 6 期。

⑤ 李戈：《社会转型与中国工会的改革路径探析》，《社会主义研究》2015 年第 6 期。

但现实中工会可能往往把主要精力投放于职工的休闲娱乐活动组织方面，而对于劳动条件、劳动报酬、劳动保险、福利待遇等员工核心权益的关注和维护不足。可见，我国工会维护劳动者权益方面大多只能维护劳动者的基本权益，对于核心权益没有发挥较大的作用，其工会职能发挥受到极大的制约。① 尚长泉（2017）认为，工会在与企业的博弈中，工人和工会之所以处于劣势地位，工会作用发挥受限，一部分原因在于工会的开支等依赖于企业的资金拨付，以至于在一定程度上形成了工会依附于企业的局面，这就势必造成部分企业管理者对工会的控制和操控，限制了工会作用的发挥，还有一些地方政府片面追求经济增长，对企业一味退步和忍让，甚至以牺牲工会独立性和职工合法权益为代价，这些情况都严重制约了工会职能的发挥。② 李锦峰（2013）指出，中国工会兼具国家和社团的双重属性决定了“双维护”角色，导致其行动目标存在潜在冲突性。③ 蒋茜（2015）认为，工会的双重角色容易模糊工会组织性质，降低工会在劳动者中间的信任度；尤其在基层工会的具体工作中，可能因承担过多行政职能变成党或政府的行政附属机构，忽视了自身工作重点。有的甚至会错误地把“沟通与协调”理解为在维权过程中的“左右讨好”，不能理直气壮地维护工人的合法权益。④ 当前，中国工会的管理体制对其职能的发挥还存在一定程度的制约；工会参与劳动关系协调的法制环境尚不完善；工会自身建设还不能完全适应市场经济要求（赵冬玲，2019）。⑤

可见，根据国内学术界已有研究成果，中国工会在一定程度上存在角色混淆、定位不明、履职不清等问题，从而使工会在维护劳动者权益方面的职能没有充分发挥出来。但这也意味着通过有效变革，解决相关问题，发挥工会在协调劳动关系中的主导作用，可以有效地缓解我国目前所面临的劳资矛盾问题。

---

① 瞿皎皎、赵曙明：《中国工会代表性的提升策略研究——组织社会学新制度主义的分析视角》，《管理转型与发展研究》2017 年第 2 期。

② 尚长泉：《新常态下增强企业工会活力的若干思考》，《山东社会科学》2017 年第 2 期。

③ 李锦峰：《国企改制过程中的国家与工人阶级：结构变迁及其文献述评》，《社会》2013 年第 3 期。

④ 蒋茜：《社会主义市场经济中我国工会定位问题的探讨》，《政治经济学评论》2015 年第 3 期。

⑤ 赵冬玲：《新时代我国工会组织参与企业劳动关系协调研究》，《北京交通大学学报》（社会科学版）2019 年第 4 期。

（三）中国工会的发展方向

韩长赋（2012）从都市融合的视角来谈诉求渠道扩展，认为积极接纳新生代农民工加入工会组织，在他们实现基本政治权益的同时健全工会的职能。[①] 闻效仪（2014）提出，将工会直选、工会干部职业化等作为工会改革方向。[②] 陈维政等（2016）提出，在企业工会维权与维稳、维序的多重角色辩证统一关系中，应以维权为基础和前提，企业工会组织建设的相关制度设计应进行适当改进，有效防止“行政工会”和“老板工会”等对策建议，从而消除企业工会角色冲突，充分发挥企业工会的作用。[③] 尚长泉（2017）通过研究提出在坚持中国共产党的领导下树立牢固的思想基础的基础上落实工会维权职责，不断强化工会集体谈判职能，健全民主参与渠道，创新工作方式方法。[④] 瞿皎皎等（2017）认为，确定工会的职能范围，创新代表渠道和手段需要了解新生代工人利益诉求的代际、代内差异，准确把握劳动主力军的价值需求，才能更好地发展行业工会，推行工会直选制，落实工会干部职业化以及完善集体谈判制，保证代表对象享有发言权，能够真实表达利益诉求。加强和完善相关立法建设，包括集体谈判制度、工会选举制度、劳动维权制度等交涉权、行动权和代表权，同时，还应该注重奖惩机制的建立。[⑤] 工会要广泛参与劳动关系协调，更好地承担起自己的职责，应以上代下，将制度性特点转化为制度性优势；推动相关法律制度的完善与运用；实现自身的全面改革（赵冬玲，2019）。[⑥]

可见，研究者大多以工会自身角度为视角，研究其自身选举方式、职能的发挥状况、协调能力及其定位和双重角色等方面展开微观研究探讨。而对于中国工会的定位和双重角色的形成以及现实实践中作用受限的分析缺乏宏观探讨，而且缺乏将工会的改革方向与逐渐成为产业工人主体相结合，缺乏

---

① 韩长赋：《新生代农民工社会融合是个重大问题——关于新生代农民工问题的调查与思考》，《农村工作通讯》2012 年第 6 期。

② 闻效仪：《工会直选：广东实践的经验与教训》，《开放时代》2014 年第 5 期。

③ 陈维政、任晗、朱玖华、王西柄、陈玉玲：《中国企业工会角色冲突对工会职能作用发挥的影响和对策研究》，《管理学报》2016 年第 3 期。

④ 尚长泉：《新常态下增强企业工会活力的若干思考》，《山东社会科学》2017 年第 2 期。

⑤ 瞿皎皎、赵曙明：《中国工会代表性的提升策略研究——组织社会学新制度主义的分析视角》，《管理转型与发展研究》2017 年第 2 期。

⑥ 赵冬玲：《新时代我国工会组织参与企业劳动关系协调研究》，《北京交通大学学报》（社会科学版）2019 年第 4 期。

时效性。

五、“一带一路”沿线国家劳动关系协调问题

党的十九大将推进“一带一路”建设写入党章，这充分体现了党中央高度重视“一带一路”建设，坚定推进“一带一路”国际合作的决心与信心。“一带一路”倡议将为我国的开放发展产生巨大推力，理清“一带一路”沿线国家劳动关系协调机制对于这一战略的深入开展显得紧迫而必要。本书虽对此问题没有进行专门研究，但将近两年来国内学术界对“一带一路”沿线国家劳动关系协调问题进行简要整理也是必要的，这有助于我们从国际视野下思考我国劳动关系协调问题。

苏杭（2015）和卓丽洪等（2015）分别从产能过剩和产能转移方面侧面分析了“一带一路”倡议对我国经济发展的重要意义，提出其实施成功的关键就在于能否处理好劳动关系。① 胡爱斌（2015）从中外劳资关系利益相关者及其差异入手，就中国企业如何化境外劳资关系陷阱为竞争优势提出了建设性的意见。② 蔡德仿（2015）分析了东盟各国劳资争议处理制度，包括处理机制的内容、处理程序、机构以及处理方式。③ 谢玉华等（2016）详细梳理了越南革新开放四个阶段中的劳动关系特点及变化，并据此为中国劳动关系改革提出四点启示。④ 林春杰等（2017）从中国与阿联酋的合作贸易关系出发，探究中资企业在阿联酋地区经营中遇到的劳动风险、产生的原因以及如何规避风险。⑤ 李文沛（2017）则强调政府在劳动关系中的特殊作用，通过政府发挥职能实现在“一带一路”倡议的不同阶段保护境外劳动者权益的目的。⑥ 夏青云（2017）指出，在“一带一路”推动过程

---

① 苏杭：《“一带一路”战略下我国制造业海外转移问题研究》，《国际贸易》2015 年第 3 期。卓丽洪等：《“一带一路”战略下中外产能合作新格局研究》，《东岳论丛》2015 年第 10 期。

② 胡爱斌：《让境外劳资关系陷阱成为竞争优势》，《世界有色金属》2015 年第 4 期。

③ 蔡德仿：《东盟国家劳动争议处理体制及其对我国的启示》，《中国劳动关系学院学报》2015 年第 2 期。

④ 谢玉华、江贝贝、苏策：《转型市场经济国家劳动关系变革及其对中国的启示——以越南为例》，《中国人力资源开发》2016 年第 11 期。

⑤ 林春杰等：《中国企业在阿联酋地区经营中劳动法律风险研究》，《中国市场》2017 年第 15 期。

⑥ 李文沛：《“一带一路”战略下我国境外劳动者权益保护中的政府作用研究》，《行政法学研究》2017 年第 4 期。

中导致企业劳动关系冲突的影响因素，并提出劳资沟通与协调机制的建构原则。[①] 在以上分国别研究的基础上，韩喜平和张嘉昕（2019）详细梳理了“一带一路”沿线国家五类劳动关系协调模式：以阿联酋为代表的西亚区域“法律主导”的劳动关系协调模式，以俄罗斯为代表的独联体“法律协助”的劳动关系协调模式，东南亚以马来西亚为代表的“集体谈判”模式，以新加坡为代表的“三方协调”模式与以越南为代表的“多元混合”劳动关系协调模式，并纵向比较其协调模式的异同点，针对我国在不同模式中可能遇到的劳资纠纷问题提出了具有针对性的建议。同时，为完善我国劳动关系协调模式，提出分类解决纠纷及完善监察、补贴制度两点具体的实践路径。[②]

可见，当前国内针对“一带一路”沿线国家劳动关系的研究主要从两个方向开展，一个方向是针对我国企业或政府在沿线国家面临的普遍性劳资纠纷问题进行研究，另一个方向是针对国外某一具体国家或地区的劳动关系协调问题进行研究。但是整体梳理分类沿线国家劳动关系协调模式，得到针对不同国家劳资纠纷问题带有区别性解决方案的研究仍比较少见。

---

① 夏青云：《“一带一路”视角下的劳动关系协调与沟通》，《海峡科学》2017 年第 5 期。

② 韩喜平、张嘉昕：《“一带一路”沿线国家劳动关系协调分类研究》，《管理世界》2019 年第 4 期。

第二章　劳动关系理论综述

第一节　马克思的劳动关系理论

自古典经济学起，为解决或调和资本主义经济发展中频繁发生的劳资冲突与劳工运动，提高生产效率和维护资本主义制度，劳动关系便成为备受关注的经济学研究热门话题。众多古典经济学家从各个角度切入对这一重要的社会经济关系进行分析。马克思在总结以往理论成果的基础上，系统地阐述了他的劳动关系理论，对经济理论的发展和社会形态的进步产生了重要影响。

一、劳动关系是最基本的社会关系与生产关系

马克思劳动关系理论的起点是对劳动本质的揭示。马克思以劳动的本质为研究起点，揭示人的本质、人类与社会存在的前提，为正确认识劳动建立了理论基础。主要体现在以下四点：（1）劳动创造了人，体现出人类与其他物种不同的根本特质。因此，人只有在劳动中才能够体现自我，实现价值。（2）劳动是人类得以生存的必要条件，这是不以任何社会形势为转移的客观规律。“任何一个民族，如果停止劳动，不用说一年，就是几个星期，也要灭亡。”①（3）劳动是人类存在和生活的方式，是人类能够得到物质资料用以维持生活的基础，是任何社会得以存在的根本。（4）在劳动过程中，人们得以展现自身的力量，同时，在劳动的发展中，人们自身的力量与创造力也得

---

① 马克思、恩格斯：《马克思恩格斯选集》（第四卷），中共中央翻译局译，人民出版社 1995 年版。

以发展。因此，马克思认为劳动是一种自由的生命表现，是一种生活的乐趣。

在马克思看来，劳动是人类最基本的社会实践活动。人类的劳动过程既是他们与自然界发生联系的过程，更体现为人们相互之间发生联系的社会过程。人作为社会中的因子，必须主动地融入社会之中，由此，人类劳动特征表现为联系与合作。正是由于在实践活动上的联系与合作，人类社会发展步入社会化大生产阶段，更进一步地强化了全体劳动者之间分工与协作的关系。马克思强调，人们如果不以一定的方式联合起来，从事共同的活动并相互交换其活动，生产就无法进行。恩格斯也说过，人类在共同劳动中形成社会关系，推动人类社会生产力的发展。而资本与劳动的关系是现阶段所有社会体系所围绕旋转的轴心。后来，列宁、斯大林又分别从劳动的社会形式与生产关系两方面深化了马克思的论述。简言之，劳动关系是建立在人与自然（物）之间关系基础上，人们通过联系与合作进行社会劳动所体现的人类社会生产关系。在生产资料所有制关系确立之后，劳动关系成为社会生产关系体系中一个最重要的具体内容，它直接影响着社会经济的发展与稳定以及生产效率的提高。按照马克思的概括，当资本主义社会制度确立之后，劳动和资本很快成为两种最主要的生产要素，并且资本相对于劳动而言更为稀缺，劳动与资本之间的利益关系在资本家逐利的过程中展开。

二、资本主义社会劳动关系的本质是阶级利益的对立

马克思经济学的研究对象是社会生产关系，劳动关系是最基本、最重要的社会关系与生产关系，因此，马克思劳动关系理论的核心任务就是研究资本主义社会中劳动关系的本质与运动规律。劳动关系属于社会生产关系的范畴，它体现为在物质资料生产过程中物质资料所有者与劳动者之间的一种利益关系，是劳动者与劳动力所有者之间围绕劳动力的使用引发的一系列问题。

马克思经济学的劳动关系理论的重点在于对资本主义生产资料私人所有制条件下劳动者与资本所有者之间利益关系的研究。马克思所创立的科学劳动价值理论和剩余价值理论揭示了资本主义社会的根本矛盾，即资本及资本所有者与广大劳动者之间的矛盾，这一矛盾具体表现在资本主义社会条件下的劳动关系中。与古典经济学家不同，马克思把劳动者与资本所有者之间的关系看作资本主义社会的最基本关系，由此展开他的经济学体系构建。他在首部经济学著作《1844 年经济学哲学手稿》中提出了异化劳动理论。马克思

指出，即使是在对劳动者最有利的社会状态下，劳动者也难以避免地受到资本和机器的奴役，并由于劳动者之间的相互竞争对某些劳动者产生各种不利影响。劳动成为商品后，其价格必然呈不断降低的趋势，原因在于两种竞争：其一，资本家与劳动者之间的竞争；其二，劳动者之间的竞争。在第一种竞争中，劳动者被动地向资本家出售自己的劳动，它与一般商品的特点不同，即无法进行积累和储蓄，由此导致劳动者在劳资双方的博弈中往往处于不利地位；对于第二种竞争，会造成一部分劳动者失业，而另一部分劳动者为保住工作，很可能主动地接受更低的工资水平和更差的劳动条件，乃至自己的工资下降到仅仅可以维持生计的最低限度。总之，马克思通过对资本主义社会中劳动关系的研究，揭示了工人阶级与资产阶级之间的对立关系。

马克思指出，资本是一种能自行增值的价值，其实现条件是由于资本家雇用了劳动者，从而占有了劳动者的劳动力。劳动力作为一种特殊的商品，其特殊性体现在，劳动力的使用价值是劳动，而劳动是一切价值的源泉。劳动力作为一种特殊商品不仅能将自身的价值进行转移，还能够创造出新的价值，从而超过了资本家购买劳动力所付出的价值。而这超出的一部分，全部被资本家无偿占有，构成了资本家的利润，为资本增值提供了物质条件。劳动者之所以会做这样不公平的交易，在市场上出卖劳动力，是出于生计所迫。因为在资本主义社会中，生产资料与劳动者分离，由资本家垄断占有。无产阶级为了维持生存只得出卖其劳动力，才能使劳动与生产资料相结合，以换取生活所需的物质资料。资本与劳动只能通过市场才能有机结合，生产产品形成生产力，从这种交换形式上看，似乎是以双方平等自愿的方式进行交易，是一种平等的契约关系。但实际上，这种交换在一开始就是不平等的，资本是强势于劳动的。工人阶级在把劳动力出卖给资本家之前就已经隶属于资本了，工人在经济中的从属地位，就在他出卖劳动力行为的周期循环与劳动力市场价格变动中实现。劳动力完全隶属于资本，这种强制性的关系，使劳动力成为一种生产要素被纳入生产过程中，成为资本增值的一种方式和手段。在生产过程中，这种矛盾体现得更加明显了。生产中不仅生产资料归属资本家，工人的劳动力与其生产的劳动产品也全部归于资本家，劳动者必须为资本家工作，而资本家只付出相当于劳动力价值的工资部分。在资本主义生产中，劳动体现出两个特点：第一个特点是强制性，这体现工人在劳动中要完全服从资本家的安排，对于在劳动过程中如何使用自己的劳动力，工人没有任何话语权，他与资本家之间只有服从与被服从的关系。并且，工人的劳动要通过资本家的监督与控制，资本家为了获取最大的利润、使资本最大化增值，就会最大限度地使用劳动力。资本家通过各式各样的方法，延长劳动时间、缩短必要劳动时间、提高劳动的强度等方式，对劳动者施加高强度的压力，迫使工人们付出最多的劳动。第二个特点是剥削性，由于资本家追求的是资本增值，因此，对于资本家而言，工人劳动中最具有意义的部分就是生产剩余价值的部分。只有获取了剩余价值，资本才能够进行增值，资本家才能获得利润。从所有权上看，这部分剩余价值是劳动者生产的，且资本家并没有向劳动者支付这部分的价值，因此，剩余价值应该归于劳动者。但是在资本主义中，这部分剩余被资本家无偿占有，这就体现出了资本主义劳动中的剥削性。因此，资本主义社会劳动关系的本质就是资本家与工人之间剥削与被剥削、被服从与服从的对立关系。

19 世纪 60 年代，马克思运用动态分析的方法对资本主义社会的劳动关系演进展开研究，系统地阐述了资本主义社会劳动从属于资本的观点。他指出，在资本主义诞生和初步发展时期劳动对资本体现为形式上的从属，当资本主义走向成熟时劳动日益体现为对资本实际上的从属。《资本论》讲到，一国或地区的市场中如果资本长期稀缺，就会出现资本垄断劳动价格的局面，即资源主导型市场格局，将产生资本与劳动的不平等竞争与不平等交易。反映在劳动关系方面，便是资本家由于掌握生产资料而对劳动者进行强压式的交易和管制。具体表现为资本家通常会最大限度地降低劳动者工资、加大其工作强度、降低其工作条件、任意辞退劳动者使其工作无保障甚至对他们进行精神上的折磨等。当矛盾进一步加剧后，劳资双方便不仅在工作场所中，而且会扩展到宏观经济运行发生冲突，引发工人运动乃至社会革命。这说明资本主义愈发展，劳动者与资本家之间的利益关系就愈发紧张，对抗的结果是工人阶级和资产阶级这两大阶级的形成。资本主义社会的劳动关系也便呈现为一种在这种社会条件下特有的阶级利益关系。

三、劳动与资本之间进行调和的可能性

马克思在揭示资本与劳动矛盾对立的同时，也看到了资本与劳动合作的可能性。作为促进经济发展最重要的两大要素，只有资本与劳动的顺利结合才能促进生产力的发展，实现社会发展。因此，劳动与资本存在合作的可能性。这是因为，不论商品生产采用何种生产方式、在何种经济制度下，物质

资料的生产都需要资本与劳动这两个要素，缺一不可。凡要进行生产，这两种要素就必须结合起来。“工人把他本身作为劳动能力生产出来，也生产出同他相对立的资本，同样另一方面，资本家把他本身作为资本生产出来，也生产出同他相对立的活劳动能力。每一方都由于再生产对方，再生产自己的否定而再生产自己本身。资本家生产的劳动是他人的劳动，劳动生产的产品是他人的产品；资本家生产工人，而工人生产资本家。”① 与此同时，劳动与资本对于彼此而言互有意义。对资本而言，资本家组织生产活动的目的就是追逐剩余价值，而剩余价值是由劳动创造的，因此，劳动对于资本而言有着天然的吸引力。反之，资本对劳动也具有意义，因为劳动者只有通过出卖劳动力的方式才能与资本结合进行生产，只有与资本结合，劳动者才能获得满足自己生存的必需品，才能维持生存。并且，劳动与资本的结合能够创造出更强大的生产力，从而产生财富。劳动是价值的源泉，而资本是进行价值创造的必要条件。只有依靠劳动的力量，资本才能发挥作用，提高劳动生产率，产生更多的利润。在劳动方面，资本的增加体现出劳动的价值，资本与劳动有效结合是创造财富的基础。资本的投入还可以提升科学技术的发展，从而减少劳动程序，提高劳动生产率，有利于生产力的发展以及社会的进步。因此，在资本主义条件下，劳动与资本的关系虽然在本质上是对立关系，但依然存在调和与合作的可能性。

马克思经济学的劳动关系理论是对他所处时代英、法、德等主要资本主义国家劳动关系的抽象与升华。19 世纪 40 ~ 60 年代，资本主义社会发展的矛盾冲突转化为周期性的经济危机，欧洲各国的工人运动蓬勃发展并爆发了多次工人起义事件。马克思经济学的劳动关系理论为无产阶级提供了行动指南和理论指导。它揭示了资本剥削和压迫劳动的客观现实和本质，阐明了劳动者与资本所有者之间的基本关系，使劳动者清楚地了解到他们在经济上和政治上所处的地位。从而使劳动者明白单纯的工会组织活动只能暂时的争取工人阶级的某些利益，而且工人在罢工中要承担收入损失和失去工作的风险。在资本主义生产条件下，工人始终处于不利的境地。因此，劳动者真正解放的出路在于通过暴力革命消灭资本主义的所有制与雇佣制度。马克思经济学的劳动关系理论在《资本论》中得到了最充分的展现，《资本论》实际上可

① 马克思、恩格斯：《马克思恩格斯全集》（第四十二卷），中共中央编译局译，人民出版社 1979 年版。

以看作阐述劳动关系理论的著作，它的问世标志着马克思经济学劳动关系理论的基本成熟。马克思经济学劳动关系理论的基本研究对象仍然是现代市场经济的主要角色和最基本社会经济关系。它对我国社会主义和谐劳动关系的构建具有指导意义。

四、马克思对共产主义劳动关系的设想

马克思要建立一种自由平等、人人都能自由发展、生活富足物质充裕的社会。马克思在很多场合都阐述了他对于未来共产主义劳动关系的设想，理想社会并非天然存在，恰恰相反，它是由资本主义社会中产生的，在各个方面还有着原有社会的痕迹，但有着本质差异。马克思对于未来社会的劳动关系寄予了很大希望。

首先，要建立新的劳动关系就要摒弃旧的分工体系。马克思指出劳动关系是生产关系的一面，而生产关系要适应生产力、受到生产力发展的约束。而生产力的发展决定着分工的形式，因此，不同形式的分工会作用于生产关系，产生不同的生产关系和不同的劳动关系。在私有制社会中，生产资料由少数人占有，分工形式体现为自发分工。在这种分工形式下，生产资料的所有者与劳动者之间就会产生不平等的地位，表现为拥有生产资料的资本家雇用劳动者，劳动者只能出卖自己的劳动力来维持生存。在这种状态下劳动关系就表现为资本与劳动的对立。当分工形式由自发分工转换为自愿分工时，劳动关系就会发生改变。此时，劳动不再是人们谋生的手段，人人都可以凭借自己的天赋、愿望与喜好选择自己的劳动种类。人们摆脱了资本的压迫、控制，劳动者在共同占有生产资料的环境下，进行着自由平等的劳动。

其次，生产资料将会变为全社会共有。马克思认为，生产资料私有制不平等劳动关系形成的基础。在生产资料私有制下，劳动者才与生产资料分离，因此，只能通过资本家与生产资料结合。劳动者在资本家的雇用下进行劳动，劳动产品被资本家无偿占有。只要生产资料私有制存在，劳动与资本的关系就不会发生本质的改变，劳动者对于生产资料的依附关系就始终存在。只有劳动者拥有生产资料，才能使劳动与资本直接结合，才能建立新型平等的劳动关系。因此，在马克思设想的未来社会中，生产资料公有制是实现平等劳动关系的保障。

最后，未来劳动关系将体现出平等合作的特征，实现所有人的全面自由

发展。在以往的劳动关系中生产资料的所有者与劳动者之间存在着分裂与对立，存在剥削与压迫。而在未来劳动关系中，劳动者们共同拥有生产资料，生产资料与劳动者可以直接结合、与劳动者是统一的。在此基础上形成的分工协作，则是依照每个人的特长与兴趣爱好，并且不作为收入分配的标准。每个人都会得到自己所需要的消费品，不会受到工作性质的限制。劳动者的职位也可以根据个人的意愿进行变动，尽管可能存在着管理与服从的关系，但这不是利益上的关系，只是对于整体而言生产的需要。这种劳动关系是一种完全平等自由的关系。与此同时，未来的劳动关系仅仅是一种生活方式，是人们为实现目标的一种方式。在资本主义中，劳动从属于资本，物控制了人，人成为一种手段。在这样的社会中，所有人都没有自由可言，这种社会是异化的社会。而在未来社会中，人们可以完全自由地按照自己的意愿进行生产生活，不受物的控制，实现真正的自由。

五、小结

在研究方法上，马克思经济学的劳动关系理论运用历史唯物主义的分析方法将劳动关系置于资本主义社会生产关系范畴中进行研究，对资本主义生产条件下看似平等的雇佣契约背后劳动与资本的实质关系，即资本对劳动的控制与剥削。在对人与人之间的经济关系进行研究时，是以历史的、现实的人为研究对象。因此，在马克思经济学中的人是处于一定的社会生产关系中的，也是在一定的经济时期中进行研究的。马克思经济学对于劳动关系的研究关注生产领域工人的现实状况以及工作环境，对工人的劳动过程也具体地进行了研究。同时，马克思经济学的劳动关系更加关注主体之间的相互关系与互动的行为，因此，马克思主义的研究方法更加接近本质，贴近现实，更能够解释社会的结构与发展规律。在所处立场上，马克思经济学的劳动理论是站在劳动者的角度，从本质上揭示了劳动者受剥削的根源，认为劳动者想要摆脱这种不平等、受剥削的地位就必须反抗、斗争。总之，马克思经济学的劳动关系理论是为工人阶级服务的学说，以劳动者的真正解放为最终目标。这一理论包含深刻的以人为本思想，对人的价值、权利、自由以及发展进行了全面阐述。

马克思经济学的劳动关系理论证明，劳动者是价值的创造者，劳动者权益的保障是社会公平正义的永恒话题。我国传统文化中倡导和谐、融合与合作的价值目标，构建社会主义和谐劳动关系就是要实现劳动关系主体双方利益的和谐，尤其是注重维护劳动者的权益，使劳动者与用人单位双方进行主动合作，实现利益均衡并追求利益最大化。这是对马克思主义理论中国化的合理发展。人类社会“自身份到契约”的运动轨迹表明，人们始终追求自我的解放与独立人格的发展。然而，在我国处于社会主义初级阶段的历史时期，仍然存在劳动者不完全拥有生产资料以及劳动力资源丰富与资本相对稀缺的矛盾。因此，马克思经济学的劳动关系理论强调对处于弱势的劳动者进行保护，并促进劳动集体主动捍卫权益的观点对我们具有指导性作用。我国和谐劳动关系的构建机制应侧重于对劳动者权益的保护，才能实现劳动者与用人单位的权益平衡。

第二节　劳动产权理论

劳动产权理论在西方理论界有着悠久的学术传统，洛克、斯密和李嘉图社会主义者，以及艾勒曼等的研究使劳动产权学说发展至今，300 余年不断创新，形成了比较完整的理论体系。劳动产权理论的重要意义在于：首先，它从劳动创造价值、劳动是价值的源泉这一理论基础出发，论述的私有财产的正当性，为劳动者合理地享有劳动果实、获得劳动报酬提供了理论依据，这有利于促进生产力的发展和社会经济制度的完善。其次，劳动产权理论把劳动价值理论作为劳动产权的理论基础，而不是作为价格理论的基础，从而将劳动价值论从作为一种价格理论所面临的困境中拯救出来，使其成为产权的基础和分配的源泉。由此出发，进一步研究社会经济发展中的分配问题及私有财产占有的度的问题，将有利于社会财富分配的调整与完善，促进社会和谐的实现。最后，劳动产权理论在发展至李嘉图社会主义阶段时，演变为一种激进的社会主义学说，李嘉图社会主义者提出了合作制经济模式，旨在实现劳动者完全享有劳动果实的目标。这在现代表现为民主公司制，劳动产权理论是其主要的理论基础。

既然劳动产权理论对保障和维护劳动者权益、促进经济繁荣发展方面有着重要的作用，那么它应当是社会主义的一个主要经济理论，然而，这一理论长期以来受到无论是社会主义者还是所谓的西方产权学派的严重忽视。受新制度经济学产权学派的影响，学术界在研究产权时普遍将“财产权”

（property rights）特指为“资本产权”，很少关注劳动产权这样一个更为基本的范畴。在市场经济成为当今时代经济生活主旋律的情况下，如何保障劳动者享有自己劳动果实的产权，成为一个重要课题，它对推动社会经济发展、促进社会和谐具有重大的现实意义。

我们将对洛克、斯密和李嘉图社会主义者，以及艾勒曼等关于劳动产权问题的研究进行初步梳理，总结这一在学术界已有300余年历史的学术传统的逻辑线索和主要观点。主要目的在于梳理出劳动产权理论的发展脉络，试图描绘出一个清晰的理论轮廓。

一、古典或朴素的劳动产权理论

古典经济学的两位大家约翰·洛克（John Locke）和亚当·斯密（Adam Smith）对劳动产权理论进行了比较全面的阐释，揭示了劳动是产品创造的基础和分配的准则这一逻辑线索，形成了古典的或朴素的劳动产权理论。洛克最先证明，劳动使得个人的财产权具有合法性。洛克对劳动产权的概念进行了首次比较全面的阐述，这主要体现在其名著《政府论》（1689）的第五章《论财产》当中，简言之，本章的中心思想可以概括为：劳动使得个人的财产权具有了合法性，这就是劳动产权。对于亚当·斯密，正如他的姓“斯密”意为“劳动者”一样，他将政治经济学视为为大众谋福利的学问，研究了劳动产品的分配问题。

1. “自然权利”与劳动创造价值。

与东方社会古代所谓“普天之下，莫非王土”的皇权思想体系相仿，洛克所处的欧洲大陆也经过了长期的神权时代。“君权神授”和“产权神授”成为不容置疑的法典，君主作为神的合法代表，代替神来管理和享有世间一切财产。洛克批判这种天赋观念说，他主张“自然权力”论，即在自然状态中人人受自然法的统治。那么，人们如何拥有财产呢？答案在于劳动。洛克指出，考察任何一种普通产品，如果抽去劳动赋予它的影响，剩下的仅是一堆几乎无用的原料。他特别强调人类劳动的创造性作用，劳动创造“占我们在世界上所享受的东西的价值的绝大部分”，[1] 并且是衡量人类创造物的唯一合理尺度。这隐喻了抽象劳动的最初概念。洛克认为，劳动不仅是财富的源

① ［英］洛克：《政府论》下篇，叶启芳等译，商务印书馆1996年版。

泉，也是价值的唯一源泉，因而是私有财产唯一、合理又合法的源泉。不过，洛克对探讨价值自身的兴趣不大，没有提出劳动价值论；相反，他沿着劳动创造价值这一思路继续阐述了私有财产的起源及其合理的限度问题。

2. 财产正义及其合理限度。

洛克从自然状态出发论证私有财产的正义性。对霍布斯（Thomas Hobbes）而言，自然状态是“一切人反对一切人”的战争；对洛克来说，自然状态不是无序的，而是受自然法制约的状态。自然法也是理性，它倡导人身平等和独立，以及私人财产的独立。理性人用社会契约建立了政府，规定其职责是保护人民的“生命、特权和地产，即我根据一般的名称称之为财产的东西。”① 这是广义方面的财产，包括人类的各种利益；而狭义方面的财产，特指物品。洛克认为，私有财产是自然权利，它来自劳动，一个没有私有财产的社会是非正义的。

按照洛克说法，自然界所生产的一切，都是公有财产；而劳动者所生产的一切，便是其私有财产。由于每个人对自己的人身都享有所有权，他自然应享有自己的劳动成果。因此，劳动产生了劳动产品的所有权。并且，既然价值的增量由劳动所创造，它理应属于劳动者。洛克的观点比亚当·斯密关于劳动产权的研究早了将近一个世纪。他不仅用劳动所有权为私有财产正名，还把劳动作为一个人所应该拥有的私有财产的衡量尺度。私有财产的积累应受到两种限制：个人劳动的界限和个人消费能力的界限，私有财产的积累超过这两个界限就是对他人的掠夺或剥削。② 洛克在探讨地租和利息的起源时指出，造成财产不平等的原因，在于生产性财产分配的不均而导致劳动所有权的两个界限遭到破坏。

洛克的劳动产权理论被后人称为是“欧洲的常识性理论”，正如托尔斯坦·凡勃伦（Thorstein Veblen）在《企业论》（1904）一书中写道：“这个欧洲的常识性的理论告诉我们，所有权是一种‘自然权利’。凡是一个人所造作的，不管怎样，凡是有他的劳动力掺和在内的，这就成了他的财产。他愿意怎样处理就怎样处理。他对于他的劳动对象可以任意控制，正同自身有权自由行动的当然情况一样。‘因此劳动在一开始就引起了财产的权利’。”依据洛克这个“常识性理论”所得到结论是“自由劳动是财富最初的根源，是所有权的基础——这在当时已成为万物之自然秩序的原则。”③

①② ［英］洛克：《政府论》下篇，叶启芳等译，商务印书馆 1996 年版。

③ ［美］凡勃伦：《企业论》，蔡受百译，商务印书馆 1959 年版。

同样重要的是，洛克基于自然法和自然权利提出的私有财产理论寓意非常深刻，它实际上明确地把地租和利息的产生归结为生产资料和直接生产者相分离的结果，明确地把非劳动收入看成对他人劳动成果无偿占有的剥削收入，明确地规定了财产不平等的适度的界限，也非常明确地说明了只有劳动才是分配财富的唯一尺度。所有这一切都指向了社会主义的财产观和按劳分配原则。以后的资产阶级经济学家用牺牲、节欲、边际生产力、风险的代价等种种理由为非劳动收入进行辩护，所有这些理由从效率的观点来看也许有道理，但动摇不了洛克的财产理论，因为洛克的财产理论是关于正义的分配理论，而不是关于效率的分配理论。当然，洛克研究的基本上是局限于在原始土地上施加的劳动，这与他所处的历史条件有关。

3. 劳动财产权与收入分配。

斯密将政治经济学的学科体系构建放在分析劳动的基础之上，《国富论》开宗明义第一句话是："一国国民每年的劳动，本来就是供给他们每年消费的一切生活必需品和便利品的源泉。"① 概括来说，富国裕民是政治经济学研究的主题，而劳动是国民财富增进的原因。

斯密深化了洛克的观点，他不仅认为商品中的价值由劳动创造，并进一步强调："只有劳动才是价值的普遍尺度和正确尺度，换言之，只有用劳动作标准，才能在一切时代和一切地方比较各种商品的价值。"②在洛克那里，劳动产权指劳动者对于自己创造的产品所拥有的财产权；而斯密的观点是，劳动产权是劳动者对自己劳动能力或技能所拥有的财产权。斯密的进步在于阐述了由于历史变迁所带来的财产关系方面的变化。他提出，只有当劳动者耕种自己的土地时才能拥有全部劳动产品。如果劳动者耕种的土地归国家、集体或他人所有，便不能获得全部劳动产品，而要向土地所有者缴纳地租。后来，资本所有者开始向土地进行投资，参与到"劳动财产权"的分享当中，获得利润。因此，劳动财产被分为三部分：工人阶级获得"劳动的价值"或"劳动的工资"，资本家阶级获取利润，地主阶级获取地租。斯密指出，在这三大阶级中，靠工资过活的阶级是国民财富和各阶级收入的唯一创造者，"别人的生活必需品、便利品和娱乐品，都由工人的劳动而增加。"③工资是劳动的价格，具有市场价格和自然价格之分。工资的市场价格，由劳资

①②③ ［英］斯密：《国民财富的性质和原因的研究》上卷，郭大力等译，商务印书馆 1972 年版。

双方的供求博弈决定。作为工资客观标准的自然价格，等于维持生活、延续后代所必需的生活资料的价值。通过对奴隶社会和封建社会生产关系的批判以及欧洲社会的历史的和制度的分析，斯密提出，有效的经济制度或产权制度可以保证劳动者充分地享有自己劳动的成果，促进社会财富的增长。当时的英国是他所推崇的优秀代表。

与洛克相比，斯密将劳动财产权与国民收入分配联系在一起，阐述了财产关系。但他把“劳动价值”与“劳动力的价值”等同使用，劳动价值不再是洛克所讲的劳动创造的财富，而是变成了一种抽象的、仅存在于人身体内部的劳动能力。因此，斯密所讲的是“劳动力的财产权”。可以这样认为，在洛克的学说中，劳动者是他创造的财富的所有者，而在斯密的学说中，劳动者是他的“体力与技巧”或劳动能力的所有者，劳动者创造的财富不是天然归其所有，而是要通过在市场上出售其劳动能力，即实现市场价格，则将获得“劳动的工资”；否则，劳动者将无法获得工资。①

二、李嘉图社会主义的劳动产权理论

19 世纪上半叶，劳动产权思想被李嘉图社会主义者所重视，演变为一种激进的社会主义学说。李嘉图社会主义者试图发展出一套独立的劳动产权理论，他们提出了“一切人完全享用他们的劳动产品”“劳动者拥有享用他们产品的绝对权力”等口号，可以被概括为一个简短的结论：劳动者应占有全部产品！

1. 基于自然所有权的劳动产权。

托马斯·霍吉斯金（Thomas Hodgskin）在《保护劳动反对资本的要求，或资本非生产性的证明》（1825）、《通俗政治经济学》（1827）和《自然财产权和人为财产权对比》（1832）等著作中以自然所有权为出发点论证了劳动者应获得全部劳动产品这一观点。他提出，自然的与人为的对立产生了两种权利和两种所有制：自然的和人为的权利，自然的和人为的所有制。建立在劳动之上的所有制以自然权利为依据，它先于法律而存在；建立于剥

① 我们认为，劳动力产权的分解让渡就是劳动力的商品化，劳动者获得劳动力的价值或价格，这正是劳动力产权的经济实现，此关系中流通领域就已经完结。劳动产权的分解让渡则是劳动这一特殊财产形式的租让，劳动所有者得到的就是其劳动的租金或报酬，这种交易关系在流通领域并没有完结，还要延伸到生产和分配领域。

夺别人劳动之上的所有制以人为的权利为依据，它破坏了自然所有制，侵犯了自然权利。人类的全部历史就是自然所有制与人为所有制的斗争史，原始社会的自然所有制相继更替为奴隶制、封建农奴制及资本主义雇佣劳动制。

霍吉斯金强调，劳动不仅创造了财富，还是进行公平分配的法则。他批评那种把工资、利润和地租都归为价值范畴的观点，其“极端错误地把劳动——一切财富的创造者——包括在商品这一范畴之内”。[①] 资本主义雇佣劳动制是资本对劳动的暴力掠夺，应在劳动获得全部劳动产品的基础上恢复自然所有制。在社会化大生产条件下，每位劳动者只参与某一产品一部分的生产，因此，最终产品属于参与生产的劳动者；换言之，自然所有权是劳动集体共同占有的劳动产品。为此，要采取三条措施：（1）实现经济自由，允许不同劳动集体之间展开竞争；（2）提高工人的管理生产与分配的能力；（3）推动为保障人为所有制及资产阶级利益的国家政权逐步消亡。此外，霍吉斯金批判了为资本主义所有制辩护的“资本生产性”理论。

2. 基于功利主义原则的劳动产权。

威廉·汤普逊（William Thompson）在其代表作《最能促进人类幸福的财富分配原理的研究》（1824）以边沁的功利主义哲学和李嘉图的劳动价值论为依据，批判资本主义的分配制度，并初步论证了合作制经济模式的优越性。1827 年，他发表《有报酬的劳动——劳资权利的协调或怎样使劳动者得到他们的全部劳动产品》，继续考察分配问题，提出合作社运动是消灭剥削、解决社会问题的唯一出路。其最后一本著作《根据互助合作、共同占有、平等劳动和平等分配生活享受资料各项原则，迅速而经济地建立公社的具体建议》（1830），分析了欧文合作社运动失败的原因，并提出了更为详细的规划，强调教育的作用。

汤普逊研究的重点是分配领域，他以边沁的功利主义为线索，探索“能够促进人类最大幸福的，或者是最大多数人的最大幸福的那种分配方式。”[②] 他认为，资本主义制度是一种以暴力剥夺他人财富的“无保障”制度。暴力剥夺劳动者的产品所造成的对于被剥夺者幸福的损失，大过于剥夺者幸福的增加，整个社会福利下降。并且，“无保障”制度压抑了工人生产的热情，

---

① ［英］霍吉金斯：《通俗政治经济学》，商务印书馆 1991 年版。

② ［英］汤普逊：《最能促进人类幸福的财富分配原理的研究》，商务印书馆 1997 年版。

阻碍生产力的发展。资本是劳动生产物的一部分，在“无保障”制度下，资本成为牟取利润的工具，不公平的分配违反了功利主义原则。

汤普逊从李嘉图的劳动价值论出发，认为劳动是价值的唯一源泉，把价值规律理解为等价交换规律。他认为，“无保障”制度破坏了价值规律，商品价格和价值相背离，劳动者只得到自己劳动所创造的部分产品，余下的则以利润、利息、地租等形式为非劳动者占有。要消除分配的不公平，就必须恢复等价交换原则。即他所谓的“有保障”制度，或全部劳动产品归于劳动者的分配制度。该制度要求收入分配遵循三条自然原则：（1）一切劳动都要由劳动者自由和自愿地进行；（2）全部劳动产品归生产者；（3）一切的产品交换都要自由和自愿地进行。这样，等价交换规律得以恢复，分配实现公平合理。汤普逊指出，“有保障”制度的基本单位合作公社，它具有六大优势，并描绘了合作公社的具体形态。

总之，汤普逊综合功利主义原则和李嘉图劳动价值论，提出了全部劳动产品权利的思想，以“有保障”制度来恢复等价交换规律，实现合理的收入分配。而在未来的合作公社社会中，实行财产公有、全民劳动、按需分配，换言之，交换制度和价值范畴已被取缔。

3. 基于理性社会的劳动产权。

约翰·弗兰西斯·布雷（John Francis Bray）在其唯一著作《对待劳动的不公平现象及其消除办法》（1839）中提出了理性社会的四条基本原则：（1）一切人平等；（2）一切人劳动；（3）土地公有；（4）同工同酬。实现这些原则的必要条件有：（1）要有劳动；（2）要有过去劳动的积累即资本；（3）要有交换。他坚持李嘉图劳动价值论，“唯有劳动才产生价值……每一个人对于他付出辛勤劳动所取得的产品有着毋庸置疑的权利。当他取得自己劳动的果实时，他没有损害别人，因为他没有干预或阻碍别人所具有的取得自己劳动产品的相同权利。”① 据此，他提出了劳动者应得其全部劳动产品的结论。他认为，资本是过去劳动的积累，但却被资本家占有。资本家用工人劳动的部分产品交换工人的劳动，其差额便是利润、地租和一切非劳动收入的源泉，等价交换规律遭到破坏。

在布雷看来，资本主义的政治改革和运动无法根本解放劳动者，必须建立以合作社为基本经济组织的公有制社会，即“共同所有的社会制度”。当

① John Bray. Labour's Wrongs and Labour's Remedy. R. Thoemmes Press Reprinted, 1997: 33.

然，新社会的建设不能一蹴而就，布雷设计了一个以工人股份公司为具体模式的中间阶段。工人股份公司以未来产品或劳动作为担保，发行用劳动量和英镑为标识的纸币及硬币。这意味着作为无产者的工人可以凭借自己的劳动来控制货币发行权并用以获得生产资料，生产资料归公司的全体工人共同所有。在这种情况下，每位工人可以获得与他付出的劳动相等价的产品。

李嘉图社会主义者所提出的以合作制经济来实现劳动者享有其全部产品的学说，具有一定的积极意义。但他们没有把劳动产权理论发展成一个完整的理论框架，没有关于价值问题的深入探讨，关于合作社的研究也缺乏系统的经济学分析。因此，随着工人合作运动在19世纪末出现低潮，李嘉图社会主义的劳动产权理论基本销声匿迹。直至20世纪70年代，美国学者艾勒曼借鉴了李嘉图社会主义者的基本观点，提出现代劳动产权理论，并以此为基础提出了其合作制经济的具体方案——民主公司模式。

三、现代劳动产权理论

加州大学河滨分校研究员大卫·艾勒曼（David P. Ellerman）是现代劳动产权理论的代表人物，有《经济、统计与产权理论》（1982）、《工人所有的民主公司》（1990）、《经济学中的产权与契约：关于经济民主的论述》（1992）和《帮助人们自助》（2005）等论著。艾勒曼以其的独特视角，澄清了劳动产权理论与马克思的劳动价值论在学术渊源和学说发展上的关系，将法理学或刑事法学的范式引入劳动产权问题的研究当中。在此基础上，有力地批评了当前的西方主流经济学说漠视劳动创造价值的谬误，为劳动者享有全部劳动果实的这一传统的社会主义口号提供了现代性的理论解释。

1. 劳动价值论与劳动产权论。

艾勒曼提出，传统劳动产权论自洛克、斯密起到李嘉图社会主义者都没有发展出一个清晰的知识体系，因而被马克思主义的劳动价值论光芒所掩盖。他以劳动理论为出发点，阐述了劳动价值论（labor theory of value）和劳动产权论（labor theory of property）的演化关系。如图2-1所示，表示了劳动理论的分野，将力图构建价格理论的价值论与劳动产权理论的价值论区分开。

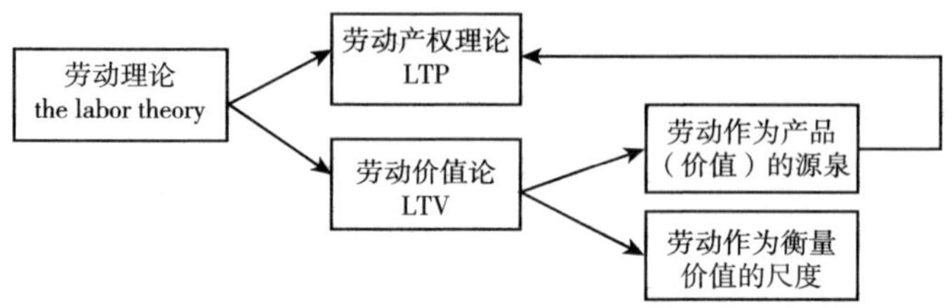

图 2－1　劳动理论

资料来源：David Ellerman. The Democratic Worker-Owned Firm. Boston，Unwin Hywan，1990：17.

图 2－1 说明，劳动产权理论基于劳动是产品（价值）源泉或起因；而侧重于价格的理论则判定劳动是衡量价值的尺度，并据此试图发展出一套（准）价格理论，当然两者都是以劳动创造价值这一观点为基础的。图中左上角的加粗折线表明劳动价值论中劳动是源泉的观点实际上是被劳动产权理论所掩盖的观点，这也说明劳动产权理论是以劳动作为价值源泉为基础发展起来的。

对于当前西方经济学界对待价值问题的态度，艾勒曼评价道："现在处于两难境地，主流经济学将人类劳动与实物做功混为一谈，而马克思的理论力图将劳动产权与劳动价值区分开，构建价值理论和剥削理论，也没有取得成功"。[①]他提出，人类劳动具有目标设计功能，即"意图性"（intentionality）[②]。这一人类所具有的特殊能力没有被马克思所重视。事实上，马克思力图用他的劳动价值论和剥削理论替代各种劳动产权理论，然而，"最重要的并非劳动创造产品的价值，而是劳动创造产品本身。"[③] 这体现了李嘉图社会主义的基本观点。艾勒曼进一步提出，"劳动创造产品的价值"这一论断应把后三个字划去，连同劳动作为衡量价值的尺度的劳动价格学说一同丢弃。

2. 法学语境下的劳动产权理论解释。

艾勒曼将法学理论引入经济学分析，提出了劳动的独特性——只有劳动能够承担责任（only labor can be responsible）。人类对其劳动过程负有责任，他们所使用的工具和资本只能作为责任的传导。换言之，非人的物或事件不承担责任。艾勒曼指出，主流经济学存在一个认知上的误区，即劳动（劳务）与土地、资本的服务相同，都是可以交易的商品。因此，主流经济学将

① David Ellerman. The Democratic Worker-Owned Firm. Boston，Unwin Hywan，1990：21.

② David Ellerman. Intellectual Trespassing as a Way of Life. Lanham MD：Rowman & Littlefield，1995.

③ David Ellerman. The Democratic Worker-Owned Firm. Boston，Unwin Hywan，1990：18.

重点放在对投入产出进行技术指标分析，根本不关注劳动的独特性以及其他相关特点。① 艾勒曼认为，人们要对他们有意识的行动所导致的结果负有责任，即法学理论中所讲的“归罪”。按照这一逻辑，经济学中的产权责任是人们应该享有自己的劳动成果（正或副）。见表2-1，艾勒曼用来说明劳动产权理论与法理学语境下劳动行为的对应关系：归罪的司法原则是劳动财产论在民事和刑事判罚语境下的应用，而劳动财产论是司法原则在占有财产这一情况下的应用。

表2-1 对应关系

归罪的司法原则	劳动产权理论
人应该对有意识的行为所造成的正或负的结果承担法律责任	人应该合法地占有自己劳动的正或负的结果

资料来源：David Ellerman. The Democratic Worker-Owned Firm. Boston, Unwin Hywan, 1990: 25.

在此基础上，艾勒曼提出了“雇佣契约的无效性”这一激进观点。资本主义的雇佣契约制意味着，劳动者受雇后，按合同领取工资，而不再对其劳动的结果（正或负）承担任何责任，这一责任由雇主承担。可是，按照司法归罪原则，人的活动与资本、工具等物不同，行为人必须承担责任。因此，受雇的劳动者要和雇主一同承担责任。这说明在资本主义社会中，雇佣契约制与司法体系相互矛盾，即便雇佣契约使下劳动和其他商品一样可以交易，但在司法制度下劳动者的行为责任无法转移，雇佣契约因而无效。按照这一逻辑，以资本雇佣劳动为基础的资本主义模式企业是不合情理的，出路正相反，应实行劳动雇佣资本，即建立劳动者管理型企业。

3. 产权的运动与生产资料私有制。

艾勒曼研究了产权在市场经济中的运动，并将之与生产资料私有制进行联系，提出了创立以民主公司为基本单位的社会无须消灭私有制的思想。

在图2-2中，艾勒曼描绘了产权所经历的产生、交易、使用及消亡的过程。生产过程使原有的产权消亡和新产权诞生，市场交易使产权被转移，消费过程使产权消亡。在生产过程中，新产权伴随着新产品而诞生，获取新产权被称作对资产的“占有”，这也是生产投入的产权消亡的过程；当新产品被消费掉时，产权消亡。

① David Ellerman. The Democratic Worker-Owned Firm. Boston, Unwin Hywan, 1990: 21.

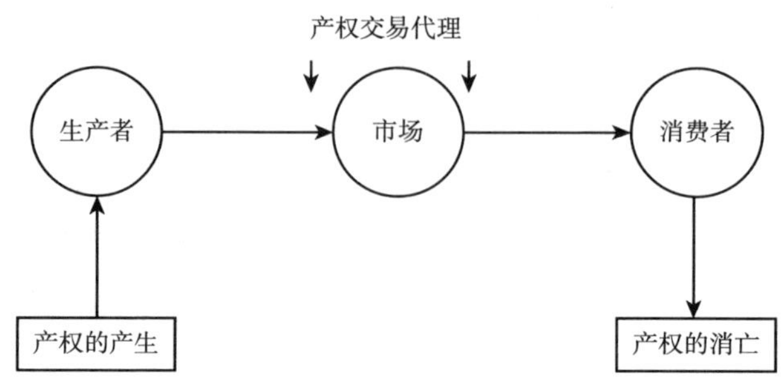

图 2-2　产权的“生命周期”

资料来源：David Ellerman. On the Role of Capital in “Capitalist” and in Labor-Managed Firms. Review of Radical Political Economics，2007（39）：7.

艾勒曼提出了劳动过程中的产品生产和投入消耗的定义。假设 Q 为生产出来的产品，K 为投入的资本或其他非劳动性消耗，L 为投入的劳动。在生产函数 $Q=f(K,L)$ 中，产权 Q 被创造出来，K 和 L 的产权被消耗掉，因此可以这样描述：资产 Q、负债 $-K$ 和 $-L$。换句话说，生产过程既是对新产权的占有，也是对消耗的负债的占有。

下面对这三个内容表示在以下公式中：（产出 Q、非劳动性投入 $-K$ 和工人的劳动 $-L$），即总产品（whole product）表示为 $(Q,-K,-L)$，之所以称作总产品因为整个生产过程包括正反两个方面的结果：正产品（positive product）表示为 $(Q,0,0)$；负产品（negative product）表示为 $(0,-K,-L)$。三者之间的关系为：$(Q,0,0)+(0,-K,-L)=(Q,-K,-L)$，即正产品+负产品=总产品。总产品的合法占有者是拥有剩余索取权（residual claimant）的剩余索偿人。在现代资本主义社会，剩余索偿人包括资本所有者和资本承租者两种情况。资本所有者投入资本、雇佣劳动进行生产，最后占有总产品，这是我们通常所熟知的情况。资本承租者是指本身不拥有资本，而是从外部租用资本（和生产工具）并雇佣劳动进行生产，此时，资本承租者占有总产品。艾勒曼认为，第二种情况在现代资本主义社会更为普遍，很多公司都是从外部租用资本、生产工具等非劳动性投入，同时雇用工人进行生产。艾勒曼重点指出的是，总产品的产权并非生产资料所有权的一部分，生产资料所有者是否可以合法地占有总产品（享受剩余索取权）取决于租赁契约的协议。这说明，劳动者受到剥削的根本原因是资本主义的法律制度（契约体系）而不是私有制。艾勒曼的这一观点为他提出在无须消灭私有制而是通过建设“民主公司”（democratic firm）即劳动管理型企业（或传统上所说的工人生产合作社）来使得在本企业工作的劳动者（包括管理者）占有自己的劳动果实（总产品）的理论设计提供了支持。

艾勒曼又提出了劳动产品的概念来说明同样的问题。如上所述，工人使用L进行生产消耗了K，生产出Q，则Q和－k就是劳动的结果，其关系可以表示为：劳动＝人类生产活动（Q，－K）。他再次运用矢量的工具进行表示，即工人的劳动表示为（0，0，L）。工人的劳动与他们生产的总产品相加，便是劳动产品（labor’s product），即(0,0,L)＋(Q，－K，－L)＝(Q，－K，0)。在民主公司制中，劳动和总产品都归工人所有，也可以是说工人享有作为两者总和的劳动产品。在资本主义经济模式下，资本所有者或资本承租人雇佣劳动组织生产，工人仍旧生产出劳动产品。但在这里，工人的劳动是商品，工人以向雇主出售劳动的形式获得它；因而，另一部分即总产品被资本所有者或资本承租人占有。

艾勒曼的劳动产权理论把劳动价值理论作为劳动产权的理论基础，而不是作为价格理论的基础，从而将劳动价值论从作为一种价格理论所面临的困境中拯救出来，使其成为产权的基础和分配的源泉。由此出发，艾勒曼论证了劳动的特殊性以及雇佣契约的无效性，从而为推翻以资本雇佣劳动作为通行原则的资本主义企业模式提供了学理依据，为现代西方劳动者管理型企业经济学派所推崇。

4. 民主公司的基本解释。

艾勒曼的劳动产权理论说明资本主义企业模式的不合理性，提出了应当建立民主公司使劳动者享有剩余索取权并占有总产品这一分配原则。他又提出了每个人都拥有与生俱来的、不可让渡的民主自决权，即民主公司应当进行自我管理的治理原则。这便将传统意义上的剩余索取权和选举权都赋予了在民主公司中劳动的工人，艾勒曼将之称为成员权（membership right）。当劳动者进入民主公司后，便具有了公司的成员资格，因而享有成员权。

“民主公司”这一概念首见于艾勒曼的《民主公司：马萨诸塞州新工人合作社条例》（1983）一文。民主公司（民主的工人所有的公司、以劳动为基础的民主公司）是指由所有在公司内工作的人“所拥有”和控制的公司。在一个民主的公司里，一个人凭借他的工作取得公司成员资格，在这里成员关系取代雇佣关系。民主公司内的工人自我管理被称为直接控制权（direct control rights）。艾勒曼提出，它应被赋予两个原则：（1）受影响利益原则

(the affected interests principle)，其合理权益受到某一组织的决策影响的任何人，都应享有对该决策进行约束的（集体的或个人的）间接控制权；(2) 民主原则，对一个组织的直接控制权应当被赋予那些被该组织所管理的人，这便使被管理者实现自我管理。公司以外的人，股东、供应者、顾客和当地居民不在公司的管理范围之内，他们不是被管理者，因此，不具有直接控制权，如选举公司管理层。只有在本企业工作的成员才是被管理者，只有他们具有直接管理权。在任何一种情况下，经理要对被管理者（本企业成员）负责，而不对某些缺席者（absentee）或外部成员负责，被管理者采用直接或间接的形式选举管理者。

显而易见，成员权是在本企业中工作的职工的权利，而与外部资本提供者无关。它还赋予劳动者另外一种重要权利——当前资产和债务的净价值权利。这代表了原始投入的价值加上公司当前和过去成员再投入的过去劳动成果价值，表示成员权是以劳动为基础的，是被劳动而不是资本所占有。[①] 净价值的量是资产净价值，即企业资产减去企业债务。艾勒曼提出了民主公司的资本运行模式：民主公司绕开银行，直接把收入存入企业内设立的职工储蓄账户中，日后用于再生产。储蓄账户上反映出来的资本平衡实际上是借贷资本，它被劳动租用，获得利息，但没有选票和利润份额。这便是当前最为成功的跨国性大型工人合作制经济企业——西班牙蒙德拉贡联合公司的"内部资本账户"模式。[②] 这说明："一旦控制权和利润权从资产净值中分离出来，对它的各种剩余性要求，在本质上都是一种只接受利息而没有选举权和利润索取权的债务要求。传统意义上的'自有资本'在民主公司中不复存在。劳动具有了剩余索取权的角色。"[③] 当选举权、直接控制权、剩余索取权和净价值权被赋予企业的劳动者之后，自我管理和劳动产权理论得以在公司内，在法律框架下具体实现。艾勒曼将这一权利束称作以劳动为基础的权利。

在分析了民主公司的权利结构之后，艾勒曼还从更广泛的政治经济学视角对民主公司的性质作出了解释。他提出，民主公司本质上是以个人权利为基础的社会组织机构。从非政府意义上讲，民主公司和资本主义企业都是

---

① 在资本主义经济体制不变的情况下，即使资本给予劳动者以部分或大部分成员权，如利润分享、职工参与管理及职工持股计划等资本主义改良，这种权利则仍是以资本而不是以劳动为基础。

② 张嘉昕、吴宇晖：《蒙德拉贡联合公司的企业模式及绩效研究》，《吉林工商学院学报》2008年第1期。

③ David Ellerman. The Democratic Worker-Owned Firm. Boston，Unwin Hywan，1990：17.

"私有的"，但前者是社会机构，以个人（成员）权利为基础；而后者是私有公司，以资本权利为基础。民主公司的成员资格是可以转让给在本企业工作的功能性角色的个人权利。民主公司的管理结构是一种权利的委托模式，即管理者代表全体成员并作为其中之一从事管理工作，民主公司的法规将不可转让的管理权利通过授权或委托的方式使管理者代表被管理者行使权利。结合前面所述，艾勒曼指出，民主公司不但没有侵犯私有产权，而恰恰恢复了私有产权的合理本源和占有方式；建立在以民主公司为基础的经济民主社会制度最终恢复了劳动者对自己劳动成果的所有权。从这一结论来看，艾勒曼成为现代劳动产权理论的代表。他提出，通过恢复劳动者占有劳动果实和享有系列权利将推动资本主义企业模式向民主公司制进行转换。

四、小结

综上所述，劳动产权理论的重要意义在于，它从劳动创造价值、劳动是价值的源泉这一理论基础出发，论述私有财产的正当性，为劳动者合理地享有劳动果实、获得劳动报酬提供了理论依据，有利于进一步分析社会经济发展中的分配问题及私有财产占有的限度问题。在市场经济愈加繁荣、劳动生产活动不断发展的时代，劳动者对自身的劳动成果拥有合理的产权，对于促进社会经济发展，推动社会财富分配的调整与完善，实现社会和谐具有重要作用。因此，劳动产权理论应当是社会主义的一个主要经济理论，然而，长期以来无论是社会主义者还是所谓的西方产权学派都严重忽视了对劳动产权的研究。

诚然，马克思没有明确提出"劳动产权"这一范畴，但科学劳动价值学说体系的最根本目是保障劳动者的正当权益。劳动产权概念也是贯穿于整部《资本论》理论体系的一个重要线索，马克思的劳动价值学说论述了劳动是价值创造的唯一源泉，为劳动产权理论提供了坚实的学理依据。简言之，马克思区分了"劳动"与"劳动力"这两个概念，阐述了在资本主义私有制条件下，劳动者只是自身劳动力的所有者，劳动力成为商品，资本主义雇佣劳动制得以确立。因此，劳动者对自身劳动的产权是残缺的，换言之，仅仅表现为对自身劳动力的产权。工人阶级受到剥削与压迫，资本产权对劳动产权的侵蚀成为资本主义社会阶级矛盾的根源，它必将被一种劳动者对其劳动成果拥有产权的社会主义制度所取代。劳动产权理论可以为我国国有企业改革提供有益的思路，使劳动者民主参与管理和分享剩余，促进企业内部的雇佣—剥削关系（由此导致的劳资对立、干群关系紧张）的逐步淡化、渐趋消失，解决企业的约束激励机制。在最大限度上使国有企业体现出马克思和恩格斯所期待的社会所有制与个人所有制相结合的“劳动者联合体”的一般特征，构建和谐社会具有重要的推动作用。此外，西方合作主义者用劳动产权作为合作制经济的理论基础，对工人合作制经济的具体模式展开论述，或将劳动产权与“经济民主”（economic democracy）联系在一起，提出劳动者管理型企业模式，为社会主义企业理论的发展提供了重要启示。在程度较低的变革情况下，它也对西方国家实施利润分享、劳动者参与管理等社会改良计划起到了积极的促进作用。对此，本书将在第三章予以详细阐述。

第三节　国外马克思主义劳动关系理论

在我国对马克思主义劳动关系理论的研究与实践不断深入，并取得伟大成就时，国外马克思主义经济学对现代资本主义社会的劳动关系问题研究也产生了一定进展，值得关注。我们通过初步梳理，将国外马克思主义的劳动关系理论划分劳动过程理论、政治经济理论、调节学派劳动关系理论以及资本主义阶级结构理论。以下，我们将对其进行简要分析，并获得有益启示。

一、劳动过程理论

马克思在《资本论》的“资本主义的劳动过程”中指出，资本家通过强制手段控制工人的劳动过程，使劳动力最大限度地转化为劳动来榨取剩余价值。马克思的劳动过程理论产生后并未引起足够的重视，直到20世纪六七十年代，一批国外马克思主义经济学家重启这一主题，形成了国外马克思主义劳动过程理论。

1. 劳动过程理论之复兴：劳动与垄断资本。

哈里·布雷弗曼（Harry Braverman）在《劳动与垄断资本》（1974）对现代垄断资本主义的劳动过程进行分析。有着14年工人经历的布雷弗曼对马克思关于劳动过程问题的论述十分推崇，认为这对现代垄断资本主义仍然适用。他将工人阶级定义为“不占有劳动手段或对劳动手段没有所有权而必须把他的劳动力出卖给占有劳动手段的人的那个阶级”[①]。因而，工人被迫服从于掌握生产资源的资本家，双方存在着根本不平等。为最大限度地榨取剩余价值，资本家强制控制劳动过程以确保劳动力充分转化为劳动。布雷弗曼通过实际调研分析了这一过程。以汽车行业为例，工人进行重复性的装配线工作，强烈的不满情绪使怠工、罢工经常发生。为控制劳动过程，资本家将工作进一步分解，流水线操作保证了重复性工作的效率，而劳动过程呈碎片化。劳动过程的每个步骤都丧失了专业技能而退化为简单劳动，单个劳动者的时间几乎分文不值，简言之，工人的能力和需要被舍弃掉。

为实现对劳动过程控制的长治久安，资本家运用了科学管理原理。它的首要原则是管理者将工人的所有传统知识进行收集，尔后，进行分类、列表使其变为规则和公式。这样就使劳动过程与工人技能分割开，工人只需要按规则制度劳作。第二原则是将一切脑力活动从车间转移到设计部门，概念与执行相分离打碎了劳动过程的统一，即脑力劳动和体力劳动被分割开。工人不仅没有对生产工具的支配权，还失去了对自身劳动方式的支配权。第三原则是任务设定，管理者提前制订好工作计划，它不仅包括对工作任务的说明，还包括完成方式与具体期限。这实质上是利用知识垄断来操控劳动过程的每一个步骤。总之，通过科学管理，资本家对劳动过程实现了强制控制，劳动者彻底丧失了专业技能和对工作的掌控。布雷弗曼的论述将劳动过程理论再次走向前台，不仅在理论界，在广大劳动者当中也产生了广泛关注，从而推动了劳动过程理论的复兴。

2. 劳动过程理论的新视角：工人主体性。

随后国外马克思主义经济学家对工人的主体性展开研究，推动了劳动过程理论的进一步发展，其中以迈克·布洛维（Michael Burawoy）的研究最具代表性。按照马克思和布雷弗曼的论述，资本家控制劳动过程导致劳动的碎片化和去技术化，劳动发生异化。工人由于不堪忍受这种剥削和压迫，将推翻资本主义制度。然而，苏东剧变后前社会主义国家走向了资本主义。布洛维从劳动关系领域思考发生这一局面的原因，他提出，前人研究只重视客观生产过程，应当将“工人主体性”纳入进来从而完善劳动过程理论。

布洛维对苏东剧变后的匈牙利工厂进行实地研究后发生，工人努力工作

---

① ［美］哈里·布雷弗曼：《劳动与垄断资本：二十世纪中劳动的退化》，方生等译，商务印书馆1978年版。

甚至对工作产生了很强的认同感。在劳动过程中，劳资关系不再是完全对立，而是转型为工人“同意”被控制和剥削。这一状况由于以下三种机制：赶工游戏、内部劳动市场和内部国家。首先，赶工游戏是以计件工资薪酬为基础的一种机制，工人为提高收入会积极工作并认同这一机制。其次，内部劳动市场指资本家为使工人安心在此工作，所设置的一系列激励机制与制度安排。企业为工人提供培训和规范化考核使工人能够发生岗位流动，通过工作资历与报酬挂钩的方式和推行各种福利保障，降低了劳资对立的程度。最后，内部国家是指在企业内部建立集体谈判和内部申诉的机制来解决劳资矛盾，它具有相对独立性在很大程度上不受法律的约束。通过以上三种机制，工人努力工作和“同意”被管制和剥削。此外，布洛维还将政治和意识形态因素引入研究，两者会制约工人行为，而工人斗争也会反过来影响它们。

布洛维提出了理想的社会主义企业治理模式，即实行“雇员所有制”。它是指当资本主义企业发生变革时，由全体工人购买企业所有权，建立工人委员会进行生产与经营管理。这是一种让工人自己拥有生产资料，从而不受资本家控制和剥削的社会主义生产模式。布洛维开辟了一个全新视角，使越来越多的国外马克思主义经济学家将工人主体性问题引入对劳动过程理论的分析当中。

3. 劳动过程理论的多元化发展。

20 世纪 90 年代以来，国外马克思主义劳动过程理论的发展趋向于多元化。很多学者从资本主义制度变革与社会经济发展的研究视角展开对劳动过程问题的研究。威廉·拉佐尼克（William Lazonick）对英国、美国和日本车间工厂的劳动过程进行比较研究，提出了改良资本主义劳动关系以促进社会经济增长的具体建议。大卫·哈维（David Harvey）从历史的角度出发，研究资本主义制度的变迁对劳动关系治理的各种影响，并从劳动过程的角度分析福特制大规模生产的弊端。艾什·阿明（Ashe Amin）等对福特主义和后福特主义时代劳动过程的特征加以概括，尤其对后福特主义劳动关系的危机与转型进行剖析。此外，企业如何实现组织民主化也成为劳动过程理论的一个研究重点。

二、工会运动与劳动关系

查德·海曼（Richard Hayman）秉承马克思的劳动关系理论，对现代资本主义的劳动关系进入深入研究，被称为劳动关系的政治经济理论。海曼指出，劳动关系是一种人与人关系，它不会完全按制度设计运行，也并非一成不变。相反，劳动关系总是在合作与冲突之间不断转化。在雇佣制度下，资本家利润最大化与劳动者报酬最大化的目标存在分歧，因而劳资矛盾始终存在。资本与劳动之间地位的不平等使得劳资冲突加剧。一旦冲突产生，劳资双方均充分调动自身资源参与对抗，这是现代资本主义劳动关系的常态。

在资本主义社会中，受市场、社会与阶级这三大目标导向的影响，形成了三种不同类型的工会。以市场为目标的工会注重在劳动力市场发挥作用，是一种维护劳动者利益与福利的组织；以社会为目标的工会注重工人社会地位的提升，将促进公平正义作为奋斗目标；以阶级为目标的工会最接近于马克思主义理念，即只有通过阶级斗争才能实现工人的最终解放。

1. 以市场为取向的工会。

以市场为取向的工会注重的是在劳动力市场中为工人争取经济利益与福利，商业工联主义工会是其典型代表。具体讲，它的目标是为工人在工资、工时、福利及工作环境方面谋利，而一般不会考虑工人的政治、社会地位等非经济目标。在它看来，其他模式的工会对实现工人经济利益与福利没有帮助。此派观点认为，工人在劳资关系中处于弱势，单个工人无法与资本家对抗而被迫选择服从。因而，需要工会走上前台，它一般采取集体谈判的方式为工人谋利，并重视法律制定的作用。集体谈判的优势在于可以通过协调来调节劳资矛盾，并能够灵活地适应外部环境变化。

海曼认为，劳动力市场是一种不完全市场。在一般商品市场，购买者拥有商品所有权。而资本家雇佣工人，只是拥有了其劳动力。在雇佣合同中，尽管规定了工作时间，但是实际的工作量仍不可控。没有任何一份合同能规定工人必须以何种的耐心程度、细心程度和积极性完成工作。由于劳动力的价值是无法精确计算的，工资的确定就要通过协商。这种协商随着市场变化而始终处于更新状态。而工会将大量精力放在劳资谈判，必然影响生产率。可见，国家调控显得十分必要，由政府协调劳资双方在工资、劳动条件和标准等方面进行原则性规定，从而使劳动力市场趋向自动运行。国家不仅是契约关系的保护者，还推动了劳资力量的均衡。因而，工会应积极影响政府对劳动力市场规制的内容。

2. 以社会为取向的工会。

以社会为取向的工会积极取向融入社会并影响社会发展，它多见于西欧国家，被称为“社会伙伴”。尽管它的初衷是保持独立性，但在运行时却不自觉地卷入整个社会的相互关系中。这类工会认为，劳资双方不是对立关系，而是互补与合作。海曼分析了它的发展历程，最早的“社会伙伴”型工会起源于教会性工会组织。在19世纪，教会作为社会主义的批判者，反对工人运动。它把私人所有权看作自然法则，但私有制并不意味着劳资对立。劳资双方是合作共赢的关系，工人努力工作使雇主获取更多利润，其工资也就有了上升空间，如此良性互动使经济快速增长。20世纪初，教会性工会除教友外还吸纳了成千上万的蓝领工人，其目标取向自然就成了为广大工人谋取经济利益。在一战后经济重建的艰辛岁月里，教会性工会不再完全敌视社会主义的工人组织。双方一致认为，社会生产秩序的恢复是第一要务，劳资双方要联合起来维护社会稳定以恢复和发展生产。“社会伙伴”型工会由此产生。

在战争年代和经济萧条时期，“社会伙伴”型工会致力于劳资合作；在经济繁荣时期，它会将主要精力放在通过集体谈判等方式为工人谋利。海曼认为，此类工会面临两难问题：首先是外部与内部影响力问题，工会必须取得成员支持才拥有内部影响力，从而对外部发挥作用，当两者良性互动时，工会取得成功。但如果形势逆转，工会就要再次评估成员需求并调整行动目标，一切都要从头再来。其次是“社会伙伴”与“抗争政治”之间的矛盾，即工会为取得内部团结，将投身政治斗争，这就违背了其社会伙伴的初衷，在资本家的敌视下，社会伙伴的目标也难以维系。因此，“社会伙伴”型工会在现代资本主义社会很难维持，最终还是要走向工阶级斗争的方向。

3. 以阶级为取向的工会。

以阶级为取向的工会正是马克思所说的工会类型，它强调阶级斗争，作为“斗争的学校”引导工人阶级推翻资本主义社会。海曼认为，以阶级斗争为取向的工会是历史的必然选择。在资本主义社会，资本家占有生产资料，控制生产过程和榨取剩余价值，残酷的现实使工人阶级联合起来，工会成为维护工人利益的组织，工会行动体现为阶级斗争。这类工会不以单纯的经济目标为目的，而是以推翻资本主义制度为己任。

在欧洲大陆的早期工会运动中，马克思主义理论起到重要作用。例如，德国社会民主工党是工人阶级政党，发端于社会主义工会运动，尔后是“革命工团主义”运动和新共产国际运动等。海曼指出，以阶级为取向的工会既是资本主义社会的必然产物，也作为其对立面而举步维艰。即便是工人阶级内部也存在利益差异，上层人物在制定工会行动目标时必然掺杂其利益。而处于边缘地带的成员，如低技术岗位、女性、少数民族的工人，其诉求很难受到足够重视。在现实中，这种类型的工会既在团结工人，也在不自觉地分离工人。

海曼总结到，由于工会总要受到内部和外部力量的影响而对最初目标设定发生一定的偏离，因此，最佳的模式选择是将市场、社会与阶级这三种目标导向综合考虑，以使工会可以根据具体情况更好地协调劳动关系，从而为工人争取权益。

三、调节学派的劳动关系理论

马克思主义和各种社会主义思潮在法国具有广泛的社会基础，在20世纪60~70年代发达资本主义国家处于“滞胀”危机的背景下，法国左翼青年学者运用马克思经济学分析社会现实问题，形成了法国调节学派。该学派借鉴马克思的历史唯物主义方法，将当时的发达资本主义国家经济运行模式概括为福特主义积累体制，并揭示出其走向失败的必然。2008年资本主义世界爆发金融危机后，调节学派以金融主导性积累体制来解释发达资本主义国家的经济形态。他们指出，正是由于20世纪90年代以来，发达国家金融部门的过度扩张导致资本积累与配置扭曲，从而引发经济危机。以上这两种体制概括来自调节学派的所谓调节模式分析方法。这是调节学派的重要特色，即以中观层次入手来沟通传统的微观和宏观研究划分。他们指出，人与人之间或社会主体与社会主体之间、人和社会主体之间都存在着冲突，社会的持续运转需要不断地解决冲突，调节模式因此产生。调节模式包括五方面：货币信贷关系、资本与劳动关系、竞争形式、国家的作用和国际体系。其中，劳动关系是调解模式中的核心命题，这就形成了法国调节学派的劳动关系理论。①

调节学派深受马克思经济学的影响并直接继承了马克思主义学说的核心命题：生产力和生产关系、社会再生产规律、剩余价值、平均利润率规律、阶级分析等。例如，生产力所对应着技术范式，而生产关系对应着调节和积累模式。学派代表人物米歇尔·阿格里埃塔（Michel Aglietta）和阿兰·利比兹（Alain Lipietz）等均明确指出自己的理论基础来源于马克思经济学，其劳

① Robert Boyer. The Regulation School：A Critical Introduction，Columbia University Press，1990.

动关系理论与马克思的劳动关系理论具有紧密联系。① 这些思想家就围绕劳动关系问题展开研究，随着资本主义的发展，他们从中观层面即调节模式入手，借鉴唯物史观将资本主义的劳动关系沿革划分为以下四种形态：竞争性劳动关系、泰勒主义劳动关系、福特主义劳动关系和金融主导性劳动关系。②

1. 竞争性劳动关系。

自14世纪欧洲文艺复兴开始，工厂主开始雇用具有劳动技能的手工业者，资本主义萌芽产生。在经历了初期的缓慢发展后，至18世纪60年代，机器生产开始替代手工劳动，法国发生第一次工业革命。调节学派指出，在机器化生产尚不充分和普及的年代，资本主义生产主要以手工劳动为主，完整的生产过程由工人主导，工人拥有自主权并控制着生产节奏。工具只是工人劳作和生产过程中的“附属品”。工人具有不同的劳动技能，在不同的劳动中，每个工人都发挥着不同的作用，此时资本家对于工人的依赖程度很大；与此同时，工人具有较强的阶级斗争能力和意识，工人自我认知程度高、反抗意识强。这就是所谓竞争性劳动关系，在这种状态下，资本和劳动之间互相制约，双方总体态势均衡。资本家和工人有着共同的目标，即顺利地进行生产从而各自获得利润和工资。尔后，伴随着科学技术的发展，大量机器运用到生产中，竞争性劳动关系逐渐瓦解并被新型劳动关系所替代。

2. 泰勒主义劳动关系。

资本主义世界的第二次工业革兴起于19世纪60年代末，至19世纪末，资本主义生产方式已发生翻天覆地的变化，机械化大生产代替手工劳作，工人不再是手工工厂模式下使用工具的主人，而是大机器工厂的附属物乃至一颗螺丝钉。工人的工作内容丧失了自主性，他们被置于严密监督和控制之下，在既定方案中重复劳作。在这一趋势下，大机器生产方式对工人群体进行整合，从而形成完整的流水线作业模式和新的资本主义劳动关系，这就是泰勒主义劳动关系模式。

泰勒主义制的劳动模式以工作团队的组织形式呈现，为了降低机器开启和关闭所产生的耗损，资本家规定只在周末才停止生产，管理层规定了详细的劳动时间，工人在机械化大生产处于从属地位。这种劳动模式的本质目的是为了资产阶级迅速的资本积累而服务，即推动大生产运行又不提高工人工资，

---

① David Neilson. Remaking the Connections：Marxism and the French Regulation School，Review of Radical Political Economics，2012（44）.

② Bob Jessop. Regulation Theory and the Crisis of Capitalism（Volumes1 –5），Edward Elgar，2001.

最终会导致社会消费总量不足和生产绝对过剩的矛盾。总之，在泰勒主义劳动关系形态下，工人阶级的收入和生活水平没有提高，即相对于暴富的资产阶级来说工人正走向普遍贫苦。社会总供求的失衡导致了严重的经济危机，在一战结束后，泰勒主义劳动关系日益衰败，最终被福特主义劳动关系取代。这主要表现为资产阶级为实现获取利润的长治久安，着手对生产和工资进行全面管制，而工人阶层则团结起来进行抗争，这催生出劳资双方的集体谈判制。①

3. 福特主义劳动关系。

二战后，资本主义进入黄金时期，工业产出能力进一步提升，资本主义劳动关系发生了新的变化。调节学派对此进行研究后，将其概括为福特主义劳动关系。这一新型劳动关系模式呈现出以下特征：生产和分配的决定权发生分离，这是因为工会的实力增强，能够在劳资谈判当中为劳动者发声，而雇主方为了继续保持稳定的大规模生产以获得高利润也选择接受劳资双方的集体谈判制，从而增加工人收入和促进社会消费。调节学派将这种状态称为"大量生产，大量消费"模式。在这一背景下，全社会范围内的长期雇佣合同比例上升，有利于缓解劳资矛盾和促进劳动关系稳定。与此同时，资本主义世界的国际合作与分工趋势也更加明显。

尽管工人在分配领域的境遇有所改善，但他们在生产领域的处境却进一步恶化。福特主义劳动关系模式下的劳动过程体现为流水线作业，最早是在消费品的生产环节尔后延伸到全部制造业乃至具体机器零件生产。机械化大生产提高了工作强度，促进了脑力和体力劳动的分离，工人的个性被进一步压制甚至抽象掉，一切生产运作都按既定规则进行，也在管理学上被称为泰勒主义或科学管理原理。工人被钉死在具体岗位，劳动力由科学管理原理严格配置和控制，个体工人已经失去了对自己工作节奏的控制权。工作自治已完全消失，工人无法对雇主不断加码的生产规定进行抵制。当福特主义或泰勒主义发展到极致时，实际工作愈发艰苦和枯燥，被招聘的工人很多不再有机会获得长期合同，而是经过培训后即上岗劳动，获得计件工资。这使得劳资双方的收入差距加大，与此同时，机械化生产的周期长且不易调整，导致产品愈发固定和单一，无法满足消费者日益追求的差异化需求，这导致总需

---

① Michel Aglietta. A Theory of Capitalist Regulation: The US Experience, Translated by David Fernbach, Verso, 1979.

求下降，引发经济危机。消极怠工、罢工和对抗运动攀升，劳资矛盾难以调剂，福特主义劳动关系在20世纪70年代的“滞胀”危机中崩溃。

4. 金融主导性劳动关系。

自20世纪80年代起，为了应对“滞胀”危机和追求资本积累速度的提升，资本主义的调节模式发生变化。由于股票、债券产生了很大收益，股东的作用和地位上升，资本主义的经济运行由福特主义积累体制转变为金融主导性积累体制。在新的积累体制下，社会经济愈发受到金融市场的绑架，企业之间来自金融市场的竞争压力加大，金融全球化导致通货膨胀或通货紧缩时有发生，美国成为世界经济的金融中心。调节学派将这种积累体制下的劳资状态称为金融主导性劳动关系，它的主要特征为：长期的稳定雇佣合同减少，企业更倾向于劳动合同工、短期临时工、兼职等更为灵活、弹性和碎片化的就业形式，工人的自由度提高，当然也失去了长期合同制所带来的诸多福利保障。例如，美国兼职就业人数从约1600万（1980年）上升至约2600万（2008年）。在经济全球化背景下，企业开始放弃对国内市场的妥协而转向国际市场，沃尔玛主义兴起，即雇主方反对组建工会或与工会接触，不再选择劳资谈判。同时，金融市场的过度发展也冲击了工会组织，很多工人选择通过持有股票和不动产来提高收入水平，也不再热衷于参与劳资集体谈判。

发达资本主义国家不仅在劳动关系领域潜藏巨大危机，在社会经济运行方面也矛盾重重。随着金融部门的过度扩张，房地产价格虚高，工人持有股票而实际货币量减少，这使得金融与实体经济脱钩，经济泡沫越来越大，2008年美国股票交易总额与GDP之比达到320.99%，为历史之最。同时，金融市场规则不健全，缺乏有效的调控机制。2007年，发生在美国的次贷危机很快演变为全球资本主义的金融危机，导致金融主导性积累体制走向崩溃。

总之，伴随着资本主义调节模式的变迁，资本主义社会的劳动关系也发生了相应变化。劳资矛盾也从最初的单纯工资问题演变为雇佣制、生产方式、劳动过程、工会组织、产品需求等多方面复杂矛盾叠加。按照调节学派的逻辑，资本主义社会形态的演进产生了不同的冲突和矛盾，需要相应的劳动关系进行调节以改善社会运行。这就先后产生了竞争性劳动关系、泰勒主义劳动关系、福特主义劳动关系和金融主导性劳动关系，由于资本主义的新变化和社会矛盾日益加深，具体劳动关系调节模式的更替速度也愈发加快。

四、资本主义阶级结构理论

埃里克·赖特（Erik Wright）基于马克思的劳动关系理论，对现代资本主义的阶级构成进行分析。他指出，除了资本家阶级与无产阶级外，还有很多地位介于两者之间的群体，随着它的比例日趋增大，需要对其进行细化研究。

1. 阶级关系定位。

赖特认为，在资本家与无产阶级之间存在着“中间阶级”，并对其进行了细致分类。在拥有生产资料的这部分人当中，以生产资料数量和雇工情况作为分类标准，包括资本家、小雇主和小资产阶级。对于不拥有生产资料的人群，按拥有组织权利、技术水平及专业资格证书状况等三个因素分为9类，包括专家管理者、专家监督者、非管理者专家、半资格证书管理者、半资格证书监督者、半资格证书工人、无资格证书管理者、无资格证书监督者和无产阶级。并不是他们所有人都只是被动地受剥削，其中还有一部分人在受剥削的同时剥削他人。前8类可以凭借组织形式或专业技能对生产过程进行部分操控，同样具有剥削性质。现代资本主义国家的中间阶级日益庞大，成为劳动关系中的重要组成部分。赖特指出，不能简单地把“中间阶级”中的不同地位看作唯一阶级，由于自身利益的不同，他们可能具有多重阶级的性质。“中间阶级”的这种多重阶级的性质以不同地位的“中间阶级”所隶属的阶级为基础产生的。赖特将“中间阶级”这种具有多重阶级性质的地位定义为“矛盾阶级定位”。

2. 阶级意识与阶级形成。

赖特分别从微观与宏观层面研究了阶级的形成及其反作用机制，论述了现代资本主义社会中各阶级之间的流动原理，为劳动关系研究开辟了新视角。从微观角度讲，源于阶级意识、阶级位置和阶级实践。三者之间的关系是相互作用的，阶级位置限制了阶级意识与阶级实践，而阶级意识作用于阶级实践，阶级实践又反过来改变阶级位置与阶级意识。具体讲，特定的阶级位置会催生出对应的意识，如工人阶级认为工会可以为其争取到更多的利益，而资本家对工会就不会有多大好感。同时，特定的阶级位置还会限制其群体实践活动，例如无产阶级由于没有生产资料，就只能认同出卖劳动力的行为方式，资本家则可以选择贷款的方式扩大再生产。但处于特定阶级位置的个人如何实践还要依靠于阶级意识，工人阶级虽然受到剥削，但他们努力为子女提供良好教育，使其后辈提升阶级位置。

在宏观层面，阶级形成、阶级结构与阶级斗争这三个概念是展开分析的线索。阶级形成由集体成员共同构成；阶级结构指不同阶级位置上的人之间的关系与属性；阶级斗争是指特定阶级的一种集体行动。这三者之间，阶级结构限制阶级形成与阶级斗争，阶级形成选择阶级斗争，而阶级斗争又可以改变阶级结构与阶级形成。这说明，处在特定的阶级结构下，对于某种阶级易于形成而对于其他阶级则不易形成。例如，现代资本主义出现了占有生产资料同时也进行工作的资本家以及高技能、高管理水平的劳动者，此时阶级结构不再是单纯的两极，而是存在中间阶级。在这种阶级结构下，劳动关系协调有了更多途径。当然，不同的阶级形成选择的斗争方式也不相同，工人阶级倾向于罢工游行，而高级技术人群偏向于谈判协商。反过来，阶级斗争可以改变阶级结构与阶级形成，因为阶级斗争的最终目标实质上就是改变阶级结构，催生新的阶级形成。

宏观相当于微观各部分之和加上各部分的相互作用。例如，就阶级结构而言，就是阶级位置上的个人之和以及处于不同阶级位置的群体间相互作用的总和。反过来，宏观又对微观进行调节。任何微观上的行为都要受到宏观结构的限制与调整，例如，微观上的阶级位置限制阶级意识，而这种限制随宏观环境的变化而改变。此外，赖特又论证了资本主义内部各个阶级如何形成以及不同阶级之间流动的机制。

3. 阶级行动。

面对现代资本主义社会中间阶级日益扩大，劳动关系协调更为复杂的现实，赖特倡导的阶级行动并不是激烈斗争，而是“阶级妥协”。他强调，这并不是对资本主义认同，更不是为资本主义辩护，而是要以一种深化民主的方式超越资本主义从而实现社会主义。即便是进行斗争，工人的力量与资本家相比仍然处于弱势，“中间阶级”由于可以享受到资本家的利益和并非完全被剥削的状态，其斗争的愿望不是非常强烈。在这种状况下，通过劳资合作可以让双方的利益都有所提升。赖特的阶级理论反映了时代变化，根据现实情况对马克思的劳动关系理论进行了补充和发展。但由于它主要致力于微观个体分析，而更关注劳动者的短期利益，资本主义的长期必然走向被搁置一边。

赖特运用资本主义阶级结构理论对美国和瑞典的阶级结构进行分析和比

较研究。从美国和瑞典的收入、性别、政府关系和经济部门分布等方面进行比较，研究表明以剥削为核心的阶级定位更适合阶级概念，对阶级之间的利益关系表现得更加明确，更清楚地解释阶级之间的矛盾。由于生产力的不断发展，技术和组织等因素在阶级定位中的重要性不断增加，中间阶级在社会中的比重不断增大。但“中间阶级”增多并不意味着马克思对资本主义社会两极化发展的预测是错误的；相反，随着中间阶级不断增多，资产阶级的数量不断下降，“中间阶级”中许多阶级定位更倾向于工人阶级，技术类和组织类的工人逐渐增多，这正符合工人阶级成为未来社会主流的预测。赖特认为，他的资本主义阶级结构理论是以马克思阶级理论为基础构建的，这说明一些西方经济学家关于马克思阶级分析理论不适合现代社会研究的论断是错误的。

五、小结

国外马克思主义劳动关系理论遵循马克思关于资本主义劳资关系论述的基本原则，总体上按照马克思的研究思路与方法对现代资本主义社会的劳动关系现状进行诊断和剖析，从而拓展了马克思主义的研究领域和促进了现代马克思主义经济理论的发展。尽管其研究侧重有所差异，但是对于现代资本主义社会劳动关系的本质即工人与资本家之间的不平等以及如影随形的劳资矛盾与对立，各派学者都持一致看法。当然，即便各派学说的理论源泉和基本结论相同，但在具体的研究视角和方案上也存在差别。

首先，劳动过程理论重点分析垄断资本主义生产过程中的劳动者实际状况，布雷弗曼揭示了资本家操控劳动过程造成劳动的碎片化与去技术化，导致人发生异化这一客观过程，进而论述了发达资本主义条件下雇佣劳动与垄断资本关系的性质及其历史发展特征。布洛维则根据苏东剧变后的新形势，提出除客观生产过程的研究外，还要将对“工人主体性”的分析纳入进来，以完善劳动过程理论和增强其现实解释能力。尔后，劳动过程理论又将制度变迁问题纳入研究视野，从而推动了这一学说的进一步发展。总之，劳动过程理论继承了马克思关于劳动与资本两极对立的思想，并从劳动者的角度对其进行了深入的挖掘，是对马克思理论的进一步扩展。

其次，海曼关于工会与劳动关系的研究着眼于当代欧洲工会运动的具体实际，侧重于从社会组织的视角展开分析，针对市场、社会、阶级这三种力量的目标导向型工会进行研究。该理论指出，每一种类型的工会都具有内在张力，现实中的工会运动正是处在诸多张力之间从而很可能是两种或三种理想类型的混合模式。在现代资本主义条件下的混合模式依然是一种矛盾综合体，资本主义劳资矛盾与冲突无法消除的本质会作用于任何现实工会，使外在的张力内部化，因而工会也在不断自我调整（每次张力的化解又将引发新的张力）以应对实际问题。政治经济理论很好地诠释了工会运动的多元主义特征，使国外马克思主义劳动关系理论具有历史的和宏观的视野，也使我们以更为开放务实的态度推进工会工作，在具体的历史处境中分析问题（将各类张力嵌入现实）并提出相应方案。

再其次，法国调节学派运用历史的研究方法对特定的时期、国家和地区的资本主义危机问题进行解释，以不同的资本积累方式为切入点，从普通工人的劳动状态和生活境遇剖析资本主义的演进。调节学派推进了马克思劳动关系理论的时代视野，丰富和发展了国外马克思主义理论。当然，调节学派劳动关系理论主要着眼于资本主义社会中观层面的调节功能，其具体的劳动关系协调适应于不同的资本积累体制，一旦两者不相匹配就会引发经济危机，因此，要不断调整劳动关系协调模式来稳定资本主义社会运转。与马克思相比，调节学派对劳资双方关系的认知没有抓住事物的本质。调节学派的主张是工人阶级如何与资产阶级进行妥协，以继续维护资产阶级的资本积累方式，而没有认识到资本主义剥削工人的实质。随着时代变迁、科技发展和金融扩张，资本主义固有的矛盾愈发严重，导致劳资关系冲突频发和愈演愈烈。随着金融主导性劳动关系在 2008 年发达国家的金融危机爆发后失去调节劳资矛盾的功效，资本主义世界的罢工、游行甚至暴力活动频发，“黄马甲”运动只是总体矛盾的一个集中缩影。

最后，赖特从一元的阶级划分标准（是否占有生产资料）转向三元的划分标准（生产资料资产、组织资产和技术资产），并提出剥削的根源于关键性生产资产的垄断化的观点。他坚持马克思关于有产者和无产者的区分是最基本的阶级划分这个观点，其理论曾属于马克思主义范式的阶级分析方法。赖特的阶级模型具有两个突出特征：（1）重新彰显了所有权关系在社会阶级划分中的重要作用；（2）通过“矛盾的阶级定位”来论述“中间阶级”概念，并具体分析了不同阶级的性质与利益，进而阐释了现代资本主义的劳动关系状况。赖特的阶级分析理论以剥削为核心构建而成，阶级定位也是在马克思阶级划分理论基础上扩展而来。赖特证明了马克思的阶级分析理论并非一些西方经济学家所说的那样，脱离了时代。相反，国外马克思主义者的研究表明，马克思阶级理论对现代资本主义社会阶级问题的研究依然具有指导性。

综上所述，国外马克思主义劳动关系理论的几派学说各有侧重，丰富了现代马克思主义经济理论体系。2018 年 5 月，习近平总书记在纪念马克思诞辰 200 周年大会上提出要“密切关注和研究国外马克思主义研究新成果，坚持在改革中守正出新、不断超越自己，在开放中博采众长、不断完善自己”。[①] 2008 年，发达资本主义国家爆发了严重的金融危机，广大劳动者的生存状态恶化，劳资冲突进一步加剧。西方世界的各种激进主义思潮再次活跃起来，国外马克思主义劳动关系理论对现实问题展开广泛和深入的研究，我们应当对其予以必要的重视，思考如何构建与当前社会经济形势相匹配的劳动关系协调模式，提升工人阶级的主人翁地位，这有利于促进劳动关系和谐，从而为新时代经济高质量发展提供稳定的社会基础和保障。

第四节　劳动者自我管理经济学

资本主义性质的企业是当前西方世界的主流企业模式，它通行的原则是资本雇佣劳动，资本所有权是企业剩余价值占有权和企业控制权的主要基础，并且直接（在所有者和经营者直接合一的所谓古典式企业）或间接（在两者分离的所谓股份制企业）地成为同生产和分配有关的决策权的主要基础。从这一意义上讲，这种企业模式又被称为“资本雇佣劳动型企业”或“资本管理型企业”（capital-managed firm，KMF）；资本的权力如此重要，以致由此产生了“资本主义制度”这一术语。其实，在现实世界中还存在着一种与资本主义性质的企业完全不同或者说是直接对立的企业制度，即“劳动者管理型企业”（labor-managed firm，LMF）；它的控制权、经济剩余索取权和生产、分配决策权的真正基础是劳动，而不是资本。也就是说，它通行的原则是劳动雇佣资本。[②]

---

① 《纪念马克思诞辰 200 周年大会在京举行　习近平发表重要讲话》，《人民日报》2018 年 5 月 5 日（01 版）。

② 也有西方学者称之为：工人自我管理型企业、纯租赁型企业、民主公司、自我治理企业及经济民主企业，或干脆直接称作劳动者合作社。后文的具体理论研究中将陆续出现这些称谓。总体而言，劳动者管理型企业是最为流行且内涵最广泛的称谓，本书将它作为统一的用语。

劳动者管理型企业把劳动者权利置于企业模式乃至整个社会经济制度的核心地位，力图实现劳动者参与管理、分享利润等一系列有关劳动者解放的重大课题。这一企业模式与资本主义性质的企业同样具有悠久的历史，创建于1844年的“罗虚代尔公平先锋社”是它的一个最初雏形，尔后，其相关模式在世界各地广泛存在，尤其是具有劳动者管理型企业组织形态的合作制经济在20世纪90年代中后期增加迅速。这使得对劳动者管理型企业的研究备受关注，各派学者围绕着劳动者管理型企业在经济效率、治理结构、社会价值和发展前景等方面的问题进行分析和辩论，提出了诸多理论见解，乃至形成了一门新的经济学分支——劳动者自我管理经济学或劳动者管理型企业的经济学说。

一、劳动者自我管理：一门新的经济理论分支

“劳动不是商品”，这是早期工人运动和各派社会主义理论家、实践家所达成的主要共识和努力实现的基本目标。1848年，《共产党宣言》首次对其进行系统论述，使之成为未来社会主义社会的基本特征之一。近百年后，它又成为联合国机构之一的国际劳工组织的纲领性序言——费城宣言的导语（1944）。

从资本主义产生至今，经过一系列渐进的改良或激进的革命运动，劳动在现代工业社会的地位已有大大提升，除少数例外，劳动已经不再被视为仅仅是劳动和货币支付的交换关系。社会保险、法律或协议规定的最低工资水平以及其他的工人权益保护条款、就业保险安排、职工持股计划、工人参加管理或联合决定等各种资本主义改良方案，都在不同的程度上改善了被雇用工人的处境。但是，资本主义的生产关系并未发生根本性逆转，尽管劳动的地位得到一定的尊重和改善，剥削、奴役、压迫、异化与物化等非正义现象依然存在，资本主义经济的基本矛盾并未根除，经济危机的阴霾反复出现。对此，西方世界发起了一场声势浩大的反主流企业模式的运动。

当前，在西方世界占据主流地位并起支配性作用的企业模式是资本主义性质的企业，资本所有权是企业剩余价值占有权和企业控制权的主要基础和重要来源，因此，这种企业模式的基本原则是资本雇佣劳动，也可以干脆叫作“资本雇佣劳动型企业”，它成为资本主义市场经济的细胞。资本主义性质企业的这种权力配置结构源于劳动力成为商品和劳动产品的资本主义生产

方式和占有方式这样的事实，而不是来自资本和劳动的稀缺程度或边际生产力贡献，或资本家和工人对待风险的态度，或资本所有者履行了企业家的职能——如同新古典经济学家所辩护的那样。这种以生产资料私人所有制为基础的经济上的等级管理体制与政治上的精英民主论对劳动者进行双重夹击，维护着资本主义制度的运行。其实，在现实世界中还存在着一种与资本主义企业模式根本不同或者说是直接对立的企业制度——“劳动者管理型企业”。在这里，权力体系被颠倒过来，劳动成为企业控制权、经济剩余索取权以及生产、经营和分配决策权的真正基础，简言之，劳动者管理型企业实行的原则是劳动雇佣资本，劳动不再是商品，而是有意义的活动，劳动者成为企业的主人。正因为如此，劳动者管理型企业具有很大的吸引力，尤其是 20 世纪 70 ~ 80 年代，主要发达资本主义国家陷入“滞胀”困境，苏联模式也开始暴露出很大的弊病，劳动者管理型企业作为“第三条道路”的一种可能性选择，而受到西方学界广泛关注，新古典经济学、新制度经济学、马克思主义经济学和激进派理论都对其进行分析、辩论和思考，一时间，理论研究达到高潮，相关著作上千篇（部），至 90 年代中叶已经形成了一门新的经济理论分支——劳动者自我管理经济学（economics of labors self-management）或劳动者管理型企业（labour-managed firm）的经济学说。①

例如，1983 年诺贝尔经济学提名霍尔瓦特在著作《社会主义政治经济学》（1982）中提出了劳动者自我管理经济理论（economics of labor self-management）。《新帕尔格雷夫经济学大辞典》的第一版（1987）和第二版（2008）中分别由霍尔瓦特、路易斯·普特曼（Louis Putterman）先后撰写了“劳动者自治经济”（lobour-managed economies）和“劳动者自治企业”（labour-managed firms）两个词条，此外，还收录了如“合作社”“工人参与和利润分享”等有关词条；《新帕尔格雷夫法经济学大辞典》（1998）收录了汉斯曼撰写的“企业的雇员所有权”（employee ownership of firms）词条，这充分说明劳动者管理企业的经济学说已然受到来自各方的重视。它甚至进入了现代经济学教学中，由格瑞韦尔（Gravelle）等编写的《微观经济学》（高级）自 1981 年首次出版至 2004 年的最新版，都把“劳动者管理型企业”作

① 西方学术界还有一种提法为，工人自我管理经济学（worker self-management economics）或工人自我管理的政治经济学（polical economics of worker self-management）。本书在行文中使用劳动者自我管理经济学的提法，因为，在涉及复杂的现代企业组织制度和社会层面的自我治理“劳动者”比“工人”的范畴更广。

为一个独立的企业模式来分析。从实践方面看，21 世纪伊始，西班牙蒙德拉贡联合公司、以色列基布兹等劳动者管理型企业经过数十年的发展取得了相当大的成功，促进了理论研究的进展。

二、劳动者管理型企业的定义

简单讲，劳动者管理型企业采用“生产资料社会所有并由利用它们的劳动者进行管理”，它是一种“劳动雇用资本而不是资本雇佣劳动”的企业制度。[①] 米德在概括瓦内克的理论时提出了一个比较全面的定义：“工人们联合起来形成集体或合伙形式来经营企业；他们雇用资本，购买其他投入品，根据市场价格机制出售企业产品；并承担风险，将最终盈余分配给自己，根据工人的等级或技能获取相应的份额；他们的基本目标是人均收益最大化。……工人们从私人资金的竞争性资本市场，或从出租国家资本资源的中央政府组织那里，租赁这些资本资源。”[②] 劳动者管理型企业采取从外部租用资本的融资方式是它的一个重要特征，以至于梅克林和詹森把它称作“纯租赁”企业。

还需强调的是，劳动者管理型企业平等的决策机制。在“纯粹”的模式中，“最终决策权……由工人们自己掌握，这是以权力平等为基础，不分职业、技能级别，或投入资本多少”，在这里“不会有一位非企业工人在企业决策中拥有直接发言权”“也不会有一个位工人被取消企业决策的平等发言权”。[③] 这意味着，所有的劳动者管理型企业成员，也只有他们，在企业管理中（尽管日常事务可能由职业经理负责）拥有平等的发言权。企业内部的分配不必采取完全的平均化。虽然工人们仍需要自己自由地选择工作和劳动场所，但传统意义上的雇佣劳动已不复存在。斯科特·阿诺尔德（Scott Arnold）认为，劳动者管理性企业与资本主义企业的两个基本方面的区别在于“第一，工人们集体控制生产资料；第二，工人的劳动力不是出卖给雇主以

---

① Selucky R. Marxism. Socialism and Freedom：Towards a General Democratic Theory of Labour-Managed Systems. London：Macmillan 1979：179.

② J. E. Meade. The Theory of Labour-managed Firms and profit Sharing. Economics Journal. 1972（82）：401.

③ Bonin，Putterman. Economics of Cooperation and the Labor-managed Economy. London：Harwood，1987：1.

换取工资的商品。因为工人是剩余索取者，他们是为了得到企业收入的份额而劳动，而不是为了一份工资。"①

请注意，劳动者管理性企业与德国的共同决定以及职工持股计划是根本不同的，后两者是不触动资产阶级核心利益的资本主义改良方案：共同决定是允许工人参与到监事会乃至董事和资方一道商定企业决策，但对劳资代表双方的比例有规定限制；职工持股计划使工人拥有企业股份，尤其是在离职和退休时，取得自己股份的现金收益。这两种方案的目的在于改善劳资关系，提高经济效率，但它们的进一步发展也不会走向劳动者管理型经济所追求的根除资本统治和实现真正劳动者自治的目标。

三、劳动者自我管理经济学的研究现状

20 世纪 50 年代至今，是劳动者自我管理经济学的现代阶段，西方学术界的研究成果主要包括新古典经济学、新制度经济学、马克思主义经济学和西方左翼理论这四大方面。

1. 新古典经济学的研究。

1958 年，本杰明·沃德（Benjamin Ward，1958）在《伊利里亚中的企业：市场工团主义》一文提出了一个包含充分假设的劳动者管理型企业理论化模型——伊利里亚模式，他运用新古典经济学的一般均衡理论分析了这种企业模式的运行，开创了运用新古典经济学框架来研究合作制经济的先河。这标志着劳动者管理型企业正式进入现代西方主流经济学的研究视野，同时也引发了新古典经济学关于这种企业模式的经济效率的一系列争论。埃弗塞·多马（Evsey Domar，1966）、詹姆斯·米德（James Meade，1972）分别对沃德的假设分析作出修正和发挥，形成了“沃德—多马—米德模型”；而如霍尔瓦特（Branko Horvat，1982；1987）等一批劳动者管理型企业的支持者则对沃德模式进行了批评和否定。

20 世纪 70 年代，西方资本主义陷入了严重的滞胀危机，苏联模式的弊端也日益显露，劳动者管理型企业作为一种“第三条道路”的选择受到越来越多的关注。雅罗斯拉夫·瓦内克（Jaroslav Vanek，1970；1971；1977）通

① Arnold Scott. Equality and exploitation in the market socialism community. Social Philosophy and Policy，1992，9（1）：9.

过对新古典经济学已有理论成果的梳理和总结，提出了实现劳动者自我管理的社会图景设计——参与制经济，力图打造出一个涉及全面的完整学说体系，劳动者管理型企业的新古典经济学研究被推向顶峰。90 年代至今，新古典经济学对劳动者管理型企业的研究转向具体实际问题的研究，主要体现在融资方式的设计和企业成员资格市场的研究这两方面。前者的代表性成果来自德累兹（Jacques Dreze，1989；1993）和福莱贝（Marc Fleurbaey，1993；2008）的外部融资模式，后者的主要代表人物是格里高利·道（Gregory Dow，2003；2008），他们旨在进一步完善新古典经济学的劳动者管理型企业研究，形成一个支持性论证体系。

2. 新制度经济学的研究。

新制度经济学不仅注重于研究资本主义性质的企业，也十分关注非主流企业模式——劳动者管理型企业，部分学者还将这两种企业模式进行对比分析。这些研究成果可以划分为产权分析和交易费用的方法，以及契约理论两大方面。

20 世纪 70 年代，新制度经济学运用产权分析和交易费用的方法对劳动管理型企业的经济效率展开研究，主要代表性成果包括：埃瑞克·菲吕博顿和斯韦托扎尔·平乔维奇（Eirik G. Furubotn & Svetozar Pejovich，1968；1971）运用产权分析的方法，提出了由于产权的不完全性与成员身份的时间跨度有限性之间存在矛盾，劳动管理型企业出现的投资激励不足问题。威廉·梅克林与迈克尔·詹森（William Meckling & Michael C. Jensen，1979）则把由外部借入资金的融资模式作为劳动者管理型企业的特征定义，提出这种所谓“纯租赁型企业”由于组织安排和权利结构所导致的弊病。候格·波纳斯（Holger Bonus，1985）以交易成本经济学把劳动管理型企业作为“企业的合作联合会”进行研究。亨利·汉斯曼教授（Henry Hansmann，1996；1998）设计了一个关于企业所有权的一般理论，结合实践经验，以交易总成本为重点对劳动管理型企业的基本特征和行为规范进行研究，而不是仅仅把它当作一种特殊的企业组织形式。

20 世纪 90 年代起，新制度经济学将契约理论引入对劳动者管理型企业的研究。主要涉及两大方面：(1) 不完全契约条件下，结合企业的所有权安排研究劳动者管理型企业的决策效率与分配效率，其中，对决策效率的研究来自奥利弗·哈特与约翰·莫尔（Oliver Hart & John Moore，1996；2005），对分配效率的研究来自缪勒·霍勒格同卡勒·沃纳尔德（Müller Holger &

Karl Wärneryd，2001）；（2）在成员忠诚度或成员承诺的语境下，研究企业文化因素对劳动者管理型企业发展的促进作用，这部分学者一般对劳动者管理型企业持积极的谨慎乐观态度。例如，雷·帕特瑞克和让·泰勒尔（Rey Patrick & Jean Tirole，2000；2001）研究了劳动管理型企业的成员忠诚度与筹集资金的关联性，莫瑞·富尔顿（Murray Fulton，1999；2001）围绕劳动管理型企业成员之间相互关系对正式合约的不完全性可能导致的机会主义行为的影响这一问题展开分析。

3. 国外马克思主义经济学的研究。

20世纪80年代初，国外马克思主义经济学关于劳动者管理型企业的研究开始走向成熟，其主要特点在于，把劳动者管理型企业作为理想社会制度的具体微观经济组织模型，在此基础上构建自治社会主义（self-government socialism）或经济民主社会主义（economic democracy socialism）的社会图景，探索劳动者在经济上自我管理和公民在政治上自我治理的正义性、可行性、运行绩效以及过渡方案。

20世纪60~70年代，勃朗科·霍尔瓦特（Branko Horvat）注重于对首个也是到目前为止唯一实行劳动者自我管理的社会主义经济制度——南斯拉夫工人自治社会主义——在运行效率、社会价值和经济政策等方面的研究。经过长期思考和充分的理论准备，出版巨著《社会主义政治经济学：一种马克思主义的社会理论》（1982；1984）提出和全面论证了自治社会主义模式，他认为，平等作为社会主义正义论的核心价值，是设计新社会的基本线索。当每一个人所扮演三个社会基本角色——生产者、消费者和公民——都享有平等权利时，便意味着理想社会的基本成形。因此，自治社会主义设计方案的主旨便是关于如何实现生产者平等、消费者平等和公民平等的阐述，以及经济效率的分析。如果说霍尔瓦特的著作体现了他学术生涯的最高峰，那么，大卫·施韦卡特（David Schweickat）则在1980年出版的博士学位论文中，正式涉足对劳动者管理型型企业的研究，提出了经济民主社会主义的最初设计，尔后，他在三本著作（1993；2002；2011）和大量论文中完善了这一模式。施韦卡特提出了社会财产的具体形式——“投资的社会化控制”的操作规程，并论述了在向新社会过渡的进程中，如何对待合作银行、私有企业及资本家等与资本主义相关联的因素，以及经济民主社会主义的对外贸易政策。布鲁诺·乔萨（Bruno Jossa，2004）则对施韦卡特的设计进行了补充，还对马克思、葛兰西以及其他社会主义理论关于劳动者管理型企业的研究成果进行总结（1997；2005；2009）。

4. 西方激进主义理论的研究。

西方左翼或激进派理论思潮对劳动者管理型企业模式也十分关注，他们具有一个共同的特点：都是劳动者管理型企业模式的坚定支持者，为劳动者自治的应然性提供了各自的理论依据，并设计了相应的实现模式。

西方激进民主理论的代表人物，道格拉斯·拉米斯（Douglas Lummis，1997）罗伯特·达尔（Robert A. Dahl，1985；1995）通过对资本主义民主制的批判及对民主内涵的阐释，提出了将民主引入经济领域的所谓激进民主派的经济民主理论。以迈克尔·阿尔伯特和罗宾·汉内尔（Michael Albert & Robin Hahnel，1991；2001；2005）为代表的现代自由社会主义沿袭了无政府主义关于理想社会的经济细胞要具备传统合作社的基本特征这一观点，由劳动者组成工人委员会和消费者协会进行自我管理、采取“一人一票”的决策原则来构建新型企业；形成了关于理想社会经济体制的具体设计——参与型经济（participatory economics）。上一节讲到的，现代劳动产权理论的构建者大卫·艾勒曼（David P. Ellerman，1990；1992；2005；2007）为劳动者享有全部劳动果实的这一传统的社会主义口号提供了现代性的理论解释。

四、劳动者自我管理经济学的基本观点

劳动者自我管理经济学对劳动者管理型企业研究的主要结论可以概述为：在这一企业模式的定义或基本内涵上达成了比较一致的观点；不过，对于它的经济效率、治理绩效、社会价值以及发展前景等方面，总体上存在着支持和反对两派观点，下面进行详细阐述。

（一）劳动者管理型性企业的基本内涵

劳动者管理型企业的经济学说认为，劳动者管理型企业是与资本主义性质企业完全不同的崭新经济组织模式，它实行劳动雇佣资本的原则，从而颠覆了资本主义企业的决策性质、管理方式和分配结构，对于这种企业模式，权力的主要基础是参与（劳动）而非所有制。以下分项阐述劳动者管理型企业的特点。

1. 劳动者管理型企业的决策性质。

劳动者管理型企业的一个最基本特征是，企业的最高控制权和权威由在

这个劳动组织中工作的人掌握。在这里，作为行为主体的决策，来自执行决策的每一个人。因此，劳动者管理型企业的决策性质与资本主义的等级制截然相反，对企业的控制和管理来自具有平等权利和同等重要性的全体劳动者，这种控制和管理遵循“一人一票”制原则将决策权力民主化，劳动者不再是作为一种投入的生产要素，而是成为企业的主人。这决定了劳动者管理型企业的另外两个基本特征：首先，全体劳动者具有平等的权利和同等的重要性，他们民主地参与决策和进行管理；其次，全体劳动者根据民主制定的原则分享企业净收益。

2. 劳动者管理型企业的治理结构。

当劳动而不是资本成为企业权力配置的基础之时，以资本权力为核心的资本主义企业治理结构就必然要发生逆转。对于小型劳动者管理型企业，企业的控制和管理由全体职工的直接参与来进行；更普遍的情况是，由全体工人选举代表机构来行使管理职能。需要注意的是，劳动者管理型企业并不是要废除技术专家的管理职能，或否认权威，而是要置专家和权威于全体劳动者的监督之下，经全体劳动者授权行使管理职能，并对其负责。

3. 劳动者管理型企业的分配方式。

企业决策制度的安排必然会体现在它的分配制度上，劳动雇佣资本的原则使劳动管理型企业由全体劳动者分享企业剩余。资本已不再是企业权力的基础，但资本依旧是稀缺的，资本是有生产力的。劳动者管理型企业并非完全否认资本的效用，也不是要剥夺资本所有权，而是要斩断资本所有权与企业控制权以及与之相关的经济活动决策权之间的联系，这意味着资本所有者只有收益权，没有表决权。由此可见，劳动者管理型企业对待资本的态度是：去除资本所有者对企业的“控制权”，而仅赋予他们一种稀缺价格的享用权。由于切断了资本所有权与企业控制权之间的联系，资本的收入变成了一种租金，资本的收入属于成本的范畴，它与企业的纯收入无关。因此，从这一意义上讲，也可以说明劳动管理型企业采取租用资本进行生产的融资方式。

在这种情况下，利息、地租等非劳动收入被列入成本范畴，企业的净收入就是该企业全体劳动者创造的全部劳动收入。在扣除了投资和集体消费之后，剩余部分本着按劳分配的原则在全体劳动者范围内进行分配，每一个劳动者的劳动长度、强度、熟练程度和复杂程度以及劳动的环境和工作本身的性质都将民主地被考虑。

4. 劳动者管理型企业的融资模式。

在上面关于分配方式的阐述中，已经指出，劳动者管理型企业采取从外部借入或租赁资本的方法来筹措资金。具体讲，企业对租赁来的资本支付一种契约性费用：租金或者利息，此费用不是在企业的纯收入中支付，而是属于企业的成本范围。企业自然要确保借入的资本或实物资产的价值，而出借方不享有对企业的实际资产的任何控制权。这说明，当外部资本所有者向劳动者管理型企业出借资本时，他并不获得控制权和管理权，而是获得资本作为一种稀缺性资源的价格。具有代表性的理论设计包括：完全外部资金型模式、直接融资和间接融资方案。

5. 劳动者管理型企业与所有制。

劳动者管理型企业的工人享受监督和管理企业活动的全部权力，并不意味着他们对所使用的生产资料具有充分的所有权。换言之，工人不是由于他们是公司的股东才具有管理和监督公司的权力。在劳动者管理型企业，控制权和管理权并非来自所有制，而是来自参与本身。因此，劳动者管理型企业既可以采取私有制，也可以采取公有制，推而广之，以这种企业模式组建的新社会制度既可以与私有制结合，也可以与公有制相嫁接。这是劳动者管理型企业的支持者关于这一企业模式可以在现代资本主义体系内推广的重要论点。

6. 劳动者管理型企业与市场经济。

劳动者管理型企业按照市场规律行事，在最有利的价格水平上从事商品生产、出售和租用资本等经济活动，以充分实现其经济利益。所不同的是，按照劳动者管理型企业的支持者的观点，在以这种企业作为微观基础构建新社会时，应摒弃自由放任的市场经济，由政府行使干预经济的职能，以克服市场失灵和实现更大程度上的平等。

（二）劳动者管理型企业的运行与发展

关于劳动者管理型企业的运行和发展，劳动者管理型企业的经济学说的主要探讨了这种企业模式在经济效率、治理绩效、社会价值以及发展前景等四方面的问题。总体而言，这一经济学说得出了支持和反对两种结论，也有部分研究成果持中立观点；支持者自然涉及以上所有四方面的研究，而反对或中立者则主要探讨前两个问题，止步于社会价值和发展前景的分析。

1. 劳动者管理型企业的经济效率与治理绩效。

总体而言，劳动者管理型企业的经济学说在这一企业模式的经济效率和治理绩效问题上存在着正反两个方面的结论，支持者认为它富有效率，反对者则持相反意见。由于现代经济学对劳动者管理型企业的研究是从反对者沃德开始的，因此，首先概括沃德及其他批评者对劳动者管理型企业的否定观点。需要注意的是，新古典经济学的结论是在一定的假设条件上得出的。反对派的假设条件是，在完全市场竞争情况下，一个劳动者管理型企业秉承“一人一票”的治理原则，以人均收入最大化为目标，用固定的资本租借率从外部租借资本，采取固定的生产技术，生产一种产品，并且，解雇工人不给企业带来额外成本、不影响企业决策（企业可以根据市场情况随意解雇工人）。那么，劳动者管理型企业的缺点主要有：（1）就业不足，即企业存在雇佣较少工人、产量较小的倾向；（2）“反常供给”，即企业的供给曲线是负斜率的，价格上升，产量反而下降；（3）资源配置效率低，即企业的劳动和资本的配置不合理；（4）“视野问题”，即由于个人产权的不完全性与成员身份的时间跨度有限性之间存在矛盾，企业存在投资激励不足的问题；（5）集体决策成本过高，决策效率低下。其中，前三个结论与严格的理论假设条件有关，后两个结论则被认为是和劳动者管理型企业的基本内涵或特性密切相关的，因此，前三个结论在面对劳动者管理型企业的支持者批评时无力反击，而在 20 世纪 80 年代中期基本消沉下去，而后两个结论则一直是反对派的支撑性论点。此外，南斯拉夫工人自治社会主义的解体以及现实中劳动者管理型企业的蜕变（即蜕化为资本主义性质企业），也是反对派时常提起的佐证。

劳动者管理型企业的支持者则认为，这一企业模式富有经济效率和管理绩效。以瓦内克、霍尔瓦特为代表的支持者提出，反对派的头三个结论是站不住脚的，因为那样严格假设条件的劳动者管理型企业在现实中是不存在的，如果从纯理论分析讲，则是对劳动者管理型企业本质的曲解，通过修正假设条件并进行分析便可以推翻这三个结论；格里高利·道等则干脆提出，反对派的假设条件不切实际，出发点错误的论证根本就无须研究。对于反对派的后两个结论，支持者通过改进外部融资模型和分配方案来否定“视野问题”，通过对企业管理模式的说明来证明它具有决策效率。至于南斯拉夫的解体或劳动者管理型企业蜕化问题，支持派一般认为南斯拉夫模式的失败主要来自政治、民族矛盾而不仅是经济运行问题，而现实中存在劳动者管理型企业的蜕化，是市场竞争的正常反应，也有资本主义性质的企业转化为劳动者管理型企业，因此，这不能说明后者是低效率的。

在回应了反对派的观点后，劳动者管理型企业的支持性结论可以概括为：

这一企业模式可以在很大程度上改变或改善现存的企业组织的弊病，在市场经济中，它不比现行的企业组织运行得差，至少一样有效率，可能更有效率。民主参与能够大大提高劳动者的工作动力和精神状态。消除由于经理/所有者与工人之间的传统性敌对而造成的损失，可以节省由于监督抑制怠工的需要而付出的精力，减少停工和罢工的次数。企业具有独特的“合作精神”或成员忠诚意识，从而有效地防范机会主义行为。这一企业模式将在工厂中鼓励更大的灵活性和创新，加强技术和组织信息在企业内部的自由流动。由于在劳动者管理型企业中平均的劳动持续期可能延长，还能够增强培训和强化综合性的和企业专门性的人力资本的动机。

此外，还存在一部分持中立观点的技术分析性结论，主要包括：（1）劳动管理型企业成员的偏好同质条件下，这一企业模式为最佳选择；当市场竞争激烈时，劳动管理型企业应对突发事件的能力不强，资本主义企业为最佳选择。（2）法律事务所、医疗机构和会计师事务所这类人力资本投资对企业发展具有突出重要作用的企业有利于采取劳动管理型企业模式，由于历史原因，农业生产合作社广泛地存在并具有发展前景。（3）劳动管理型企业在市场交易成本方面具有优势，但在集体决策方面成本过高。

2. 劳动者管理型企业的社会价值。

劳动者管理型企业的支持者认为，这种企业模式除经济效率外，还具有重大的社会价值。首先，这种企业模式克服了现代资本主义经济存在的许多严重的道德和政治缺陷。剥削，即控制他人劳动而攫取非劳动收入，被消灭掉；异化，即工人向雇主出售劳动力，被最大限度地减少。工作场所的民主参与和个人自主的机会，这些都遭到法人资本主义组织结构的严格限制，但可以由劳动者管理型企业的参与机制而大大拓展。简言之，劳动者管理型企业改变了工作场所中的社会关系和道德关系。从理论和实际情况看，在这里，最大限度地避免了劳动与资本的冲突，因此，罢工和其他经济冲突给社会和公司带来的损失得以消除，敌意、愤怒和仇恨所引起的精神和道德的退化也得以减轻。

其次，劳动者管理型企业改变了资本主义的竞争关系。在市场竞争方面，劳动者管理型企业体现了一种“自己活也让别人活”（live and let live）的原则。对于劳动者管理型企业，从市场上消灭自己的竞争对手的愿望要淡薄得多，但这并不意味着牺牲效率，而是消除了那种残酷的资本主义竞争关系。人们在经济关系上的主要冲突根源的消除，必将在人们的其他社会关系中得到反映。人们学会相互尊重，而不是相互利用；学会团结和博爱。劳动者管理型企业以及由它所组成的新社会将废弃那些使人成为受屈辱、被奴役、被遗弃和被蔑视的一切压迫源。

最后，劳动者管理型企业不具有现代资本主义企业那种具有无限成长的倾向，这将是一个消除垄断、更加趋于自由竞争的市场经济；这一企业模式不会人为地制造产品差别和诱导人们无限消费的心理，也不会在广告和推销活动上大肆挥霍资金，从而有利于有限资源的合理利用。并且，由于进行生产决策的劳动者们可能就住在工厂或社区的附近，而不是像远在千里之外享受的资本所有者，因此，他们更关心生产对环境的影响，从而控制和解决生产的负外部性问题，他们也更关心社区的建设与成长。正因为如此，劳动者管理型企业促进了人与自然之间的和谐。

总之，劳动者管理型企业的支持者认为，劳动者管理型企业作为一种新型的企业组织，是基于正义原则构建的，因此也是更人道的。这种企业模式将塑造出一个协调经济效率与社会平等、和谐的内在机制，它不仅改变了人们之间的经济关系，也改变了人们之间以经济关系为基础的社会关系、道德关系和思想观念，人们将学会相互尊重，而不是相互利用，学会团结和博爱。由劳动者管理型企业作为微观经济组织将构建一个美好的新社会。而劳动者管理型企业的反对者（主要来自新古典经济学和新制度经济学），则并未对这种企业模式在经济效率以外的社会价值详加探讨，因此，也没有专门的针对性辩论或反对性论证。

3. 以劳动者管理型企业为基础的新社会图景。

劳动者管理型企业的支持者又进一步设计了以这种企业模式作为微观经济组织具体形态而组建的新社会图景，主要包括：马克思主义经济学的自治社会主义或经济民主社会主义，瓦内克的劳动者管理制经济，以及现代自由社会主义的参与型经济，其中，前两种制度设计在学术界的影响力更为广泛。自治社会主义和参与型经济认为，以劳动者管理型企业为基础的新社会在提高经济效率的同时，促进了自由、平等、团结、博爱、民主等社会主义价值观的实现，劳动者管理制经济则用“人道”来描述新社会的价值。

谈到新社会就必然涉及具体的实现方案，以上制度设计的共识在于，采取非暴力的、循序渐进的经济手段来逐步走向美好社会。比较而言，以马克思主义经济学的过渡理论更为翔实和具体。霍尔瓦特和施韦卡特都提出了发达资本主义国家和发展中国家各有侧重的过渡战略，并阐述了在实现“纯粹”的劳动者自治体制之前，要积极对待和引导各种具有资本主义性质的经济和社会因素，率先建设新社会的国家实行公平的而非自由的贸易原则与资本主义世界打交道。劳动者管理型企业的反对者在研究这种企业模式的经济效率和治理绩效时已经给出了否定意见，又由于主流经济学采取中性技术分析方法，因此，没有涉及它的社会价值乃至以此为基础的新社会图景设计。

五、小结

劳动者自我管理经济学仍然被主流经济学所排斥。正如著名社会学家番奴·卡尔米（Panu Kalmi）所说，“劳动者管理型企业的研究在方法论上十分传统和主流，但它在政治意义上与当今资本所统治的世界是格格不入的异端，因此，便不可能进入主流经济学行列。”① 即便如此，这一理论对经济学理论的发展有着不同于主流学说的贡献。

首先，丰富了现代经济学理论的研究方法，开拓了其研究视野。现今西方学术界多个派别的理论学说都涉足此领域，带来了研究方法的多样性和研究视野的开阔性。在运用主流经济学的一般均衡分析方法、边际分析方法的同时，将马克思主义经济学、产权和交易费用经济学、契约理论、现代劳动产权理论、社会学和政治学的研究方法引入对劳动者管理型企业的论述当中，形成了跨学科、历史—变革和制度的研究体系。在研究视野上，把人们经济关系和经济行为的分析、企业行为的分析置于广阔的社会背景下进行，探索这些经济活动以及产生这些活动的社会环境之间的关系，道德因素、民主、正义与公平等价值判断原则被考虑到理论研究当中。

其次，探讨了经济效率与民主、平等的相互促进性。经济效率、民主和平等是价值体系中的核心话题，主流经济学认为，前者与后两者通常是矛盾的，而且后两者一般要让位于效率。而在劳动者管理型企业的支持者看来，它们并不矛盾，而是可以共同和谐地发展；中立者甚至是部分反对者也承认，劳动者管理型企业在民主和平等方面优点可以在某些方面改进资本主义企业的弊端，在一些地方提高经济效率。

最后，团结了西方反资本主义的经济学阵营，提出了美好社会的设计蓝

---

① Panu Kalmi. The Study of Co-operatives in Modern Economics：A Methodological Essay. Paper presented at the congress，Mapping Co-operative Studies in the New Millennium，2003.

图。苏东剧变后，西方舆论界宣扬资本主义制度的合理性和不可替代性。劳动者自我管理经济学则指出了资本主义制度的弊端和替代方案。它提出了各种论述具体的新社会图景或促进劳动者管理型企业发展的单项方案（如融资模式、成员资格市场）。

劳动者自我管理经济学的不足之处主要有：首先，观点先验性与分析技术性的矛盾。对于劳动者自我管理经济的研究存在某种先验性观念或偏好性预判，无论是支持者还是反对者都存在此问题。先验性的预判影响了劳动者管型企业经济学说的发展与统一。其次，过渡理论尚不成熟。劳动者管理型企业的支持者提出了以这一企业模式为基础的美好社会图景的多种方案，但在如何实现理想方面有时显得语焉不详。

第五节 现代西方经济学的劳动关系理论

不仅是马克思经济学和上文提到的国外左翼经济学理论，西方主流经济学在演进的过程中也一直将劳动关系作为研究的重点。[①] 按照马克思经济学的观点，现代西方经济学对劳动关系的研究集中于企业（或雇主）与劳动力使用者（劳动者）之间的关系。由于企业与劳动者之间因利益冲突产生了一系列冲突与博弈，劳动关系就不仅呈现为一种社会经济关系，也是一种政治法律关系。它与社会经济、政府政策、法律制度、历史文化均息息相关。现代西方经济学的劳动关系理论可以大体划分为新古典主义、管理主义以及制度主义三个流派，它们的相同点是都承认劳动关系中劳动者与用人单位之间在目标和利益上存在分歧与矛盾。但对双方利益冲突的程度、工会组织的作用以及政府政策方面存在差异，在利益倾向方面从右至左依次形成了以下观点。

一、新古典主义：资本主义社会劳动关系的自然和谐

新古典主义的劳动关系理论由西方保守派经济学家提出，其理论渊源可

① 从古典经济学开始，制度经济学、历史学派、激进主义以及新古典经济学都重视对劳动关系的研究，我们所涉及的是20世纪60年代以来现代西方经济学的劳动关系理论。

以追溯到古典经济学大师亚当·斯密（Adam Smith）在《国民财富的性质和原因的研究》（1776）涉及劳资关系问题。他指出由于工人协会在经济上处于弱势地位，雇主协会则在经济上占有优势。因此，工人协会的联合很可能具有暴力性与侵犯性。斯密最重要的是中关于市场作为“看不见的手”对社会生产自发调节的论述。市场通过自由竞争使经济释放出活力，实现合理的收入分配，达到共同富裕的目标。斯密的这一观点成为新古典经济学的基本论调。新古典主义学者推崇自由竞争市场机制的优越性，认为这一机制既可以促进企业实现经济效率的最大化，也可以确保劳动者合法权益的最大化。新古典学派指出，通过“看不见的手”，市场可以达到效率最大化，而且能够达到一种公平的状态。因为劳动者与用人单位都是理性的经济人，双方在市场经济中表现为自由平等的交换关系；他们在具体目标和实际利益上虽有差别，但在长期中，劳动的供求将趋于均衡，劳动者与用人单位的利益也自然会实现均衡。劳动者与雇主都有完全的自由，劳动者如果对其工作或其工资产生不满，可以自由地离职，雇员可以根据其自身的技术水平与工作能力找到一份能与其最终劳动成果相适应的工作。从长期看，由于劳动者与雇主都处在劳动力市场上，在市场机制的作用下，劳动力的供求双方最终会达到供求平衡的状态。市场出清保证了双方利益的均衡，在这种状态下，双方都秉承平等自由的交换关系，在供求平衡时，供给与需求双方的力量是均衡的，任何一方都不会处于劣势，双方都能达到自身的最大效用，从而达到一种双赢的状态。也就是说，在市场机制的调节下，劳动关系实际上可以达到一种和谐的状态。由于这种机制可以保证劳动者与企业双方的利益，那么，劳动关系中的冲突就不那么凸显了。

就工作报酬方面而言，在现代市场体系下，劳动者的知识水平、学历、技能以及工作的态度、效率与质量决定着他们可以取得的工作条件和工作待遇。高素质劳动者可以取得同行业中较高水平的福利待遇，在这种情况下，获得认同的劳动者将进一步努力提高工作效率，为企业创造更多的利润。管理方还会利用其他手段提高雇员工作效率，如提供激励性奖金。因此，在管理方的行为与市场的运行不受其他条件干扰时，劳动双方都会完成自己的义务履行自身职责，实现生产效率的最大化。这说明，如果自由竞争的市场机制充分发挥作用，则劳动者与用人单位将各尽所能，提高经济效率，从而实现劳动者在收入、工作条件和工作保障等方面的权益，企业则实现利润最大化，劳动关系的主体双方达到“双赢”。同时，一旦劳动者对工资水平和福利待遇不满，他就可以辞职去寻找新的工作，获得期望的工资，而雇主若是对劳动者不满也可以自由地辞掉工人。因此，在工资方面，双方都能获得自己期望的效用，达到双方都能均衡的状态。既然自由竞争的市场机制可以保证劳资双方的利益，构建起和谐劳动关系，那么，专门研究劳资双方利益冲突与博弈过程的学问就意义不大。因为，不满意的劳动者可以另谋职业，不满意的用人单位也可以选择替换劳动者。

在这种情况下，工会组织便失去了劳工运动时代的显赫地位。新古典主义的劳动关系理论甚至认为，工会在现代社会通常起负面作用。很多规模较大的工会演变成劳动供应的垄断方，成为本行业用人单位与劳动者之间交流的屏障，自由竞争的市场机制遭到破坏，企业处于被动地位。当工会操纵会员的工资要求时，将会增加用人单位的生产成本，提高商品价格，企业在竞争中处于劣势，资本所有者与劳动者的利益都受到损坏，劳动者的工作保障能力也被削弱。因此，在有关劳动关系的政府政策方面，新古典主义学派提出，政府应削减那些限制企业管理权的法律法规，尤其是避免劳动法对企业管理方的限制，从而使用人单位的管理权更富有弹性。在新古典主义学派看来，理想的劳动法应限制工会组织的发展，削减它的权利。在这种情况下，劳动力才能在市场中自由流动，从而大幅提升经济效率。

对于政府政策这一方面，新古典学派认为政府应该减少管制与干预，尤其在税收方面，认为政府应该缩小收支规模，降低赋税水平，尤其是削减企业营业税以及针对管理者与技术工人的税收。新古典主义者坚持把自由竞争的市场机制作为实现劳动者权益的根本保障，运用红利和绩效工资的方式将劳动者的收入水平与生产效率紧密联系起来。并且给予雇主更大的权力，让其能够自由地进行管理，减少法律对管理者的限制，赋予其更大的管理弹性。这样在劳动中资源的配置才能更加灵活自由，劳动生产率才能提高。①

二、制度主义：发挥工会与集体谈判的作用

制度主义的劳动关系理论又被称为多元正统学派，主要发源于约翰·康芒斯（John R. Commons）在著作《集体行动的经济学》（1950）、《劳工与管

① John Godard. Industrial Relations, the Economy, and Society. North York: Captus Press Inc., 2000.

理》（1913）中关于通过劳动集体、劳动法规建设实现劳动关系利益均衡的阐述。康芒斯分析了雇主如何利用积极的政策和机制去缓和其与劳动者之间的矛盾冲突，以获取更加有力的市场竞争地位的基本途径。因此，制度主义强调市场经济体制中经济效率与收入公平之间的均衡，重点研究工会组织模式、集体谈判制度以及劳动法规建设等方面内容。

按照康芒斯的说法，“如果我们要找到一种普遍的原则，适用于一切所谓属于制度的行为，我们可以把制度解释为集体行动控制个人行动。”① 因此，制度主义十分强调集体行动的作用。集体行动的范围十分广阔，小到无组织的行为，大到有组织的“运行中的机构”。家庭、公司、协会、工会、银行、集团乃至国家，都或多或少地表现为个体行动受到集体行动的控制。康芒斯认为，“净所得的概念里没有利益的冲突；冲突起因于一个人的总所得在另一个人是相等的总支出。”②这解释了劳动关系中的冲突，劳资双方的利益冲突就体现在，雇主为获得劳动所支付的工资，就是劳动者得到的总所得。雇主希望获得更多利益，其支出的金额当然是越少越好。而对于劳动者而言，工资就是他的总所得，他自然希望工资越高越好。双方形成了利益冲突，即社会中存在的劳资纠纷。但康芒斯认为，经济中的利益冲突是由于稀少性决定的，并不像马克思所说是由于剥削关系。在利益上有多少不同就会产生多少经济上的阶级，同一个阶级是由利益相同的人组成的。经济学研究的重要性就在于将这些阶级的利益共同点找寻出来，推进组织与团结，使各方采取一致行动。集体行动是十分普遍、范围广阔的。各处都存在集体行动的组织，但若想从利益冲突中产生一种有效的沟通，则需要的是另一种集体行动，即建立协调机制。“他们必须达成一种实际可行的协议，并且，既然这种协议并不是完全可能自愿地做到，就总有某种形式的集体强制来判断纠纷。”③当人们将这种判断作为一种可参照的例子后，则在以后的经济行为中则会自愿地遵守。在这种情况下，政府部门就不需要在进行干涉。这被称为一种制造法律的习惯法方法。制度主义对劳动关系协调机制的研究侧重于法律层面和制度层面的构建，即劳动和谐是集体行动的结果，而不是市场自发产生的。

制度主义的劳动关系理论认为，劳动者对公平待遇的渴求与用人单位对利润的追求存在矛盾，前者主要表现在工人的工资、工作条件及工作保障等方面。且双方的力量不均等，工人几乎没有什么力量与雇主抗衡，雇主比劳

---

①②③ 康芒斯：《制度经济学》，于树生译，商务印书馆 1997 年版。

动者更具有优势。然而，这种劳动关系双方的利益冲突是可以协调的，因为两者都要在企业发展这一共同目标下生存。制度主义学者对工会组织和集体谈判持积极态度，他们认为，大部分劳动者在就业市场中处于不利地位，因为这些人一般工种选择面较窄并且要承担失业风险。如果劳动者辞职，那么他也很难在合意的时间内找到一份新的工作。因此，劳动者的地位明显不利。在这种情况下，工会与集体谈判制度有利于保障劳动者的权益，促进劳动者与用人单位的平等对话。虽然劳动者的高工资、高福利增加了用人单位的成本，但企业更加团结、人才流失减少，会产生更高的经济效益，因此，合理的工会体系与劳动法规建设是促进劳动关系双方达到利益均衡，和谐发展的有效途径。在具体的方案设计上，制度主义学者提倡劳动者建立和扩大工会的规模和范围，增加覆盖面，支持在产业层面上进行更为系统的集体谈判。实行工人代表制来协调工会与管理层之间的冲突，例如，成立劳动者与管理层一同组建的委员会，在公司董事会中安排工人代表，由工人代表分享企业信息、展开协商和进行联合决策。[①] 进一步讲，制度主义者比管理主义者更支持政府进行宏观调控，主要是建议政府在人力资源开发与经济结构升级方面发挥主导性作用，构建一个由劳动者、企业以及政府三方平等参与的市场经济体制，在涉及劳动关系权益的领域各方都有发言权。不过，制度主义并不认可劳动力是商品这一命题，他们认为在研究劳动力时应该加入人性的因素。倡导工业民主在工业治理中的重要性，重点研究工会与集体谈判的作用。将研究领域扩宽到公共政策的发展，并且深入集体谈判与处理过程中的具体问题，对劳动关系三方的法律与地位亦进行研究，这丰富了制度主义的研究领域。

20 世纪 60 年代以后，制度主义的劳动关系理论有了进一步发展，被称为多元正统学派。正统多元论学派采用制度性与社会性因素解释劳动力市场，强调国家、劳方与资方相互作用达到劳资关系平衡的模式，注重对法律、政府政策与制度、历史资料工会文件的分析，在研究中多采取案例分析法与归纳法。代表人物包括：奥利弗·威廉姆森（Oliver Williamson）、理查德·弗里曼（Richard B. Freeman）和詹姆斯·梅多夫（James Medoff）等。其中，弗里曼和梅多夫（Freeman & Medoff，1984）提出“辞退—发言”模型，认

---

① Kochan, T. and H. Katz. Collective Bargaining and Industrial Relations. Homewood, IL: lrwin, 1988.

为工会作为公开代表劳动者利益的组织机构，有利于降低辞职率，提高生产性，改进管理经营模式。①

约翰·邓洛普（John Dunlop）在著作《劳动关系系统》（1985）中进一步推动了多元正统学派的发展。邓洛普的研究没有局限于历史法和描述法，而是采用了理论与分析的方法。劳动关系被看作一种抽象的概念，并不是用来形容现实世界的实际术语。在他的理论模型中每个雇佣体系都包括三个群体，工人及其所在组织、管理人员及其组织和政府机构。将这些群体之间的相互作用称之为劳动关系，那么，在这个体系中用来管理与规范各个群体的规则就成为重要的影响因素。这些规则在不同的系统中有不同的表现形式，如协议、法律、规章、政策、命令、奖励等。同时，不同系统中的主体面对着不同的环境背景，不同的技术条件、市场和预算约束、权利与主体地位都会导致环境的不同。邓洛普认为，劳动关系理论的重要任务就是研究在某一个系统中一个规则的建立以及它们如何随着环境的变化而变革。

进入 21 世纪，出现了劳动关系的新多元主义理论，新多元主义将劳动关系规则嵌入更为广阔的社会层面，关注多个利益相关主体在新的规则构建中的互动，并试图找到新的规则体系以适应社会的变化。阿克斯（Ackers，2005）提出，不仅要关注工作场所的规则，更应该将眼光投向工人生活的社区，将社会伦理规则也引入讨论的范畴之内，如工作与生活的平衡问题等。可见，新多元主义将工作场所嵌入了生活社区甚至社会这个更大的范畴中，提出了企业基于利益相关者建构工作场所规则的新理念。亨利（Henry，2015）就雇佣关系的评价标准给出了新的解释，他兼顾企业发展与劳权保护两个方面，对当时正在实施的劳动关系规则与政策进行反思与批判，希望依靠能够适应时代的新的法律、政策与非正式的一些机制解决劳动问题。②

三、管理主义：以新型企业管理模式调和劳动关系

管理主义的劳动关系理论由从事人力资源管理及组织行为学的学者提出。管理主义学派重视对劳动者与用人单位相互关系的研究。对于劳动者侧重于研究他们的工作动机以及企业认同感，对于用人单位则侧重于分析企业人力

① Richard B. Freeman，James L. Medoff. What Do Unions Do. New York：Basic Books，1984.

② 孟泉、刘明月：《什么是社会劳动关系？概念辨析、调整对象与分析框架》，《中国人力资源开发》2017 年第 6 期。

资源管理的规划、策略与具体措施。20 世纪 80 年代，西方国家大力推行新自由主义，制度主义或多元正统学派遭受质疑。在这一时期，企业文化的概念进入劳动关系研究的视野。人力资源管理领域的学者开始在劳动关系研究方面施展拳脚。管理学派的创始人是泰勒（Frederick Taylor），还包括亨利·劳伦斯·甘特（Henry Laurence Gantt）和哈林顿·埃默森（Harrington Emerson）等。

管理主义的最初源头是埃米尔·迪尔凯姆（Emile Durkheim）在《劳动分工论》（1893）中关于实现社会团结的分析。在工业化社会进程初始阶段，劳动的社会分工方式并不复杂，人和人之间的各方面能力特质差别不大，形成了大致相同的“集体意识”。随着工业化的推进，社会分工开始越来越明确，由于社会阶层和收入差异、教育背景等差异的存在，人们在各个方面开始出现较大差距，个人意识产生并对集体意识产生了消极影响。“工人”和“资本家”之间的矛盾开始出现。面对如何解决劳资矛盾，迪尔凯姆认为，“工人”和“资本家”这种双方对立的关系已经不再适用。当产生矛盾时，彼此依赖的利益群体不应该再采取相互对立的方式，而是寻找一条双方互利共赢的解决思路。迪尔凯姆特别强调社会的和谐与团结。过去工人经常把不满和冲突带入工作中，而在劳资共赢的情况下，他们有更多的机会参与企业与社会事务的经营管理，获得认可成为真正的主人，因而工人也乐于为企业作出奉献。他试图通过“社会团结”的框架把劳资双方置于一个“有机整体”之中，以缓解劳资矛盾。社会团结要依靠集体意识，这是指社会全体成员拥有一致的社会价值观和相同的道德规范。这是一种社会成员共有的信仰与情感，只有存在集体意识，社会方可和谐发展。法人团体的形成是由于社会意识相同的人相互吸引的，大家在交往中发现自己与同盟者的意识目标相同，形成了一种凝聚力量。可见，在一个法人团体中的各个成员拥有相同的社会意识和强烈的集体观念，他们有着相同的目标与追求，利益冲突并不明显。

管理主义的劳动关系理论认为，企业中的每位成员都应有一个共同的目标，大家的行为都是要去追求同一个结果，不存在个人的目标与集体不一致的状况。只要雇主采取正确合理的方式管理员工，劳动双方的利益是可以合二为一的。这样说来，劳动者与用人单位的根本利益是一致的，双方之所以存在矛盾是当前的企业管理模式所致。在现有模式下，劳动者认为自己一直处于受管制的从属位置，劳动关系表现为管理与服从。管理主义学派提出了化解矛盾的方式——以“高度认同感”为目标和高度相关的绩效工资为特征的新型企业管理模式，强调员工与雇主之间影响相互信任，从而使雇员们认可统一的目标，实现集体意识，这样才能使劳动关系稳定和谐具体讲，这一模式的核心内容包括：确保劳动者获得与他工作相符的福利待遇，设计员工职业提升方案，鼓励员工参与企业规划，并进行企业内部各工作岗位的轮换等，通过这些手段，让企业职工的目标更加一致，以提升职工对企业的认同感，共同追求企业的发展。管理主义学派认为，如果以上改革能够落实，则将缓解劳动者与管理层之间的矛盾，促进劳动关系的和谐与合作，那么员工的劳动生产率就会提高，员工失业率和迟到早退的概率就会降低，产生其他矛盾问题的概率也会下降。①

对于工会组织的作用，管理主义学派的态度模棱两可。他们认为，工会具有“破坏性”。由于企业可以通过管理模式的改革优化来实现劳资双方目标一致性，工会并不是必不可少的。而且，工会的存在削弱了雇主的管理权力，这对企业的管理活动将产生不利影响。他们认为，对那些已经建立工会的企业或行业，用人单位应积极地与工会建立交流与合作机制，使劳动者明白劳工主义运动时代已然过去，劳资对立不再是主流。因此，工会应该作为用人单位伙伴而不是对手，通过双方的合作来实现利益均衡。而对于尚未建立工会的企业或行业，管理主义学派则反对新工会组织的建立和发展，因为它们很可能会挑战企业管理层权威，恶化组织内部的劳动关系。与新古典主义相比，管理主义的劳动关系理论看到的是自由市场竞争机制的局限性。管理主义学者虽然也反对政府直接干预微观经济行为，但支持政府的宏观调控职能，认为政府应积极扶持一些新兴的有发展潜力的企业，引导和支持企业进行人力资源开发，提高劳动力的质量。同时政府应鼓励企业参与到国际贸易中，鼓励企业在国际竞争中发展自身的优势，并为企业提供相应的服务与帮助。②

管理主义在研究过程中，吸收了其他研究领域的知识，人力资源管理学的学者正日益充实进来。约翰·巴德（John W. Budd）认为③，为进一步推动劳动关系理论有更大的发展，首先要建立一个开放包容的理论体系。在这个领域中，既包含人力资源管理的理论又融合劳动关系理论。这里的融合不是

①② John Godard. Industrial Relations, the Economy, and Society. North York: Captus Press Inc., 2000.

③ ［美］巴德：《劳动关系：寻求平衡》（第3版），于桂兰等译，机械工业出版社2013年版。

指理论的叠加，而是要把这两个体系的目标进行融合，即既要追求效率，又要追求公平与发言权。新的研究与实践不是优先考虑其中某一方面，而是要找到这三个目标的平衡点。其次，在研究方法上，也要改变传统的针对过程的研究方式，要基于主题的方向进行研究，更加注重对雇佣关系的目标阐释和分析。

四、小结

现代西方经济学劳动关系理论存在不同学派，各派的观点分歧主要是对劳动者与用人单位之间利益差异或冲突的程度以及由此带来的不同解决方案，即对待工会组织、集体谈判以及政府职能方面的态度。但是，这仅仅是具体问题上的不同看法。总体上看，他们使用的是新古典主义的研究方法，资本主义市场经济体制被认为是合乎情理的制度前提，劳动关系则被抽象成一种经济技术关系，劳动关系作为一种平等的雇佣契约关系在市场经济中动态博弈。在这种情况下，资本主义社会中劳动者与用人单位之间存在共同利益，即便是在具体目标和重要程度上存在差异，也是完全可以在现有体制下进行调和的。经过改良后，资本主义社会的劳动关系可以实现和谐合作，社会经济取得更大发展。

现代西方经济学的劳动关系理论虽然没有揭示劳动关系的实质，但它在研究劳动关系双方力量博弈和利益均衡过程中，对工会组织、集体谈判、人力资源管理、企业治理模式改革、工人代表制度以及政府宏观调控职能等现代市场经济体制中的重要因素进行分析，为我们提供了有益的启示。因为，我国构建和谐劳动关系必然要涉及劳动者在企业中的地位和权益问题，无论是公有制企业、集体企业，还是私营企业都是如此。西方学者这三派理论的具体实践，例如，代表新古典主义的美国、加拿大，代表管理主义的日本（二战后至今）和英国（20 世纪 80～90 年代），代表管理主义的德国（二战后至今），这些西方发达国家在处理劳动关系时的做法具有典型性，我们可以根据国情借鉴其某些合理部分，为构建社会主义和谐社会战略服务。

第三章　国外劳动关系协调经典型模式

第一节　日本“三支柱”模式

对于日本劳动关系协调模式，国内外学者做了大量研究。研究内容主要包括日本劳动关系“三支柱”，即终身雇佣制、年功序列制以及企业工会的形成、演变发展，认为“三支柱”是支撑日本劳动关系的核心力量；家族主义与日本劳动关系；日本“春斗”的产生与发展。国内外学者对于日本劳动关系协调模式的基本安排进行了详细的阐述，但缺乏系统全面的总结、归纳以及结合中国现有经济形势所获得的启示。笔者在已有的研究成果之上，以定量分析与定性分析相结合的方法对于日本劳动关系协调模式产生的渊源、形成、发展以及前景进行了研究，认为日本完善的劳动关系协调模式在借鉴西方劳动关系协调模式经验的基础上，是与其优良的传统的“家”文化密不可分的，并因此形成了以“三支柱”为特色的企业经营模式。此外，我们从宏观和微观层面上对日本劳动关系协调模式进行了探索与研究，认为三方协调机制、“春斗”的集体谈判制度、劳资协商制度及意见处理制度为处理劳动关系搭建了沟通平台，最大程度上缩小劳资矛盾出现与激化的可能性。

一、日本劳动关系协调模式的理论来源

（一）儒家家族主义和日本独特的“家”文化

经营家族主义是20世纪上半期在日本大企业中普遍实施的一种管理理念，它将传统的“家”文化制度移植到近代企业中，主张按照“家族”的运行机理来经营企业，通过满足员工的社会情感需求达到提高生产率的经济目

的，是“日本式经营”的源头与本质。经营家族主义的形成很大程度上是受中国的儒家传统文化影响。

1. 儒家家族主义。

儒家家族主义，推崇以家庭为主体，是儒家传统文化的精髓。儒家讲究“修齐治平”，即指“个人”（修身）、“家庭”（齐家）、“社会”（治国）。“修齐治平”实际上是指以家庭本位为核心，进而达到治理天下的目的。那么，如何以家庭为本位进行“齐家”呢？先秦儒家大成的《大学》中谈到，“齐家”最主要的就是要正确处理男人与妻子、孩子、兄弟姐妹及亲戚的关系。如果以上关系处理得当，便能使家庭和睦兴旺，进而促进社会和谐，从而达到“治国”的目的。“齐家”涉及“孝慈”德目和“妇节”德目。

“孝慈”是用来处理父母和孩子之间的关系。什么是“孝”？“孝”是指在父母犯错时，儿子能够站出来提前劝告父母，父母做出违反正义道德的事情可能性才会缩小。什么是“慈”？“慈”是父母最基本的准则，父亲对子女应做到义，母亲对子女应当做到善，两者统称为慈。同样，“妇节”指处理夫妻之间的关系时，女子应当在某些方面做到自制、限制，以保持节操。

“孝”和“慈”，都是从纵向维持家庭和睦，“孝”为子对父尊敬和爱，“慈”为父对子教导和规范。“妇节”作为调节夫妇关系的德目，从横向方面维系家族利益。两者相互结合，从横向与纵向两个维度对家庭成员进行规范，要求个人利益服从家庭利益，这就是儒家家族主义的倾向。

2. 日本独特的“家”文化。

作为东亚国家的日本深受中国儒家文化的影响，逐渐形成自己独特的“家”文化。日本对于“家”的理解不同于其他国家。在旧民法中有这样的解释：家是户主进行统帅管理的由家庭成员组成的大集团。户主和家庭成员的关系是命令与服从的关系，与是否有血缘关系无关。因此，在日本，“家”并不仅局限于血缘这一种因素，居住地点或经济因素也可以成为形成家庭的原因。日本学者将这种现象称为以“模拟血缘关系”来判定家庭成员。

这种“模拟血缘关系”主要体现在两方面。第一是“养子制度”，日本的“家”是立于以婚姻和血缘关系为纽带的具体家庭之上的生活共同体。它超越了血缘的谱系，只要是有利于家业的延续和兴盛，女婿、养子甚至得力的仆佣都可以按照模拟血缘关系成为家族一员。在日本，家的延续是家族成员的重要事情，在家庭没有男儿的情况下，就以养子或者招上门女婿的方式继承家业。第二是家业的经营，家庭的雇员在一定年龄后，与家族成员没有直接或间接的血缘关系，也可成为家族的成员，参与家庭事务的管理与经营，这样的雇员组成的团体以“别家”为称。

3. 经营家族主义的产生。

旅日学者孔健说过：“日本经济的高速发展，就是拜儒教的教育思想为师的结果。”企业开始尝试将日本独特的“家”文化传统运用到企业的经营当中，形成经营家族主义制度，主张按照“家族”的运行机理来经营企业，通过提高员工的认同感和归属感进而达到提高生产率的经济目的，是“日本式经营”的核心思想。经营家族主义制度下，企业就像一个由企业主、经营者与劳动者共同组成的“大家族”，企业给员工提供安身、发展的场所，并对员工进行一定的培训和规范，这正是体现了家族主义中“孝慈”中的“慈”；为了回馈企业，报答此种恩情，员工便会倾尽全力为企业工作，尽最大努力提高劳动效率，要与企业共存亡，充分体现“孝慈”中的“孝”。

日本企业家达成一个共识：企业是一个大家庭，像父母栽培子女一样，对子女给予关爱，进行培训和教导，那么每一个员工都会成为企业的栋梁。许多日本企业管理者认为，企业的存在不仅仅是为了实现利润最大化，而且还是满足企业员工生理、心理、社会等需求的场所。日本独特的“家”企业文化注重提高员工的认同感，因而形成自己独特的日本式经营方式，终身雇佣制、年功序列以及企业工会则是日本式经营的三大支柱，其核心思想是“以人为本”与“真诚效忠”的价值观。

（二）埃米尔·迪尔凯姆与管理主义学派

1. 迪尔凯姆的劳动分工理论。

这在前文中已有所论述，按照迪尔凯姆的劳动分工理论，伴随工业化进程，社会分工开始越来越明确，由于社会阶层和收入差异、教育背景等差异的存在，人们在各个方面开始出现较大差距，个人意识产生并对机械性团结基础的集体意识产生了破坏性影响。迪尔凯姆认为，在面对所谓劳资冲突时，传统的“工人”与“资本家”的阶级分类已经过时。当产生矛盾时，彼此依赖的利益群体不应该再采取相互对立的方式，而是寻找一条双方互利共赢的解决思路。过去工人经常把不满和冲突带入工作中，而在劳资共赢的情况下，他们有更多的机会分享社会进步带来的利益，参与社会事务的管理，所以他们自然而然地会表现出合作和贡献。迪尔凯姆的理论试图通过“社会团结”的框架把劳资双方置于一个“有机整体”之中，以缓解劳资矛盾。

2. 管理主义学派。

管理主义学派的思想也正是源于此，迪尔凯姆的劳动分工理论与管理主义的观点相契合。实际上，管理主义学派推崇的许多万能药方，比如工作轮换制度、工人参与的团队制度、利润分享制度，也都是受到迪尔凯姆的劳动分工理论的启发进行设计的。从管理学角度出发，管理主义学派在研究劳动关系时，强调以人力资源开发和企业人事管理制度的角度健全协调劳动关系。日本劳动关系协调模式是以“家族理念”和“集体意识”为其企业的经营管理文化，终身雇佣制、年功序列工资制和企业工会形成其主要管理体系。以迪尔凯姆的工业主义劳动关系理论为启发，管理主义学派认为只要雇主擅于管理员工，劳动双方的利益是可以合二为一的。管理主义学派提出高绩效管理方式，主要包括较高的工资水平和较好的福利政策、员工在企业中能够获得公平合理的待遇、企业实行一定程度上的岗位轮换等相应措施，若这些管理政策得到切实实施，那么员工的劳动生产率就会提高，员工失业率和迟到早退的概率就会降低，产生其他矛盾问题的概率也会下降。

二、日本劳动关系协调模式的基本结构

作为二战的战败国，日本经济陷入低迷状态，人民生活一片混沌，企业成为职工唯一的依靠。经营管理者将日本企业“经营家族主义”的理念运用到现代企业的生产经营管理之中，使家族传统通过“劳资一家”和“全员命运共同体”表现出来，形成了“以人为本”和“温情的家长主义”为特点的“日本式经营”，日本的劳动关系的三大支柱为终身雇佣制、年功序列制和企业内工会。

（一）终身雇佣制

1. 终身雇佣制的概念。

所谓终身雇佣，即劳动者终身于某一特定企业劳动。它指的是一旦职工成为某个企业的员工，只要没有做违背法律道德的事情，即使在经济低迷时期，企业也不得解雇员工。同样，员工对企业不满意，由于社会习惯的存在，员工也不会辞职，因为从原企业辞职到一家新的企业工作被视作“背叛”。值得注意的是，终身雇佣制，并非法律明确规定要每个员工终身受雇于特定企业，而是一种关于长期雇佣的心理契约和惯例，员工也只限于人力资本价

值比较高的劳动者，例如技师、骨干工人、管理人员等，从事辅助工作的闲杂工作者等则继续采取从人力资源市场“随用随雇”的劳务雇佣制度。

2. 终身雇佣制的形成。

在明治初期的工厂中，随着经营规模的扩大与机械化程度的提高，企业实行“亲方制”，[①] 该种制度成本极高，逐渐显现其局限性，于是，一些大型企业开始直接从应届毕业生中招收新手进行相关生产技能培训，即“童养工”制度。为保证年轻的工人能够在企业的培训下变成为企业工作的技术骨干工人，管理者通过建立内部晋升制度，大大降低了员工的流动性，达到防止童养工外流的目的。这为后来的终身雇佣制的形成埋下了伏笔。一战后，日本经济萧条导致民不聊生，大量工人失业，工人们开始采取集会游行、占领工厂等极端方式来要求雇主提高福利待遇并保障雇佣。为了解决劳资之间的矛盾，企业开始寻找一种双赢的方案，终身雇佣制由此应运而生。大企业开始宣扬企业是一个资方与劳方通过契约建立雇佣关系而形成的“家”，劳动者、资本家与经营者作为家族成员，要共同维系“终身”的父子关系。1939 年二战爆发，为供应战时大量资源需要，劳动力供不应求，劳动者的流动性不断提高，为此，日本政府颁布相关法律进而强化终身雇佣制度。1960～1970 年，日本经济高速增长，多数企业将终身雇佣制度纳入管理体系，终身雇佣工的数量在全体劳动力中的比例达到史上峰值。

3. 终身雇佣制的意义。

首先，对于企业团体内部的和谐稳定有重大意义。企业与员工是“命运共同体”，企业对于员工投入大量精力培养并在无特殊情况下保障其终身不失业，员工对于企业认同感和归属感极强，这有利于企业内部形成和谐的组织管理气氛。其次，有利于企业保护自己的科技成果，避免了由于劳动力流动所带来的生产技术外流。同时，员工也会自觉发现学习新技术、新方法提高效率，增加企业盈利。再其次，实施终身雇佣制有利于维护国家和社会的稳定。即使大量新技术和机器的引进，减少劳动力的使用，企业也会对员工进行新的培训，将其安排到其他岗位，避免大量失业造成社会动荡。最后，终身雇佣制有利于构建和谐的劳资关系。企业是一个家庭实体，员工与企业主的关系不再是命令与服从的关系，而是“父子”的关系。因此在劳资之间

① 亲方制：“亲方”即技能师傅。在明治初期的工厂中，经营者将任务承包给亲方，由他们雇用工人进行生产。

形成了深厚的感情，有利于消除劳动关系紧张、弥补企业制度本身的局限性、激发雇员的工作热情。

（二）年功工资制

1. 年功工资制的概念。

年功序列制度是指由于轮岗制度的实施。随着员工工龄增加，其接触的岗位增多，掌握的工作技能增多，拥有丰富的经验，能够在很多方面的工作得心应手，促进企业效率提高，工资得到提升。首先，这种工资制是与终身雇佣制相配套的制度，对于构建和谐的劳动关系有着重要意义。其次，年功最初的意思是指“多年的功绩与经验”，具体表现为工人的学历、年龄以及在本企业的连续工龄等方面。由于连续工龄在工资结构中比例较高，工人们也认识到与频繁的“跳槽”相比，这种可以预期的、不断增长的年功工资对自身更有利，因此，也愿意长期受雇于同一家企业，从劳动力市场供给方的角度进一步巩固了终身雇佣制。

2. 年功工资制的形成。

为了解决战后劳动力流动速度快的问题，首先，企业采取效仿传统文化中“尊老爱幼、长幼有序”的习俗，形成以“年功”为核心的职位和工资制度，这样便长期留下企业经验丰富的骨干。其次，日本家庭主义传统也为其形成奠定了基础。明治维新后，工人们开始上街游行，由于当时的劳工立法还不健全，劳动矛盾频频出现。为减少工人的不满，企业采取以家庭主义为基础的雇佣机制，雇主与雇员之间如同家庭成员一样和谐互敬互爱，工厂中劳动者与管理层之间的关系并不是基于法律上的契约关系，以浓厚的情感为基石，如同对待家人一般，劳动者愿意为企业倾尽所有时间和精力工作。因此，日本企业的管理者也乐于用慈善的家长主义对待员工，为他们提供高的福利待遇、奖金（年功中的“功”）等，以提高员工工作的积极性。

3. 年功工资制的意义。

首先，年功序列制也可以被称作生活工资制，随着企业员工的年龄增加，家庭的各项支出增加，根据“年功”，其工资也将更高，这样可以缓解企业员工的生活压力，这种工资成为各年龄阶层保障工资。因而，年功序列制使员工对于企业的归属感增强，极大地激发了员工努力工作的积极性，进而提升劳动生产率。其次，年功序列制的实施，有利于企业降低成本。二战后初期至 20 世纪 60 年代，年轻劳动力处于供过于求的状态，日本寻找工作的群体年龄结构以金字塔型分布，企业通过以较低的薪水雇用多数刚刚毕业的学生群体，使得劳动力的工资多数分布在平均工资以下，减少企业工资成本。随着员工年龄增加，提升工资，又有利于激发劳动力的工作热情。同时，由于员工一旦“跳槽”，工资将从最低开始增长。通常情况下，员工会始终如一为一个企业效劳，因而企业比较重视内部培训，减少劳动力流动的成本。

（三）企业工会

1. 企业工会的概念。

企业工会是指日本工会组织的主要类型，即以在企业内组建工会组织为主。日本少量的职业工会和产业工会没有对日本劳动关系产生很大影响。日本的工会组织主要以企业内工会的形式存在，企业工会已成为“日本式经营”的特点之一。与欧美的产业工会和职业工会不同，日本企业工会的存在有利于劳资矛盾在企业内部得到解决，而欧美的工会往往是劳资矛盾的发起者。

2. 企业工会的形成。

19 世纪末期，日本就多次试图成立工会组织，但一直到二战接近尾声时，多数劳动者仍然没有参加工会组织。从此以后，日本工会逐渐产生一些行业工会和职业工会，但成立不久就消失了。1925 年，日本企业工会的人数不断增多，甚至超过职业工会和行业工会等其他工会组织。二战爆发后，由于工人运动的势力不断扩大，使得战时生产不能顺利进行，于是，政府强制性所有的工会解散，工会成员组成一个新的组织——产业报国组织。对于企业来说，该组织取代了工会的职能，为劳资之间开通沟通途径，代表劳动者与资方协商以改善职工工作条件，该组织可以称作企业工会的雏形。二战结束之后，由于美国占领日本，在美国的统治下，1947 年日本颁布了《和平宪法》，该宪法确立了“劳动三权”，即团结权、集体交涉及集体行动权。与此同时，日本先后于 1946 年和 1949 年分别颁布了《劳资关系调整法》和《工会法》，明确规定了集体劳资纠纷的解决方法，强化了工会的谈判地位和集体行动，这为日本劳工运动和工会组织的发展提供了法律支持。

3. 企业工会的意义。

首先，降低了劳资双方矛盾激化的可能性。企业工会只招收正式员工，临时工、外包工均不允许入会，因而大大削弱了企业工会的力量，减少劳资矛盾的产生。其次，日本企业内工会有利于劳资之间的矛盾在企业内部得到很好的解决。工会的主要干部管理层多数从企业的高层中选拔出来，因而，他们与资方相互了解便于沟通，并把工会的存亡与企业绑定在一起，在处理劳资矛盾时更加倾向于资方，达成妥协。从短期来看，劳资妥协的确给双方带来了极大的好处——企业稳定发展，职工条件改善。双方基于自身利益的考虑，彼此之间做出一些必要的让步，用最小的代价换取到最大的收益。

三、日本劳动关系协调体系的运作

二战后日本经济高速发展，以“三支柱”为特色的日本式经营模式当然功不可没，劳资关系的和谐稳定也与日本建立的一套适应国情的劳动用人制度和劳动关系调整机制是息息相关的。

（一）三方协调机制

三方协调机制是指政府、雇主团体和工会组织等三方当事人就劳动关系相关问题进行沟通与协商的制度。三方协调机制的建立有利于三方相互了解，以和平方式化解劳资矛盾。实行三方协调机制是日本一贯的做法，为了使这一机制得到良好运行，日本为此成立相关法律，建立劳动委员会、审议会（劳动政策审议会、产业劳动恳谈会）、国际劳动财团等协商机构。

1. 立法层面。

法律作为一种处理问题的强制性手段，健全的法律制度也是支撑日本和谐劳动关系的基础，充分体现三方协调原则。二战后，日本政府在 1945～1947 年先后颁布了《工会法》《劳动关系调整法》和《劳动基准法》。《工会法》对工会成立所需条件进行规范；确立了不当劳动行为制度及团体协约的规范性约束力，保障了劳动三权；《劳动基准法》旨在尊重和保障劳动者的生存权，对劳动者的劳动报酬和工作条件规定了最低标准；《劳动关系调整法》规定劳动委员会有权对劳动争议进行协商、调解和仲裁，促进了劳资纠纷的解决。上述法律为调整劳资关系提供了一个基本的法律框架。另外，还有《工资支付确定法》《最低工资法》《男女就业机会均等法》等多部调整劳资关系的法律。

为更好地解决集体劳动争议问题，日本专门成立了“劳动委员会”行政机构，主要负责处理各种劳动行为产生的争议案件。与此存在相配套的立法，《劳动关系调整法》规定斡旋、调解和仲裁机制；《工会法》规定了不当劳动行为救济机制（审查机制）来协调解决劳动争议问题。其次，政府制定的每项制度规定都必须经过劳动政策审议会讨论才能通过，劳动政策审议会由工会组织、雇主代表、权威的法学专家学者组成，是工会参与国家立法活动和政策制定的重要途径。该种立法程序确保劳动政策规定运行过程中充分体现政府、劳动者和雇主的意愿及直接利益。为了促进劳资之间的相互理解，日本建立了由工会、雇主团体、政府代表组成的产业劳动恳谈会。中央级别的产业恳谈会每年至少召开一次，就工作时间、薪资、福利水平等关系到劳动政策和产业政策方面的问题展开讨论协商，在恳谈会期间，三方可以自由交谈，达到合作、共赢的目标。国际劳动财团是以日本工会总联合会为主的三方合作机构，三方通过发表“白皮书”，表达各方对有关劳动立法、劳动政策、处理劳资矛盾纠纷上的不同立场与看法。这有利于三方相互了解，增进合作，扩大工会运动的影响，保障了劳动者的基本权利。

2. 主体层面。

从政府层面上看，和其他国家相比，日本政府不直接参与劳动关系调整与劳动争议处理，而是为劳动关系的发展创造良好的外部条件。作为法律制定者，日本的劳动三法为和谐的劳动关系做出了很大的贡献。作为三方协调机制中的劳动监察者，日本劳资之间较为和谐，非法用工较少，所以更加侧重对职业安全、劳动条件、集体协议履行情况的监察。日本的集体谈判多数在企业一级进行，政府干预较少，不过在劳资之间因谈判或者其他问题产生劳动争议问题时，劳动委员会将采取相应措施进行处理。

从工会组织层面上看，日本的工会组织对于劳动关系的处理起到基础作用。日本工会多数为企业工会，企业工会可以加入产业工会（如日本海员工会），产业工会可以加入全国工会，但全国工会不直接参与劳资问题的处理，起到总指挥的作用。

从雇主组织层面上看，与日本的工会组织比较来看，日本的雇主组织——“日经联”不直接参与企业内部劳动关系，主要是通过制定各种政策，提供咨询，指导雇主，来维护和发展良好的劳动关系。

（二）微观企业的集体协商模式

1. “春斗”的集体谈判。

“春斗”是日本调整集体劳动关系的重要途径，其对劳动条件的改善和社会和谐稳定起到了积极的促进作用。“春斗”又称为“春季生活斗争”和

“春季劳资交涉”，是日本工会每年春季组织的为提高工人工资、反对解雇工人和改善劳动条件等目的而进行的斗争。每年都由各大工会联合组成“春斗委员会”，以谈判形式为主。“春斗”的本质是集体谈判，进行的方式大致为先由较有协商能力的产业工会与雇主（或雇主组织）进行集体谈判，再由较弱小的企业工会以这些成果为目标，与其雇主进行集体协商。

在日本二战后 60 ~ 70 年代初这些年，“春斗”取得了辉煌的战果，改善了劳动者经济待遇，并推动了日本经济的高速发展。由表 3 - 1 可知，从 1956 ~ 1975 年，“春斗”所带来的名义工资增长率总体呈现出逐年高速增长的态势，最高达到 32.9%，即使石油危机发生后，虽然工资增长幅度下降到一位数，但到 1995 年为止也保持着 5% 左右的增长水平。即便是扣除物价、生活水平的等因素影响后的实际工资增长幅度也始终在 2% 左右。除此之外，“春斗”增加的工资是以固定额增长，对于低收入群体来说增长相对更加明显，因而也有利于缩小日本社会的收入差距，减少劳资矛盾激化的可能性。

“春斗”在相互交涉谈判阶段，企业与工会之间从企业的经营状况、经营计划等多个方面进行多元化的深入探讨。为劳资之间搭建了面谈沟通的平台，增进彼此的了解，有效化解可能产生矛盾的问题，具体见表 3 - 1。

表 3 - 1　　“春斗”取得的工资情况　　单位：%

年度	春季工资提高率	实际工资提高率	完全失业率	年度	春季工资提高率	实际工资提高率	完全失业率
1956	6.3	8.3	2.3	1968	13.6	7.8	1.2
1957	8.6	1.1	1.9	1969	15.8	9.7	1.1
1958	5.6	3.0	2.1	1970	18.5	8.7	1.1
1959	6.5	5.5	2.2	1971	16.9	8.1	1.2
1960	8.7	2.5	1.7	1972	15.3	11.0	1.4
1961	13.8	0.1	1.4	1973	20.1	8.7	1.3
1962	10.7	3.4	1.3	1974	32.9	2.2	1.4
1963	9.1	2.6	1.3	1975	13.1	2.7	1.9
1964	12.4	5.8	1.1	1976	8.8	2.9	2.0
1965	10.6	2.8	1.2	1977	8.8	0.5	2.0
1966	10.6	5.2	1.3	1978	5.8	2.5	2.2
1967	12.5	7.7	1.3	1979	6.0	2.3	2.1

续表

年度	春季工资提高率	实际工资提高率	完全失业率	年度	春季工资提高率	实际工资提高率	完全失业率
1980	6.74	1.6	2.0	1998	2.66	-2.1	4.1
1981	7.08	0.4	2.2	1999	2.21	-1	4.7
1982	7.01	1.5	2.4	2000	2.06	0.6	4.7
1983	4.4	0.8	2.6	2001	2.01	0	5.0
1984	4.46	8.3	2.7	2002	1.66	-1.8	5.4
1985	5.03	1.1	2.6	2003	1.63	0.2	5.3
1986	4.55	2.3	2.8	2004	1.67	-0.9	4.7
1987	3.56	2.2	2.8	2005	1.71	1.5	4.4
1988	4.43	3.0	2.5	2006	1.79	0.7	4.1
1989	5.17	1.9	2.3	2007	1.87	-1.0	3.9
1990	5.94	1.5	2.1	2008	1.99	-2.1	4.0
1991	5.65	0.2	2.1	2009	1.83	-3.4	5.1
1992	4.05	0.1	2.2	2010	1.82	2.2	5.1
1993	3.8	-0.6	2.5	2011	1.83	0.5	4.6
1994	3.13	1.8	2.9	2012	1.78	-0.9	4.4
1995	2.83	2.1	3.2	2013	1.8	-0.8	4.0
1996	2.8	1.6	3.4	2014	2.19	-2.4	2.8
1997	2.9	0.4	3.4	2018	3.0	2.5	2.0

资料来源：日本厚生劳动省劳资关系担当参事官事的各年度统计数据、日本厚生劳动省《每月劳动统计》。

2. 劳资协商。

1946年，日本推出“经营协议会制度”，后被称作“劳资协商制度”，是指劳动关系双方就企业经营管理方面的问题进行探讨、协商的制度。为此，日本企业普遍设立“劳资协议会”，由雇主和工会选出一定数量委员组成，针对一些不适合集体谈判解决的生产、经营方面问题展开协商。劳资协商机制在实践中，多数是作为集体谈判的前置程序而规定的，是为了集体谈判的顺利进行所设置的一种协商机制。同时，通常也会约定在协商不成时，劳动者方面不采取罢工、怠工等集体抗争行动。与集体谈判有很大不同，劳资协商的目的在于扩大生产经营成果，在劳资关系上强调如何合作使企业经营得更好，利润达到最大化，彼此达到双赢的目标。集体谈判的目的是生产经营成果的公平分配，劳资之间分配利益的利害关系更加突出。劳资协商侧重于劳动者和雇佣者利益的一致性，有利于降低劳资争议事件的发生。

3. 意见处理制度。

依据《公共企业劳动关系法》，日本企业还设立了意见处理制度，对在集体合同的解释和具体适用上产生的争议或者个别劳动者在劳动关系方面的不满、意见或权利主张进行处理或解决，工会与雇用方基于双方的约定而设立的一种专门机制。它与集体谈判不同，是随时有问题随时处理，处理不了再提交集体谈判或由上级劳资双方解决。这种动态的调整方法，对于缓和企业劳动关系起到了重要的作用。

四、日本劳动关系协调模式的变革及原因

二战后日本经济的发展大致可以划分为三个时期，高速增长期（1955～1973 年）、稳定增长期（1974～1990 年）与长期萧条期（1991 年至今）。在高速增长期和稳定增长期，日本经济的腾飞与平稳正是由于“日本型雇佣体制”的存在，与之相对应的是“传统的日本型劳动关系”，但自从 1991 年日本经济泡沫崩溃之后，日本经济便开始持续低迷，三大支柱发生了重大变革，劳动关系转为“新 J 型劳动关系”。

（一）日本劳动关系协调模式发生变革

日本在二战以后，形成了以终身雇佣制、年功序列制及企业工会为主要内容的劳动关系。这种劳动关系对于二战后日本的经济发展起到了积极的作用，并成为一种文化现象。进入 20 世纪 80 年代，这种劳动关系遇到了越来越多的困难，日本部分企业不得不进行一些调整。2008 年的全球金融危机使日本的劳动关系发生较大变化。

1. 长期雇佣工减少。

首先，日本经济进入长期萧条期，企业劳动员工组成发生了巨大变化，终身雇佣制面临挑战。20 世纪 80 年代，随着委托加工业务的增加，以前的边缘劳动者，例如，家庭妇女，临时工等日益增加的其他雇佣形态的劳动者开始承担这些业务，逐渐取代了 20 世纪 70 年代以“正社员”为中心的雇佣制度。专业性强的合同制、弹性雇用制工人的比例大大上升，使得长期雇佣

工的比率下降。其次，企业员工轮岗的范围由过去的公司内部扩大到集团内，这促进了内部劳动力市场的扩张，用工弹性加大，员工流动出现临时调动和永久调动两种形式。再其次，劳务派遣数量不断扩大。劳务派遣，指派遣公司将自己的员工，派遣到用工企业进行工作，听从用工企业的安排。20 世纪 80 年代末，劳务派遣最初得到法律认可时，13 个行业得到政府许可可以进行劳务派遣，从此以后，这种约束逐渐减小，到 1999 年日本国内市场几乎允许所有行业进行劳动派遣。2004 年，劳务派遣规模急剧扩大，达到了前所未有的数量，就连一直被禁止劳务派遣的制造业也得到解禁。但是，劳务派遣规模扩大，随之而来的是日益下降的劳务派遣费，派遣员工的工资水平也较低。这种模式无疑提高了劳动力的高流动率和降低了长期雇佣工的比例。最后，非正规工人大规模增加。自 20 世纪 80 年代以来，日本的非正规工人不断增加，1980 年非全日制工人 145 万人，占所有雇员的 5.8%，2011 年，人数达到历史最高 1803 万人。①

2. 绩效工资制出现。

1995 年"日经联"就发表了《新时代日本经营报告》，该报告倡导企业不再局限于传统的雇用习惯，大胆地使劳动力弹性化和流动化，进而达到削减人工费用，实现企业的低成本化的目的，并提出"喇叭型"工资方案，即工资应随工龄增长往上浮动，到一定能力水平后再根据功绩上下浮动。这种工资制度为"年功序列"的消失埋下了伏笔。于是，各大企业开始缩小加薪幅度，有些企业甚至取消了定期加薪制，同时提高了能力工资在基本工资中的比例。部分企业开始实施年薪制，"年薪制"的出现意味着划定工资的时间标准从终身制改为年度制，与日本"年功序列制"工资制度有着本质的区别。随着日本劳动力的老龄化及企业对于创新需求的不断增大，绩效工资制开始进入公司，逐渐取代原来的年功序列制。绩效工资制是指将雇员的薪酬收入与个人业绩挂钩。从日本健康、劳动和福利部发布的工资结构调查数据中发现，工人的工资并没有随着年龄增长而提升，这表明年功序列制度逐渐消失。

3. 工会力量减缩。

由于产业重组，企业结构调整以及企业的分立与合并使得入会率下降。

① 范围：《日本劳动关系"三支柱"的形成、变革与展望》，《国家行政学院学报》2014 年第 1 期。

日本厚生雇佣人数、工会会员数及推断组织率的变化数据表明，1985～2014年期间，雇佣人数逐年呈现不断增加的趋势，工会会员数从1994年1269.9万（入会顶峰时期）开始逐年下降，2014年仅有984.9万，90年代后期，工会组建率开始降低，到了2014年6月仅为17.6%。企业工会的力量不断减弱。由企业工会组织的“春斗”的方式和内容在逐渐改变。从表3－1中可以发现，1961～1975年，春斗所取得的工资增长率大幅度上升，名义工资增长率除1963年外，都以两位数比例增长。从第一次石油危机到90年代，工资增长率开始不断下降，但去除通货膨胀实际工资增长率均为正数。然而，从90年代以来，名义工资增长率多数在1.8%～4%，实际工资增长率基本在0上下浮动，仅有5年增长率超过1%，多数低于0，即通过“春斗”给员工争取的工资上涨幅度不足以填补通货膨胀所带来的物价上升，使员工的实际工资不升反降，“春斗”的力量大大削弱。21世纪初，小泉内阁提出“打破工会既得权利”的口号，使工会在集体谈判中彻底地失去话语权。

（二）日本劳动关系协调模式变革原因

随着日本经济由稳定增长期到长期低迷的转变，“传统的日本型劳动关系”开始面临挑战，新的劳动关系模式——“新J型劳动关系”在一些企业中出现。“新J型劳动关系”，是指非正式员工比例增加，采取绩效工资制的劳动关系。“新J型劳动关系”出现的原因可归为以下三个方面。

1. 经济全球化。

1990年开始，日本经济开始陷入“失去的20多年”，从2001年开始，日本人均GDP出现了二战后年代的首次下降。人均收入水平降低导致国内的有效需求严重不足，消费不足导致国民经济一蹶不振，人均工资水平也不断下降，形成经济低迷的恶性循环。为了解决这个问题，企业不能再单单面向国内市场进行销售，因而开拓国际市场，加入经济全球化进程势在必行。

为了快速适应经济全球化，日本将本国具有比较优势的制造业在低收入国家设立产地，这对传统的劳动关系造成了极大的冲击。首先，由于生产地点的转移导致不得不大量雇用低收入国家的劳动力，国外劳动力比重加大。其次，要想在全球化的竞争中站住脚跟，创新显得尤为重要。然而，年功序列制恰恰不利于员工的创造性发挥，日本企业在通信和互联网等新兴产业上的水平远不及其他国家。如果没有能够在国际市场上维持竞争力的产业，也很难创造新的就业岗位。最后，在经济全球化的背景下，日本企业与各个国家建立紧密的经济联系，经济发展也取决于其他国家的经济周期，因而顾客、分销商及外包商等关系一直处于动荡变化的状态。而终身雇佣制得以实行的前提是生产关系稳定，也就需要稳定的客户与分包商关系。

面对全球竞争的压力，日本的劳动关系虽然也进行了一些调整，但并未发生根本性的转变。2008 年的全球金融危机表明一个事实，日本的劳动关系协调模式必须得到调整，才能切实适应全球竞争的要求。

2. 新自由主义改革。

英国、美国分别于 20 世纪 70 年代末与 80 年代初，建立了新自由主义的撒切尔政权与里根政体。泡沫经济崩溃之后，日本部分企业开始质疑传统的劳动关系，在没有深入思考本国实际情况，便“削足适履”地效仿英国、美国，于 1982 年在中曾根首相的领导下开始了新自由主义改革，主张废除大政府，标榜小政府、放松管制、促进竞争、减少福利教育的预算、削减公务员、抑制工资、对一系列大企业进行民营化。

1996 年成立的桥本内阁继续把放松管制作为核心政策，并制定了新自由主义结构改革的基本框架。从基本框架的内容来看，主要有促进国内劳动力自由流动、促进企业竞争、缩小行政干预经济的范围、减少政府对社会福利的负担比例等。以上改革对传统的劳动关系产生了如下影响。首先，自 1985 年“广场协议”开始，日元对美元升值，汇率从 1985 年的 1∶240 急速上升为 1994 年的 1∶79。以此为契机，90 年代开始，日本的经济发生了巨大的转变。[①] 日元升值，扩大海外市场无疑是一个利润点。日本企业海外投资急速增加，国内的大企业纷纷以跨国公司为战略目标，向海外进军。日本企业的这一经营策略的重大转变可通过当时的数据得以表明，详见表 3－2。

表 3－2 中，日本海外投资大幅度增加，政府开始对劳动派遣制度放松，劳动派遣工的数量增加，大量跨国企业多数需要的是临时工，非正规雇佣工人比例上升，对日本员工的终身雇佣制造成了极大的压力。其次，新自由主义结构改革使“春斗”逐渐成为一种形式，削弱了“企业内工会在工资待遇方面集体谈判的作用”。

---

① 李蕊：《日本企业应对日元升值的策略》，《东北亚坛》2008 年第 1 期。

表 3－2　日本对外直接投资

年份	海外投资（亿美元）	对外投资/GDP（%）
1980	46.93	1.80
1985	122.17	3.30
1990	675.4	7.00

资料来源：日本内阁府经济社会综合研究所：《经济要览》，财务省印刷局 1980 年、1985 年、1990 年。

3. 主银行制度的局限性。

“传统的日本型劳资关系”的存在背后依赖着它与日本的企业间制度（企业集团和系列制度）、企业银行之间的制度（主银行制度）、银行与政府之间的制度（护航制度），三种制度之间相互支撑、相互补充。这一结构具有促进劳资妥协、维持“传统的日本型劳资关系”长期存在的功能。一旦某一制度出现问题，该结构被破坏，企业“传统的日本型劳资关系”也就很难维系。

日本企业融资主要采取间接融资方式，即银行信贷，因而企业的发展对主银行有很强的依赖性。主银行制度是指，银行同时扮演着企业的债权人和大股东的角色，它是通过向企业贷款和派遣董事的方式对企业的经营进行监督和控制的制度。主银行制度要想发挥作用，需要经济增长与之相配合。外部社会经济增长时，企业能够良好运营并获利，主银行才能收回贷款利息和持股企业的股票溢价收益，企业与银行才能正常互动。两者之间是“一荣俱荣，一败俱败”的关系。日本泡沫经济崩溃以后，日本经济开始陷入长期低迷状态。企业大量无法收回的投资、破产、倒闭最终转化为不良债权。超过银行能够营救的范围，多家金融机构纷纷倒闭，主银行制度开始走向衰落。企业一方面转变生产经营地点，另一方面因危机无法保障“终身雇佣”，“传统的劳动关系”因这一制度的局限性难以维系。

五、日本劳动关系协调模式的发展前景

在日本经济低迷的 20 年中，“三支柱”处于前所未有的困境当中，但是一些企业依旧在变革中坚守着原有的制度，但是，随着日本经济的持续低迷，“三支柱”的未来是不容乐观的。每一种制度的存在都有其局限性。终身雇佣制更加适用于制造业，对于 IT 产业它的弊端便凸显出来。相比制

造业，IT 产业对于员工的创造性要求很高，终身雇佣制使得企业的劳动力呈现老龄化的状态，IT 产业更多的是依靠年轻人，因而终身雇佣制会抑制某些企业的成长。其次，由于企业不能解雇员工，当经济低迷时，企业销售额下降，固定员工的工资无疑给企业造成巨大的压力，造成亏损甚至倒闭。因此，终身雇佣制在未来的比例一定会越来越小，非正规雇员的规模将继续扩大。泡沫经济崩溃后，企业之间的竞争变得更加激烈。企业开始注重绩效，不再单纯地依照年龄给员工工资，更强调人的能力与效率，绩效工资制有利于调动日本员工的工作热情和提升企业产品核心竞争力。对于企业工会来说，一方面，工会组织率将继续下降，工会的力量将进一步被削弱；另一方面，工人运动将越发平和，以“春斗”这种较为温和的方式为主。日本首相安倍晋三自 2012 年上台后实施的宽松货币政策，汽车、电机等出口行业的发展。[①] 这两个行业的“春斗”内容将会恢复和扩充，更加重视资源的合理配置。因此，未来“春斗”的内容也将更加广泛。

第二节　德国共同决定制

作为重要的发达国家，德国在劳动关系协调方面的经验——“劳动者的利益代表”机制——值得借鉴。这一机制的三大支柱是指通过工会、企业委员会和监事会中的职工代表来实现的，即共同决定和集体谈判构成劳动者利益代表的“二元主义”或“二元制”。其中，共同决定模式独具特色，其目的在于更好地平衡企业内部各相关参与主体的利益关系，以保障企业的稳定发展。它通过企业委员会和选取职工代表加入公司的董事会和监事会这两个层面具体执行。事实证明，共同决定模式在一定程度上促进了劳动关系的和谐，为德国社会经济稳定提供了保障。当然，它也有不足之处，并在欧洲市场一体化进程中显露出来。尤其是 2008 年国际金融危机之后，共同决定模式随着经济形势的变化而发生变革。下面，我们将对这一模式进行具体剖析，并获得有益启示。

---

① 张嘉昕：《二战日本劳动关系协调模式演变发展研究》，《经济视角》2016 年第 5 期。

一、德国共同决定模式的理论分析

（一）共同决定模式的概念界定

德国共同决定模式是一种将企业的股东、经理人员和普通职工等各利益相关方结合起来，一同决策企业运行中的相关事宜。它的具体实行分为两方面：其一，通过企业委员会参与共同决定。企业委员会代表普通职工的利益，与股东、管理层和工会等利益相关方共同决定职工的劳动时间、劳动安全、医疗以及相应保护措施等与职工利益切实相关问题。其二，通过职工代表加入公司的董事会和监事会或执行机构。由职工代表和股东代表共同决定企业的经营模式、生产方式和管理手段等事项。相对而言，这一形式的权利范围涵盖更广泛，职工参与企业民主管理的程度更高。可以说，企业委员会偏重于社会议题，董事会和监事会职工代表偏重于经济议题。总之，与其他发达国家相比，德国共同决定模式与不同地域性及行业性的工会组织一道形成了其独具特色的劳动关系协调体制，有利于平衡劳资之间的利益与矛盾。

（二）共同决定模式的理论基础

1. 经济民主理论。

经济民主理论是德国共同决定模式最重要的理论基础。经济民主是指对于企业或者某一经济组织形式的控制和管理，来自正在这里工作的每个人。全体劳动者具有同等权利和重要性，并通过一人一票制的方式将企业或者经济组织的决策权力民主化，让这里的每位职工都能够在经济民主的基础上参与到决策与管理之中。[①] 经济民主是一种基于正义和人道主义原则而建立的新型企业组织形式。在纯粹的经济民主型企业，不仅在民主决策方面行实行一人一票制，劳动者还将分享企业剩余，从而真正成为企业的主人。这就从根本上颠覆了资本主义社会劳动者与资本家之间的矛盾关系。尽管德国共同决定模式没有实现企业内部一人一票制决策，也没有触及工人参与企业剩余的分配。但它毕竟在一个发达资本主义国家较为全面地推行了职工与股东共同参与决策的企业运行管理模式。实践证明，引入了共同决定的德国确实是

① 孟钟捷：《“经济民主”在德国的确立——试论胡戈·辛茨海默与〈魏玛宪法〉第165条》，《历史教学问题》2007年第6期。

资本主义世界中劳资关系相对缓和，社会经济发展水平更高，社会运行总体平稳的国家。

2. 利益相关人理论。

利益相关人思想在德国具有广泛的认识和长期的积累。德国的传统观点就认为，公司存在的目的就是实现股东、债权人以及公司职工多方利益相关人的利益最大化，而非股东利益至上。公司在治理的过程中要反映全体利益相关人利益状况，不应为了追求收益的最大化而忽视了利益相关人的利益。利益相关人理念要求企业的经理层为公司、股东、职工社会以及国家的利益负责，德国政府十分重视将此精神的付诸实践，政府有关部门在必要时甚至可以直接干涉不遵守这一原则要求的行业或具体企业的行为。利益相关人思想在德国社会可谓深入人心，经常出现为了保护公司非股东的利益相关人，而在一定程度上牺牲经济效益的情况。这在 20 世纪 70～80 年代的资本主义危机中有突出表现，德国企业通过共同决定，提出了采取总体降低工资和分红水平，而不是单纯解雇工人的策略，从而保证了劳动关系的稳定。可见，利益相关人理念成为共同决定模式得以存在和发展的重要支持。

3. 劳动产权理论。

劳动产权理论具有悠久的学术传统，形成了比较完整的理论体系。约翰·洛克（John Locke）最先证明，劳动使得个人的财产权具有合法性。他还把劳动作为一个人所应该拥有的私有财产的衡量尺度。私有财产的积累应受到两种限制：个人劳动的界限和个人消费能力的界限，私有财产的积累超过这两个界限就是对他人的掠夺或剥削。这引出了李嘉图社会主义和大卫·艾勒曼（David P. Ellerman）关于劳动者民主参与企业管理的具体论述，形成了民主公司制的理论设计与实践应用。劳动产权理论从劳动是价值的源泉这一基准出发，为劳动者合理地享有劳动果实、获得劳动报酬提供了理论依据。以此为基础引发了关于工人参与企业管理和具体讨论和模式设计，德国共同决定模式正是很好地体现了劳动财产权思想的要求，高度重视劳动者在企业发展中不可或缺的参与性作用。

4. 自主决策理论。

随着资本主义进入机器大工业时代，现代企业内部的分工不断细化，工人在企业整体的工作流程中往往只是负责一项十分具体而细致的工作，丧失了主观能动性，而是简单机械地去重复某一项简单工作，导致物支配人的异化现象。这是十分危险的倾向，工人在劳动过程中被异化，就无法发挥作为主体的决策权，而仅仅被作为与物品相同的企业工作过程中的客体。因此，充分发挥职工的自主决策作用，将职工从企业生产过程中的客体地位转变为主体地位，让他们根据自己的意愿对于企业的各项决策施加影响，这有助于劳动者实现自我的发展，促进企业的和谐稳定发展。① 这种观点形成了自主决策理论，对德国共同决定模式的确立产生了一定影响。

二、德国共同决定模式的发展历程

（一）起源阶段

共同决定模式在德国的具有深远的历史渊源，早在1835年德国历史学派代表人物威廉·罗雪尔（Wilhelm Roscher）等就提出了在企业中创立工人委员会的设想，但这主要是针对道德问题进行的讨论，内容也仅限于倾听工人申诉权利的范围内。1848年，国会首次提出了在企业中设立工人代表的工商业管理条例的法案，虽然当时未被通过，但其中的许多条款后来被大部分企业自发采用，对共同决定模式的出现起到重要的推动作用。1890年，左翼思潮和社会主义思想在德国广泛兴起。社会民主党上台后，颁布了营利事业法这一任意性规范，允许企业组建工人委员会。尔后，矿业领域建立了一定数量的工人委员会。可见，19世纪中后期属于德国共同决定模式的起源阶段，国家尚未出台规范化的法律来对共同决定模式进行正式界定。支持企业内部资本与劳动的控制权实现制度化平衡的左翼思潮，以及提倡生产资料公有化的社会主义思想都为共同决定模式的出现奠定了基础。

（二）1900年至二战前的发展阶段

1900年，德国巴伐利亚州颁布了《工人委员会法》，这是德国历史上首部专门针对建立工人委员会这一问题，强制要求州内所有企业必须执行的统一法律。1905年，普鲁士州效仿巴伐利亚，颁布了州内一整套统一的《工人委员会法》。德国政府也颁布并实施了为祖国义务服务法，正式以国家权力机关的身份，通过法律形式强制性规定了设立工人委员会是企业的义务，境内的企业都必须履行。1918年，德国十一月革命促使当局认识到在工业企业

① 乌韦·安德森：《德意志联邦共和国经济政策及实践》，晏小宝等译，上海翻译出版公司1992年版。

建立工人委员会的重要性，在政府推动下，雇用20名以上职工的工业企业普遍设立工人委员会，以保障工人的基本权益从而防止劳资矛盾过于尖锐。1919年，魏玛共和国成立后将职工应在工人委员会中拥有法定代表以维护自身利益这一条，正式写入宪法中。随后的《企业委员会法》（1920）具体规定了企业委员会的活动内容，并首次提出了让职工的法定代表进入企业监事会这一历史性规定。1922年，魏玛共和国对《企业委员会法》进行操作细化，具体规定了职工代表进入企业监事会中的操作流程和具体职责，以实现工业资本家与工人或工会的和平共处，保证社会稳定。然而，1934年纳粹党执政打断了共同决定模式的发展进程。

（三）二战后至今的发展阶段

1945年德国战败后，原有的煤炭和钢铁工业被军事占领当局拆散，大企业与工会在此情形下达成互助协议，工会极力帮助企业恢复和发展，企业则通过使职工代表参与企业的董事会和监事会决策的形式来保证劳动者权益。当局制据此制定了《煤钢参与决定法》，这意味着共同决定模式在德国得到恢复。1946年，当局通过法令，重建企业委员会。1947年，德国矿业领域通过合约的方式，首次规定了股东代表和职工代表在监事会所占据的席位应均等。联邦德国的《煤钢共同决定法》（1951）是共同决定模式首次拓展至此领域，其最大特点是要求雇员在1000人以上的采矿业或冶金业企业的股东和职工代表，以等额比例参加企业监事会。

1952年，联邦德国颁布了适用于一般企业的共同决策的法案《企业宪法》，从企业中的个人、工厂和决策等三个不同层面规定了企业职工所应具有的权利；并且，创新性地提出了规模较大的企业需要创建经济委员会，职工人数超过500人的企业必须保证监事会成员中职工代表的比例达到1/3以及进入监事会的职工代表应由秘密投票直接选举产生等，并进一步细化和规范了共同决定模式的操作细节。随后，专门适用于公共事业部门的《职工代表法》（1955）将这一领域的职工纳入其中。在工会的大力推动下，《共同决定补充法》（1956）出台，共同决定模式拓展至所有股份有限公司和有限责任公司，并特别说明矿冶业的康采恩企业（垄断性企业集团）也要实施共同决定。1967年，德国联邦议会在组建了一个专门负责收集共同决定模式有关经验并进行评估总结的专业委员会。该委员会结合当时的社会形势和宪法原则，提出了一个让职工代表进入领导层的改进方案。1976年，联邦德国再次颁布《共同决定法》，实施对象包括职工人员数超过 2000 人的各类企业，规定了企业的监事会成员由股东代表和职工代表等比例组成，如遇监事会投票票数相同状况，由股东代表选举的监事会主席裁决。2004 年，《监事会三分之一雇员参与法》（2008 年进一步修订）出台，其基本内容与《企业委员会法》（1952）相同，创新之处在于对以前未做规定的公司类型，如互助保险协会、经济合作社或未涵盖的行业领域的各类公司等均规定监事会中应存在1/3的职工代表参与决策。可见，二战结束以后，德国共同决定模式稳步向前推进并有所调整。

三、德国共同决定模式的绩效评价与改革调整

（一）共同决定模式的积极效果

1. 劳动者的生活与福利水平高。

德国共同决定模式让职工参与到企业决策之中，使劳动大众对企业的薪资和福利政策产生了较大影响。与其他发达国家相比，德国的工资差别较小，工资水平更高，工作时间更短。2017 年，德国工资水平在世界上名列前茅，为 3775 欧元/月，最低工资达到 8. 84 欧元/小时，而劳动时间却相对很短。[①] 据德国统计数据门户网“统计员” statista 的显示，德国在职人员 2012 年平均总工作 1393 小时，按 8 小时工作日计，相当于 174 个工作日。[②] 通过落实共同决定模式的各种相关法案，德国形成了较为完善的职工安全和健康保障体系，职工的社会地位与受尊重程度更高。

2. 劳动者得到充分的职业发展。

由于职工可以和股东一道参与企业的重要事项决策，使职工的主人翁意识进一步提升，对企业的认同感和责任感更强。实践证明，在企业的发展过程中，德国的工人积极发挥主观能动性与创造力。并且，来自一线的职工代表对企业的具体运营情况最为熟悉，这有利于他们作出符合客观实际的建议和决策，进而推动企业健康发展。与之相应，企业也会进一步改善和提高劳动者的工作条件和工作待遇，因此，德国工人的总体生活水平得到显著提高。

---

① 张嘉昕：《德国共同决定模式的劳动者利益实现机制研究》，《社会科学家》2018 年第 3 期。

② 全球经济指标数据网［DB/OL］. https：//zh. tradingeconomics. com/germany/indicators.

在共同决定模式的影响下，劳资双方都十分重视职工培训工作。由于职工技能水平的提升对企业发展起积极的推动作用，雇主和经理层十分支持各项对劳动者的职业和技能培训工作，职工与企业之间的合作关系变得愈发紧密，这促进了劳动关系的和谐。就职工层面而言，德国当前约85%的企业委员会成员同时也是工会会员，工会为增强其在劳资谈判中的实力，积极为企业委员会提供各项专业知识和职业技能的综合培训。

3. 企业层面的劳动关系协调效果明显。

共同决定模式的实施使企业的股东、管理层与广大职工之间的沟通机制更为顺畅，积极通过协商方式解决双方在企业运营中出现的争端和问题，提前化解劳资冲突。这在很大程度上降低了由于人为因素所导致的对企业生产能力的破坏，实践表明，德国企业的X非效率要明显低于西方发达国家。由于职工可以参与到企业董事会和监事会的决策当中，这提高了决策的公开透明性。当广大职工能够对公司运行状况充分了解和进行监督时，雇主和管理层也变得更加自律，劳资双方总体上趋向合作状态。

4. 宏观经济基本走势良好。

以共同决定模式为基础的劳动关系协调模式使战后德国的国民经济得到迅速恢复和发展。1950～1975年，德国的国内总产品数额从1436亿马克增至7507亿马克，增长近4倍。前面谈到由于德国工人的收入和福利待遇水平高，且劳动关系协调效果明显，使其工作态度和技能都处于高水平，德国制造的品质享有世界声誉。共同决定模式提高了职工在企业决策中的地位，与其他发达国家相比，德国不同行业和同一行业不同部门之间的工资差别较小，就业率一直很高。2017年仍可以达到74.8%。[①] 工资占GDP的比重要低于其他欧盟国家，1977年的数据英国为73%、意大利为72%、法国为71%，德国仅为67%。[②] 共同决定模式的劳资合作精神使工人在经济危机来临时，从宏观经济复苏和企业发展的角度进行决策。例如，面对20世纪80年代初和20世纪90年代初（两德统一）的经济危机，劳资双方达成限制工资增长的协议，从而帮助企业走出困境并使得宏观经济形势趋向好转。可见，共同决定模式提高了德国宏观经济的竞争力与抗冲击力，有效避免了大规模劳资冲突的发生，这也使德国的国民经济在2008年世界金融危机后率先得到恢复。

---

① 全球经济指标数据网［DB/OL］. https：//zh. tradingeconomics. com/germany/indicators.

② 米歇尔·阿尔贝尔：《资本主义反对资本主义》，杨祖功等译，社会科学文献出版社1999年版。

（二）共同决定模式的负面影响

1. 降低企业效率和影响企业发展。

德国以法律形式强制性地规定了共同决定模式，这可以看作对企业所有权的一种重新分配，并导致了企业的决策与风险承担相分离，很可能影响企业内部监事会的运行效率，使决策过程过于冗长。此外，共同决定模式导致企业普遍出现监事会规模过于庞大现象，并且，由于监事会内部的股东代表和职工代表利益目标的差异，经常出现决策意见不一致。这导致企业重要事项的决策过程冗长、决策效率降低，甚至出现劳资双方处于僵持状态，很可能错失市场商机。由于共同决定模式受到法律的强制性规定，灵活较差并且监督机制尚不完善，在股东和职工双方发生利益冲突时乃至处于僵持阶段时，会导致企业监管的真空地带被经理层利用。经理人员往往会趁机利用漏洞来实现自身利益目标，而当他们的利益目标与企业总体目标相违背时，就会对企业发展产生损害。

2. 决策权力不均衡和代表利益错位。

尽管共同决定模式规定广大职工通过职工代表参与企业重要事项的决策，但实际上股东代表的权利仍然大于职工代表。相关法律中明确规定监事会因某种特殊原因导致就某一事项表决的赞成票和反对票等同时，由监事会主席行使表决权，而实际上监事会主席却是由股东代表选举产生的。这样看来，股东依然处于优势位置，可能引发新的劳资矛盾。此外，企业监事会中的职工受限于自身学识水平和经验能力的不足，往往缺乏足够的监督能力，对企业的监管和关注也偏重于某一特殊方面等，这都不利于职工代表维护全体劳动者的权益。市场的常态是机遇与风险并存，当企业面对市场机遇时，职工代表一般是风险的严重厌恶者，所作出的决策往往过于保守，这就不利于企业成长。

（三）共同决定模式的改革与调整

德国作为创始国加入欧盟（1993）这意味着欧洲区域经济一体化进程的加快，欧盟各成员国的企业纷纷跨境组建股份公司以实现资源互补。而作为唯一实行共同决定模式的国家，按照德国法律规定，与德国企业共同组建股份公司被要求必须实施最高比例的职工共同决定模式，从而导致德国企业很难从其他欧盟内觅得建立股份公司的合作伙伴，这不利于德国参与欧洲经济一体化进程。对于其他国家而言，共同决定模式对企业的限制较多，因此，其他成员国组建跨境股份公司时即便是以德国市场为主要业务对象时，也会倾向于选择在德国以外的欧盟国家登记注册。从而出现了母公司不在德国，而主要的经营活动又发生在德国的现象，这不利于德国的国民经济发展，使德国在欧盟的经济地位受到打击，又会影响其政治发声。在这一形势下，关于共同决定模式调整的声音呼之欲出，尤其是当2008年金融危机来临时，德国政府从宏观经济和微观企业两方面作出了相应调整。

1. 政府采取相关调控措施。

受2008年世界金融危机影响，2009年德国实际GDP同比下降4.7%，出口额下滑17.9%。很多企业发生限制产能、关停撤并、降低工资和减少雇员现象。为应对危机，政府推出了对企业雇佣短时工的补贴政策。当企业采取压缩工时而不是解聘工人的措施时，有一个子女工人和无子女工人的工资的67%和60%由政府负责；工人社保前6个月的50%，和之后的全部费用由政府买单。2009年，政府为此支出50亿欧元，约1/5的企业获得补贴，共挽救30万人就业；2010年，财政支出47亿欧元，挽救了60万人就业。从投入—产出的角度看，这一政策的效果明显。[①]

2015年，德国正式实施政府通过《最低工资法案》（2014）将最低工资确定为8.50欧元/小时，这对保障工人权益和进一步缩小东部与西部地区的职工收入水平起到积极作用。从雇主方的利益出发，中央和地方政府实施了很多劳动关系协调的措施，如允许雇主组织推行缩短工时、灵活就业、移民融入等策略，并鼓励雇主组织为企业提供咨询服务。这有利于稳定德国的雇主阶层，减少资本和资本所有者外流数量。

2. 企业层面的自我调整。

2001年，德国政府通过法案使企业委员会增加了有关环境影响方面的共同决定权，职工代表与雇主、管理层可以就企业在此方面的活动形成决议。2013年，社民党与联盟党开始联合执政，相比于前任的联盟党与自民党联合政府，当局对劳动关系协调的态度更加积极。随着企业用工形式多样性（灵活就业）的增加，经过各方协商，自2013年3月开始，工作满3个月的劳务工也被计入职工总数，这相当于增加了参与共同决定的职工基数。企业委员会更加重视劳资双方的工作合同签订环节，积极与雇主和管理层协商工作协

① 赵祖平：《全球化及经济危机背景下的德国劳动关系协调机制》，《晋阳学刊》2017年第4期。

议的具体细节，在加班方案、弹性工时和远程办公等灵活工作方面的考虑更加细致。并且，设定补充条款来说明当出现加班高于工作协议规定时对职工给予未来休假和经济补偿的内容。

按照相关法律规定，工资议定是集体谈判（工会与雇主）的范畴，但是金融危机迫使企业运营调整的速率加快，企业委员会也与工会展开合作，使集体协议中的开放性条款增多，根据新修订的《集体协议法》（2014），职工代表可以通过共同决定模式来触及原本只在集体决议的内容。此外，为应对受金融危机影响，企业并购情况增多对职工就业稳定带来的冲击，共同决定模式增加了一项职工代表职工知情权。即在外部注资入股是以收购企业为基本目标时，雇主或企业所有者必须将此告知职工代表，并说明这可能会对普通职工产生的即期和预期影响。

第三节　美国职工持股制

职工持股计划（employee stock ownership plans，ESOP 或 ESOPs）是当前在美国普遍实施的一种促进职工获得企业股票的职工收益机制。1974 年，ESOP 首次获得美国官方认可。此后，在美国政府的推动下 ESOP 发展迅速。20 世纪前 10 年，尽管实施 ESOP 的企业数量稳定在 7000 家，但参与的职工数量和资产规模均有增长。实践表明，ESOP 对于协调劳资矛盾、增加职工福利、缩减贫富差距、提高劳动效率等方面有积极意义。可以视为一种发达国家协调劳动关系的有益尝试。

一、职工持股计划的定义和理论基础

（一）职工持股计划的概念

ESOP 是职工股份所有制的一种类型（职工股份所有制表现为各种不同的计划类别，包括股份购买计划、利润分享计划、股票期权计划和职工持股计划等）。艾勒曼（1997）指出，ESOP 是一种由《职工退休收入保障法》授权的特殊职工收益计划，ESOP 的大部分或全部资产投资于雇主企业的股票。结合该计划始作俑者路易斯·凯尔索的意图和美国相关法案的规定，我们将它定义为：ESOP 是指当局通过一系列优惠政策（主要是税收优惠）激励企

业所有者向职工分散股权，让职工持有企业股份以增加收入的资本所有权扩散机制。通过该计划，企业职工具备了“劳动工人”和“资本工人”的双重身份，有利于推进劳资合作。

罗森（Rosen，2014）认为，企业实施 ESOP 的主要目的包括：（1）通过 ESOP 购买将要离开的企业所有者的股份，私有企业的所有者可以利用 ESOP 建立一个现成市场出售其股份；（2）为了以较低的税后成本获得贷款，ESOP 在福利计划中独树一帜是因为它被允许贷款；（3）为了创建一个额外的职工福利，企业可以向 ESOP 发行新股份或库存股份，也可以向 ESOP 捐赠购买股份的现金。

（二）理论基础：双因素经济论

美国律师路易斯·凯尔索（Louis O. Kelso）是职工持股计划的理论奠基人和积极推广者。他提出的双因素经济论是 ESOP 的理论基础。在凯尔索看来，劳动和资本都是生产要素，都应参与收入的分配。美国由于工业化生产的发展，超过 90% 的财富由资本生产，由劳动者生产的财富比例很低。资本所有权高度集中于少数人手中，5% 的家庭拥有大部分资本所有权。如果按完全自由竞争的分配法则行事，劳动大众将陷入贫困。但在现实中，财富的分配受工会、税收及政府的影响，70% 的国民收入被分配给劳动工人，这又引起了分配的公平问题，因为资本要素未获得应有报酬。同时，资本的过度集中会导致周期性经济萧条，而追求充分就业的政策会引发通货膨胀。在凯尔索看来，充分就业是一个不可取的政策目标，因为资本生产率随科技进步不断提高，使充分就业难以为继。他提出了实现公平经济的基本原则：（1）分配原则，参与财富生产的要素根据贡献的比例获得相应份额；（2）参与原则，个人有权通过参与财富的生产来获得维持生计的收入，不管是使用其劳动还是资本，或兼而有之；（3）限制原则，不允许个人或家庭的生产要素所有权增加到这样一点，在该点其他人会失去参与生产获得可观收入的机会。

凯尔索指出，在现代工业社会，一个人不拥有资本就无法有效参与财富的生产。因此，要进行社会改革来阻止资本所有权的过度集中，推进资本扩散。他与阿德勒（Mortimer J. Adler）的合著《资本主义宣言》（1958）提出了扩散资本所有权的具体方法：推广股权共享计划，改革企业所得税，修改遗产税法和赠予税法，修改个人所得税法，通过立法要求成熟的企业把净收益的 100% 支付给股东，通过税收和信贷机制推动所有家庭获得体面的资本资产，通过利用信用体系造就新的资本所有者等。两人在合著《新资本家》

（1961）中再次强调，劳动和资本都是生产财富的要素。而传统的融资体系造成资本所有权过度集中，应当推进资本所有权扩散，塑造更多的资本所有者。1967 年，路易斯·凯尔索与特里西亚·凯尔索（Patricia H. Kelso）合著《两要素论：现实经济学》，正式提出了职工持股计划。两人在著作《民主与经济力量》（1986）指出，职工持股计划、消费者持股计划和一般持股计划等集资方式，不仅能为公司发展筹集资金，也让广大劳动者聚集了资本所有权。凯尔索对 ESOP 持乐观的态度，他认为，ESOP 可以将劳资对立关系转化为合作关系，这是一种新的牢固的劳动关系。

此外，现代劳动产权理论的代表人物大卫·艾勒曼（David P. Ellerman）也是美国 ESOP 的积极倡导者。他在著作《工人所有的民主公司》（1990）中指出，当前世界上实行民主公司制的最好范例是西班牙蒙德拉贡联合公司和美国职工持股制度。在实行 ESOP 的公司，职工通过 ESOP 信托来间接持有股票，职工不能随意出售其股票，这为所有权提供了稳定性。

二、美国职工持股计划的实践

（一）起源

1956 年，凯尔索为一家小型的加利福尼亚报纸连锁公司设计了首个 ESOP。在不降低工资和动用个人储蓄的情况下，职工们购买了公司 72% 的股票。首个 ESOP 以职工福利计划的名义为掩护，通过了各种管理机构的审查。1961 年，凯尔索成立了职工持股计划发展中心，并创办了一家投资银行，为企业职工购买企业股票提供信贷。此后 10 余年，他又建立了 7 个 ESOP。1973 年，他说服路易斯安那州参议员卢塞尔·朗（Russell Long）支持自己的计划。这位时任参议院金融委员会的主席促使国会在 1974 年通过 ESOP 的第一部立法《职工退休收入保障法》，杠杆化的 ESOP 被该法案所确认。卢塞尔·朗一直为 ESOP 的相关政府方案制订而奔走直到 1986 年退休，而路易斯·凯尔索则放弃了律师工作，为 ESOP 奋斗终身。

（二）法律法规的推进

美国国会和各州制定的相关法律法规对 ESOP 的发展起到重要作用。《职工退休收入保障法》（1974）是第一部促进 ESOP 的法案。它将 ESOP 定义为“合格的职工受益计划”，企业捐献给 ESOP 的资金可获减税。该法案使 ESOP

免除了其他一些职工受益计划受到的限制。例如，养老金计划和利润分享计划投资于雇主股票的资金不能超过这些计划基金总额的10%，而ESOP无此限制，ESOP可以把大部分或全部资金投资在雇主股票上。该法案又允许ESOP可以通过贷款来购买股票，这为企业提供了一个潜在的融资渠道。

《税收减免法》（1975）提出了税收抵免的ESOP。该法规定，企业投资税收抵免从7%提至10%。如果企业用税收优惠资金为ESOP购买股票，则在10%的投资税收抵免之外，享受额外1%的抵免。《税制改革法》（1976）规定，如果企业对ESOP的捐赠与职工的捐赠相匹配，则企业又可以享受附加的0.5%的投资税收抵免。这样一来，如果企业对ESOP进行合理的捐赠，则投资税收抵免可以高达11.5%。

《经济复苏法》（1981）要求上述税收抵免的ESOP于1982年底终止，由基于工资的ESOP取代。如果企业捐赠给杠杆化ESOP的用来支付贷款本金的资金等于或小于ESOP工资总额的25%，则这部分资金将享有税收减免。而偿还利息的资金都获得税收减免。《赤字削减法》（1984）规定，企业支付给参与ESOP的职工的股票红利是可以免税的，希望以此促进ESOP将股票红利转移给职工。商业贷款机构如为ESOP提供贷款，其贷款利息收入的50%免税。

《税制改革法》（1986）规定，用于偿还ESOP贷款的红利可以免税；卖方向ESOP出售股票所得收入的50%可以免税；共同基金也被包括到给ESOP贷款其利息收入的50%免税的贷款机构行列中；要求独立评估师来评估私人公司的股票；55岁以上职工可以将所持股份的25%转化为其他形式的资产，60岁以上职工可转化比例为50%。

《收入调节法》（1989）废除了卖方向ESOP出售股票所得收入的50%可以免税的条款。它又规定，只有当50%或更多的股票被ESOP拥有，且持股职工被允许实行投票权时，商业贷款机构才被允许其贷款利息收入的50%免税。尔后，出台的《小企业就业保护法》（1996）、《纳税人减税法》（1997）和《经济增长及减税调节法》（2001）等法案都有关于支持ESOP的内容。

可见，美国许多有关ESOP的法案设计了税收优惠政策，这涉及企业所有者、企业职工和贷款机构的利益。从而既鼓励企业所有者实行ESOP，又鼓励贷款机构贷款给ESOP，降低了ESOP企业的融资成本。

（三）发展现状

1975年实施ESOP的企业约1500家，参与的职工有25万人。至2012年实施 ESOP 的企业为 6908 家，是 1975 年的 4.6 倍，参与的职工达到了 1382.4 万人，是 1975 年的 55.3 倍。自 1987 年的《职工退休收入保障法》之后，ESOP 在美国大公司普及起来，同时，成为最为普遍的职工所有权计划（Culpepper，2004）。2012 年，资产超过 31 亿的大型 ESOP 公司有 79 家，参与的职工数为 763 万人，总资产达 6546 亿美元；所有其他职工数目超过 100 人的较大 ESOP 数目为 2835，参与的职工数目为 600 万人，总资产为 3920 亿美元。[①] 在行业分布上，20 世纪 90 年代之前，美国实施 ESOP 的企业相对集中在制造业与金融业；20 世纪 90 年代以后，ESOP 覆盖了美国几乎所有的产业。

见表 3-3，反映了从 2002～2013 年美国实施 ESOP 的企业数量与 ESOP 参与者数量的变化情况。

表 3-3　　美国实施 ESOP 的企业数量与参与者数量统计（2002～2013）

年份	实施 ESOP 的公司数量（家）	参与者数量（万人）
2002	8874	1023.0
2003	7934	1004.9
2004	7348	1024.3
2005	7198	1199.8
2006	7384	1258.4
2007	7326	1321.9
2008	7305	1303.8
2009	6690	1299.7
2010	7138	1347.7
2011	6941	1346.3
2012	6908	1382.4
2013	6795	1392.7

资料来源：美国国家职工所有权中心（The National Center for Employee Ownership，NCEO）；李政：《美国员工持股计划及其对我国国企改革的启示》，《当代经济研究》2016 年第 9 期。

以上数据与 NCEO 的历年数据有所不同，因为 NCEO 修改了对 ESOP 数量的估计方法。从表 3-3 可以看出 2002～2005 年实施 ESOP 的企业数量大幅下降，这是因为国会、国税局采取措施阻止和终止了许多不符合要求的计划，这

① http://www.nceo.org/articles/statistical-profile-employee-ownership.

些计划是想利用近期的S型公司① ESOP税法而建立起来的。尽管ESOP数量有所下降，但是参与ESOP的职工数量表现出相对稳定增长的趋势。

（四）职工持股计划的类型

美国ESOP主要分为两种类型：不允许贷款的非杠杆型ESOP（nonleveraged ESOP）和允许贷款的杠杆型ESOP（leveraged ESOP）。

（1）非杠杆型ESOP可以视为一种股票奖励计划，不允许进行借款，只能靠非借来的资金获得支持。这一模式在《职工退休收入保障法》（1974）中得到确认。它通过对ESOP信托进行年度捐赠来实现职工持股，捐赠形式可以是现金，也可以是发行的新股或企业回购的股票。ESOP信托可以利用捐赠资金来购买雇主的股票，再由ESOP受托人将股票分配到参与计划的职工个人账户上。ESOP信托无论以何种方式获得企业股票，企业对ESOP信托的捐赠在一定限度内获得税收减免。当参与计划的职工要离开企业时，他们将取得其股票，企业必须以公平的市场价格回购他们的股票。私人公司必须要让独立的评价机构对其股票进行年度评估，以确定职工股票的价格。非杠杆型ESOP的运作如图3－1所示。

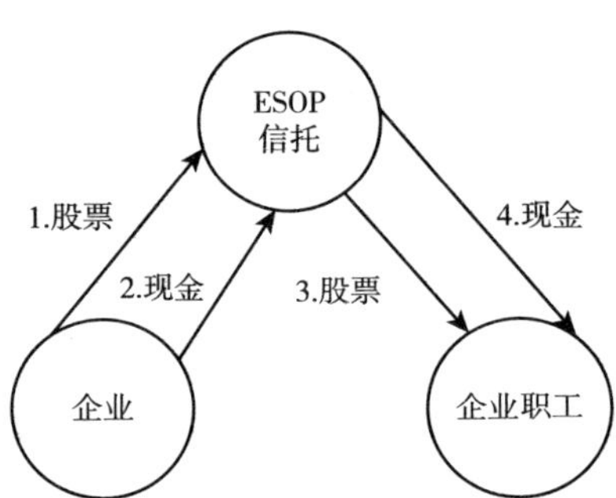

图3－1 非杠杆型ESOP运作示意图

注：（1）每年企业向ESOP信托捐赠股票；（2）每年企业向ESOP信托捐赠用于购买股票的现金，职工不支付任何费用，ESOP信托为职工持有股票，同时定期通知职工们当前他们拥有的股票份额和股票价值；（3）当职工要退休或离开企业时，将根据一定年限的要求得到股票或现金。

参加非杠杆型ESOP的好处是，公司可以立即减免纳税额，其减税额相

① S型公司是将公司所得税转嫁到股东个人所得税的一种公司类型，股东在他们申报的个人所得税税表中必须申报因S公司营利的收入或损失的金额，这样可以避免双重征税。S型公司必须是美国本土的公司，其股东不能多于100人，而且只能分配一种股票。

当于公司提供的股票市场价格总额。因此，该计划可以使公司在不增加现金支出的情况下增加流动资金，因为公司在保有全部资产的同时可以得到减税的优惠。

（2）杠杆型 ESOP 是职工持股计划的典型形式，顾名思义，它是建立在借贷资金基础上并以银行信用为启动杠杆的。该计划通过借款来购买雇主企业的股票，可以说是真正的 ESOP。杠杆型 ESOP 是凯尔索倡导的标准型 ESOP 模式。凯尔索和朗认为，只有政府启动信用机制的杠杆，才会带来经济和社会效应。杠杆型 ESOP 的运作如图 3－2 所示。

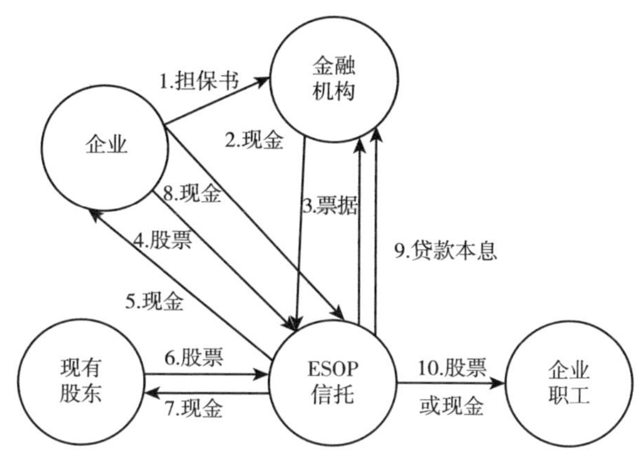

图 3－2　杠杆型 ESOP 运作示意图

注：（1）企业向金融机构出具担保书；（2）金融机构贷款给 ESOP 信托；（3）ESOP 信托与金融机构签订借款契约；（4）企业向 ESOP 信托出售股票；（5）ESOP 信托向企业支付现金；（6）现有股东向 ESOP 信托出售股票；（7）ESOP 信托向现有股东支付现金；（8）企业捐赠现金给 ESOP 信托；（9）ESOP 信托偿付贷款本息；（10）当职工要退休或离开企业时，从 ESOP 信托取得相应的股票或现金。

实施杠杆型 ESOP 的企业首先要建立一个 ESOP 信托，由 ESOP 信托向金融机构借款，企业为 ESOP 信托作担保。ESOP 信托用借来的现金购买雇主企业的股票，可以购买企业新发行的股票，也可以购买现有股东的股票。随时间推移，企业为 ESOP 信托捐赠现金，ESOP 信托用现金偿还金融机构的本息。企业的捐赠同样得到相应的税收减免。虽然对 ESOP 的贷款期限没有法定限制，但贷款机构期望 ESOP 信托在 5～10 年内偿还借款（Bergstein & Williams，2013）。ESOP 信托购买的股票起初放在一个暂记账户内，随着借款的偿还，再将股票转入职工个人账户内。

想要实施 ESOP 的企业可以依据实际情况，选择一种类型。在费用上，一个小企业构建最简单的 ESOP 需要 4 万美元的起步价。一般而言，企业要建立 ESOP 要经过 6 个步骤：第一步，需要考察其他股东是否愿意实施该计划；第二步，进行全面的可行性研究，主要是对企业的还债能力进行考察；第三步，对企业股票进行估价，这一步很重要，进行合理的估价，股东才愿意出售其股票；第四步，雇用一个 ESOP 律师，起草计划方案并提交给美国国税局；第五步，获得购买股票的资金，资金来源可以是企业的捐赠，杠杆型 ESOP 可以贷款；第六步，建立一个操作计划的流程，选择受托人对计划进行监督，受托人可以是企业内部人员或者是外部人员。无论是非杠杆型 ESOP，还是杠杆型 ESOP，只有当遵守相应的规定时，才可称之为合格的退休计划。如果 ESOP 既没有被正确的安排，又没有按照《职工退休收入保障法》的要求执行，企业将受到处罚（Tarasi，2012）。

（五）职工持股计划的特征

1. 从投资对象看，ESOP 主要投资于雇主企业的股票。

ESOP 是唯一的一个被法律允许和要求主要投资于雇主股票的计划（Breuer，2014）。前面提到《职工退休收入保障法》（1974）允许 ESOP 主要投资于雇主股票，其他养老金计划则最多以资产的 10% 投资于雇主股票，ESOP 无此限制。

2. 充分运用信用制度，通过贷款来购买雇主企业的股票。

杠杆型 ESOP 被允许向金融机构贷款，而股票奖励计划、利润分享计划是不能够贷款的。金融机构不是直接贷给企业，而是贷给 ESOP 信托，由它负责购买股票。由于还款时的税收优惠，其筹资成本是相对较低的。同时，为了确保企业向金融机构偿还借款，企业职工在购买股票时，一般要作出预期内不要求增加年薪甚至降低年薪的承诺。可以说，ESOP 的政策目标是在参与的职工可以不用自己出资购买股票的基础上来扩大新资本所有者的数理（Markowitz，2010）。

3. 广泛参与并管控合理。

（1）美国法律规定了 ESOP 的广泛参与性：凡实施 ESOP 的企业必须有 70% 以上的非高薪阶层职工参与，而且这些参与职工的平均收益至少要达到高薪阶层平均收益的 70%。ESOP 作为一个普惠制，面向的是企业全体职工。这与股票期权计划不同，后者所激励的只是企业的少数高层经营者。（2）对参与职工进行限制。当职工年龄超过 21 岁，入职 1 年且工作时间达到 1000 小时，才有资格参加 ESOP。一旦符合资格要求，职工参与不能晚于新“计划年”的第一天。“计划年”是指 ESOP 的 12 个月的会计期间。接受集体谈判协议的职工通常被排除参与 ESOP，由于他们一般属于多雇主计划。作为独立合同方而工作的职工也不能够参加 ESOP（Tarasi，2012）。职工拥有的股票不能自由转让或出卖，职工通常只有在因故离职或退休时，才可以将自己的股票转让给其他职工或由企业进行回购。（3）设专门机构集中管理职工股份。实施 ESOP 的企业建立一个信托，信托人是参与 ESOP 的企业职工。受托人可以是企业董事或职工，但许多企业选择雇佣外部受托人（Thompson，2014）。由受托人来负责把已获得的职工股份分配职工个人账户内，并由受托人来行使还未分配股份的投票权。一般单个职工持有的股票数量少，很难对股东会的决策产生影响，而将分散的职工股票聚集起来，可以提高对企业决策的影响力，保护参与者的利益。

4. 享受多种税收优惠。

ESOP 享受的税收优惠主要有：捐赠的股票是可以减税的；捐赠的现金是可以减税的，无论现金是用来购买股票，还是作为 ESOP 的未来现金储备；用于偿还 ESOP 贷款的捐赠是可以减税的；如果股票红利被用于偿还 ESOP 贷款，或被企业职工自愿投资到雇主股票，则红利将获得税收减免，股票奖励计划和利润分享计划没有这种优惠；职工对 ESOP 的捐赠无须缴税。

三、职工持股计划的绩效评价和局限性

（一）职工持股计划的绩效分析

关于 ESOP 是否提高了企业绩效学术界分为正反两种观点。学者们用来衡量 ESOP 经济绩效的指标有多种，如企业会计利润、销售额、生产率、股票价格、职工工作满意度及工作生活质量等。考察 ESOP 经济绩效的方法，一般包括纵向比较法和横向比较法。前者是将一个企业实施 ESOP 的前后情况进行比较；后者是将实施是否实施 ESOP 的两个企业在同一期进行比较。ESOP 对企业绩效的影响来自职工持股后态度的变化，持股职工决策的有效性（如果职工被允许参与企业决策），ESOP 享受的税收优惠对企业行为的影响，对 ESOP 融资功能的利用情况等。例如，如果参与的职工收入有明显提高，或被允许广泛参与企业的管理及相关事务的决策，使职工的工作积极性

提高，就说明 ESOP 对企业业绩产生积极影响。可见，实施 ESOP 的企业定期给职工分红、让职工参与企业决策就十分重要。

马什和麦卡利斯特（Marsh & McAllister，1981）对 229 家 ESOP 企业进行调查后发现，1975～1979 年，它们的年生产力增长率高于全国平均水平。瓦格纳和罗森（Wagner and Rosen，1985）对 13 家上市公司进行研究，发现 ESOP 企业与非 ESOP 企业相比，在销售额、营业利润率、股票回报率和每股账面价值的增长方面表现得更好。罗森和夸雷（Rosen & Quarrey，1987）选择 45 家 ESOP 企业与 238 家非 ESOP 企业进行对比发现，在 ESOP 还未实施的前 5 年，前者的平均就业增长和平均销售额增长比后者快 1.21% 和 1.89%，而 ESOP 实施的后 5 年，前者的平均就业增长和平均销售额增长比后者快 5.05% 和 5.4%。此外，45 家 ESOP 企业中有 73% 的业绩比之前有显著提升。克莱默（Kramer，2010）考察了 300 多家 ESOP 企业（这些企业中职工持有企业多数股票）的结果显示，这些企业的职工人均销售额明显高于非 ESOP 企业。可见，上述研究的结论是 ESOP 促进了企业绩效的提升。

而另一些学者则认为，ESOP 与企业绩效提升关系不大，甚至会降低企业绩效。利文斯顿和亨利（Livingston & Henry，1980）对 51 家 ESOP 企业与另外 51 家非 ESOP 企业进行比较后发现，前者的盈利能力比后者低得多。因此，实施 ESOP 未能促进职工的积极性。普格等（Pugh et al.，2000）对 183 家 ESOP 企业的财务业绩进行研究，发现 ESOP 对公司财务业绩的影响很小且只是短期的。法勒耶等（Faleye et al.，2006）考察了从股权衍生的职工影响力对公司业绩和投资决策的影响。他们选取 226 个企业作为样本（职工至少拥有企业 5% 的流通股），其中，110 家企业的职工通过 ESOP 来获得企业股权，75 家企业的职工通过其他计划获得企业股权，其余 41 家企业的职工通过 ESOP 与其他计划相结合的方式取得企业股权。对照的样本是 1888 家没有职工股权或职工股低于 5% 的企业。[①] 研究结果发现，上市公司的职工在公司治理方面发言权越大，公司就越会偏离利润最大化目标，降低使用新资本，回避风险，增长缓慢且减少雇佣新员工，劳动生产率和总要素生产率都降低。因此，让一般职工获得更多股权的做法，并不是有效协调股东与职工利益的途径。

---

① Faleye, Olubunmi, Vikas Mehrotra, Randall Morck. When Labor Has a Voice in Corporate Governance. The Journal of Financial and Quantitative Analysis, 2006, 41 (3): 489-510.

研究方法、样本选择都会影响研究结果。ESOP 企业在目标和内部情况方面都存在差异。企业的目标设定十分重要，例如，如果企业成了并购的目标，企业管理层实施 ESOP 的主要目的就是防御并购，它与为促进职工积极性而实施 ESOP 的企业相比，自然业绩欠佳。考察 ESOP 的经济绩效，重点是要看企业实施 ESOP 之后其内部发生了什么变化，例如，企业职工拥有多少股票，职工持股比例是多少，职工从持股中得到了什么好处，职工能否参与企业的决策管理，企业如何利用 ESOP 的税收优惠政策等。只有综合考虑以上因素，而不是简单的会计指标比对才使研究接地气。一般认为，如果企业希望 ESOP 发挥积极作用，在利用好 ESOP 带来的优惠政策的同时，应该让职工能够持有企业相当比例的股票，使职工根据持股比例定期获得股息和让职工积极参与企业管理。

（二）职工持股计划的局限性

一般被认为，职工对风险持厌恶态度，他们缺乏规避风险的能力和手段，故要求企业给他们提供相对稳定的工资，而把企业的控制权和剩余索取权让渡给股东，让股东来承担风险。企业实施 ESOP 之后，让职工同时获得了一定的控制权也承担了风险。并且，ESOP 把大部分或全部资产投资于雇主的股票，这与风险分散化原则相违背。投资多元化是稳健投资的基本原则，而 ESOP 使参与的职工面临很大的投资风险。ESOP 企业职工以持有企业股票的形式来取得劳动保险金和退休保险金，一旦企业倒闭就会鸡飞蛋打。此外，在杠杆型 ESOP 中，如果职工做出降低年薪的承诺，当股票出现贬值时，职工就会面临两方面的损失，低工资以及得到贬值的股票。

对于 ESOP 企业中，股票的合理估价十分重要。估价太低，企业所有者可能不愿意出售；估价太高，职工利益可能会受损。对于上市公司的股票，ESOP 信托可以根据市场价格进行购买。而对于非上市公司的股票，需要独立的评价机构对股票进行评估。容易发生原股东与评价机构合谋，高估股票价格，使职工利益受损的情况。西蒙和内德尔曼（Simon & Needelman，2014）指出，在 15 个由美国劳工部作为原告的有关 ESOP 的诉讼中，几乎所有的诉讼中都指控伪劣估价公司的股票。

ESOP 的建立成本较高，对现金水平低的企业是很大负担。建立 ESOP 的主要成本来源于团队的组建过程，包括律师费用、受托人费用、负责执行前期和年度评估的独立财务顾问费用等（Tarasi，2012）。对于小企业，建立

ESOP 的初始成本可谓一笔大投资，企业还要付出时间和精力去建立必要的法律、会计、行政及人力资源支持（Thompson et al.，2013）。一般而言，如果企业职工少于 30 人以及现金流不太稳定，就不合适实施 ESOP。当企业职工退休或因故离开企业，企业要回购职工的股票，如果企业现金流太低，它就无法行事。尽管建立 ESOP 的成本取决于公司的规模和复杂性，但一般经验表明，这个成本将是出售股票价值的3% ~5%（Dagher，2013）。

（三）小结

ESOP 的设立初衷是扩散资本所有权，让普通职工不仅依靠其劳动获得一份收入，而且依靠其资本所有权获得另一份收入，以提高普通职工的收入。美国政府出台的各种优惠政策（尤其是税收优惠）促进了 ESOP 的快速发展，政策效果表现这 3 个方面：（1）让 ESOP 企业以较低的成本筹集到发展资金。（2）扩散了资本所有权。ESOP 创造了一大批新的生产能力和新的资本所有者。美国综合社会调查（2010）的数据显示，约 2800 万美国人通过 ESOP、股票期权、股票购买计划和 401（k）计划获得了雇主的股票。（3）ESOP 对稳定就业发挥了积极的作用。在 2010 年的经济困难时期，ESOP 企业的解雇率为 2.6%，非 ESOP 企业的解雇率为 12.1%。数据还表明，ESOP 企业的预期离职率明显低于非 ESOP 企业。可以说，ESOP 使企业与职工的关系更加紧密，职工不再是简单的“雇员”，而能够成为企业的长期“成员”。①

由于美国法律允许 ESOP 信托贷款购买企业股票，使它成为企业实现融资或重组资产负债表的一种融资机制。同时，ESOP 作为新型的人力资源管理机制推动了公司治理结构的变革。它在一定程度上改变了企业股东权益的构成，企业职工既作为“劳动工人”进行工作，又作为“资本工人”参与企业决策，这有助于平衡劳资关系。同时，ESOP 发挥了保持职工稳定的功能。法律规定，参与 ESOP 的职工在一段时期内逐步获得股票，而不是在计划确立之初就拿到全部股票。如果职工在规定年限内离职，视为放弃自己的股份。② 在美国这样一个人才高度流动的国家，ESOP 有利于稳定职工队伍。

---

① 李政：《美国员工持股计划及其对我国国企改革的启示》，《当代经济研究》2016 年第 9 期。

② 职工股由 ESOP 信托集中管理，而不是直接交与职工个人，保证了职工所有制的稳定性。因为职工不能随意出售其股票。只有当职工离开企业或退休时，才能得到他们的股票，企业有责任回购其股票。这种做法可以防止职工的短期行为。此外，ESOP 信托的设立对保护职工的合法权益起到了积极作用，它把职工分散的股票聚集在一起形成大股，这样就有实际能力参与企业决策。

第四节　瑞典共享型劳资关系

瑞典“企业—社会共享型”劳动关系模式在发达资本主义国家中独具特色，其劳资集体协议制、团结工资政策和雇员投资基金计划等对于平衡劳资双方利益和维护劳动者权益起到了良好效果。它使瑞典长期保持社会经济相对稳定，尤其在经济危机中调和劳资冲突，促进经济复苏方面表现良好。2008 年，发达国家爆发普遍性的经济危机，资本主义世界的劳资矛盾日益加剧，如之前发生的法国“黄马甲”运动呈现出更大规模的蔓延趋势。而瑞典社会的劳资关系相对稳定，值得我们对这一模式进行剖析，为新时代我国劳动关系高质量发展提供有益借鉴。

一、瑞典共享型劳动关系的理论构成

（一）劳资集体协议制

在资本主义工业化浪潮中劳资协议的主要形式是通过个人契约确定工资、工时和工作条件等内容。由于资方势强，工人劳作环境恶劣，每日往往超过 15 个小时且待遇很差。可见，这种“个人契约”是资方控制的单方面劳资协议，工人基本处于无权状态。1890 年起，瑞典工业化进程加快，内燃机和电力的大规模应用推动了交通大发展和城市化加速，工人数量剧增并开始团结起来。但劳动者依然处于弱势，当他们的正当要求得不到回应时，就会以消极怠工或罢工的方式进行抗争，以迫使资方同意进行谈判。1869 年，斯德哥尔摩建筑工人进行罢工后同资方签署了瑞典的首份集体工资协议。经过近 30 年的激烈斗争，集体劳资协议在全国范围内出现。具有代表性的是哥德堡铸工工会与资方的劳资集体协议（1896）和机械工业领域的《关于处理工人与雇主争端的规则》《关于最低工资、计件工作、正常工作时间和加班等问题的规定》（1905）。这些协议不仅涉及工时、工资和工作条件问题，还界定了劳动关系的基本原则，如集体谈判成为协调劳资矛盾的基调。尽管雇主仍占强势，但劳资双方毕竟开始以对话方式协调立场。1906 年，瑞典雇主联合会和工会联合会达成集体协议，雇主方提出的“雇主有权自由地录用并解雇工人、领导并分配工作”和工会倡导的“工人结社权、集体协议权和工会会员不受迫害的权利”获得双方认可。这个“十二月妥协”意味着集体契约即劳资集体协议制的确立。

但资本主义的劳资矛盾毕竟无法根除，于“一战”后集中爆发。高通货膨胀和大规模失业给工人造成苦难。1920 年，当局建立了由劳资双方代表共同组建的仲裁委员会，但它无强制力和终审权，因而收效甚微。1928 年，政府颁布《集体协议与劳动法庭法》并设立劳资纠纷法庭，这明确了合法维权与非法斗争的区别，开启了劳动关系协调的法制化路径。然而，“大萧条”随即来临，劳资冲突再次激化。1932 年，瑞典社会民主党上台，除进行基础设施建设、发行公债等政策外，将劳动关系协调作为重点领域，政府支持企业设立投资基金和资助工会设立失业基金。1938 年，在社民党的大力推动下，工会联合会和雇主联合会就工作条件、工人保障和劳资协调机制等问题达成“萨尔茨耶巴登协议”。由劳资双方共同管理劳动市场咨询委员会，对雇主的特权进行了一些限制，确立了协调劳资纠纷的程序、方法等。这意味着集体谈判和集体协议实现了法制规范化，使劳资合作成为可能。

（二）利益共享理论

1. 团结工资政策。

20 世纪 50 年代起，工会联合会在集体谈判中推行“团结一致的工资政策”，强调工资额取决于劳动状况，如难度、危险系数、教育程度和工作环境安全度等，而非取决于个别企业或部门的利润率，从而实现不同地区和行业的雇员工资差别的总平衡。工会联合会要求的公平工资意味着“同工同酬”，这导致生产技术落后、设备老化、生产效率低的企业被淘汰，促进优胜劣汰，使依靠低工资维系的企业退出市场。当然，一些企业破产会带来失业问题，总工会将有序组织对失业工人的再就业培训，劳资双方对此都很支持。这使瑞典企业以较低的平均工资水平运营，从而稳定了劳动力市场。总工会推动下的工人培训、技术改造等工作，促进了企业更新换代和提高出口竞争力。自 1956 年以来的谈判中，工人的权益得到保障，工会又在推动技术革新和工人培训方面成绩斐然，瑞典劳动关系呈稳定态势。

2. 雇员投资基金计划。

尽管社会民主党长期执政，但瑞典的大资本垄断程度较高，即便劳资集体协议制使工人境遇得到改善，依旧无权参与企业决策。而团结工资政策对于那些掌握先进技术和生产设备的大型垄断企业的限制性很弱。面对这一局面，社会民主党全力支持工会联合会关于建立雇员投资基金的设想。1975年，“麦德内尔方案”出台，其目标有三：完善团结工资政策；抵制财富过度集中；增强生产过程中工人的影响和权力。具体设想是将企业部分利润（比例为20%），从雇主手中转为雇员的集体财产。这笔钱仍在企业中，由加入利润分享的企业提供同等价值的股份，转为雇员所有。

1978年，工会联合会与社民党的联合研究小组提出《雇员投资基金与资本形成》的报告，确立了雇员投资基金的第四个目标：增加投资资金，包括雇员投资基金、共同决议基金和特别发展基金；并对它们的组织形式和作用方式进行确认。1981年，联合研究小组提出《工人运动与雇员投资基金》，对资金来源和资金使用等方面进行细化。1983年，议会通过了建立雇员投资基金的法案。法案对于组织机构、资金来源、基金的使用及投资收益最低标准等问题进行了规定。其于1984年1月1日生效，雇员投资基金计划正式执行。

3. 失业治理理论。

面对“大萧条”采取积极的就业政策而非单纯的现金救济，是瑞典政策的重要特征。社会民主党经济学家提出了失业治理理论。代表人物厄恩斯特·威格夫斯（Ernst Wigforss）指出，消费和投资的萎缩引发了经济危机，政府要推行积极的扩大就业政策。他说：“如果没有足够的企业调动储蓄者的购买力以使人们工作，那么，民众的节俭将成为一种令人怀疑的美德。国家和地方政府在经济萧条期间应该毫不迟疑地开拓公共工作机会。当私人企业在将储蓄用于工作方面表现出犹豫不决时，公共部门必须前进一步并指导人们将其储蓄用于工作方面。”[①] 尔后，古塔·雷恩（Gosta Rehn）和鲁道夫·麦德内尔（Rudolf Meidner）提出雷恩-麦德内尔模型，指出经济政策目标主要是充分就业、反通货膨胀、经济增长和社会公平。充分就业为重中之重，以高增长和低通胀维护充分就业与收入公平。这需要一种政策搭配，即包含限制性需求政策、积极的劳动力市场政策、团结工资政策、集体储蓄与投资政策的组合拳，对劳动关系的稳定发挥了重要作用。[②]

（三）马克思主义理论

瑞典社会民主党的新党纲（2001）指出：“工人运动的意识形态是其分

---

① 丁建定：《社会福利思想》，华中科技大学出版社2009年版。

② Hufford L. Sweden: the Myth of Socialism, London, 1973: 21.

析社会发展的一个工具，其基础是唯物主义历史观，即对诸如技术、资本积累和劳动组织等因素，即生产力对社会和人们的社会条件具有决定性的认知。”社民党作为长期执政党，其党纲对国家社会经济发展政策具有导向作用。新党纲肯定了马克思主义理论，瑞典共享型劳动关系的核心部分如利益共享、集体协议制等具有社会主义因素。前瑞典首相和社民党主席英瓦尔·卡尔松（Ingvar Carlsson）在《什么是社会民主主义》（2007）中指出：“马克思主义对社民党人提供了两个重要的分析工具：唯物主义历史观和关于劳资矛盾的理论。但重要的是人们应该明白，这仅仅是两个分析和研究社会与经济发展的工具，而不是可以提供现成答案的百科全书。”在新党纲中，社民党宣布：“在资本与劳动的冲突中，社会民主党始终代表劳方的利益。社民党现在是而且永远是反对资本主义的政党，始终是资方统治经济和社会要求的对手。”① 这阐明了社民党的执政基础。总工会和雇主总会代表的是劳资两大阶级，社民党始终与工会一方紧密联系，两者相互支持。两大协会之间的矛盾运动决定了劳动关系的具体走势，但具体情况总体上统一在“企业—社会共享型”劳动关系模式之下，这保证了瑞典社会经济的基本稳定和劳动关系协调的相对平稳，也证明了马克思主义理论的强大生命力。

二、瑞典共享型劳动关系的演进历程

（一）萌芽与创生时期（1850～1945 年）

1. 萌芽（1850～1914 年）。

瑞典工业化始于 19 世纪中期，至 20 世纪初国民经济已经发生巨大变化。美国农产品的大规模输出对瑞典农业产生了很大冲击，大量破产的农民涌入城市进行工业生产，城市化引发了日益扩大的贫富差距。1850 年，瑞典诞生了首个工会组织，但以破产农民为主力的工人队伍组织性不强。当资本主义进入垄断阶段，大机器生产使工人地位进一步下降，劳资矛盾尖锐。在马克思主义和各种社会主义思潮的影响下，工人运动蓬勃发展。斯德哥尔摩木工协会（1880）成为瑞典现代工会组织出现的标志。1889 年，瑞典社会民主主义工人党即社民党创立，其 2/3 的成员来自工会组织。1898 年，工会联合会在成立大会上宣布集体加入社民党，其章程宣布旗下所有工会组织应在三年

① 张嘉昕：《瑞典共享型劳动关系模式利益平衡的逻辑与机制》，《社会科学家》2019 年第 4 期。

内集体加入社民党，否则视为自动脱离总工会。成立宣言还规定，工会联合会五名常委中两位由社民党任命，社民党成为工人阶级的政治代表。在社民党和工会联合会的领导下，工人为争取八小时工作日和政治选举权等进行斗争。工会联合会组织了数次大罢工，政府虽宣布中立，实际上支持资产阶级镇压工人运动。1899 年，当局颁布《奥卡尔普法案》对罢工“罪行”进行严厉惩罚。1902 年，雇主联合会与瑞典冶金行业雇主协会成立并采取强硬措施反制工人运动。这进一步加剧了劳资矛盾，1909 年 30 万人参加的全国性大罢工持续了三个多月（占全国人口 10%），是当时欧洲规模最大的罢工事件。斗争的要求也从单纯的提高工资和减少工时转变成为工会组织争取更多权利。年轻的社民党和工会联合会努力合作，为工人阶级谋利。

2. 创生（1914～1945 年）。

瑞典在两次世界大战期间虽保持中立，但以出口贸易拉动经济的发展模式仍遭受重创，不过相对而言，国民经济好于其他资本主义国家。1913～1929 年，西欧国家的国民生产总值平均增长率为 1.9%，瑞典为 2.3%。1929～1938 年，当西欧陷入大危机时，瑞典国民生产总值的年均增长率为 2.6%，仅低于德国。[①] 然而，瑞典的经济发展模式毕竟高度依赖于国际市场，资本主义世界的普遍低迷打击了瑞典制造业，引发了失业问题。1922 年初，全国失业人数为 163200 人，1930 年出现第二次失业高峰。[②] 为提高生产率，雇主方倾向于雇佣知识文化和技能水平高的工人，但同时又压低工资、增加工时和削减福利。社民党与工会联合会的联系日益紧密，工会联合会日后虽不再强制要求工会成员“集体入党”，但这成为一项重要传统。广大工会组织向社民党缴纳会费和募集资金，促进了它的发展。社民党于 1932 年成为执政党后开启了连续 44 年执政的神话。社民党政府不断增加公共支出和进行大规模社会救济。1925～1934 年，政府为帮助失业者的公共开支达 4.3 亿克朗；1933 年的工作救济计划为 48000 人提供了就业。[③] 这形成了瑞典的高社会福利传统。工会组织获得实际参政的权利，在与雇主方的谈判中发挥了重要作用。集体协议制为瑞典劳动关系协调提供了制度约束，政府、工会联合会和雇主协会的三方谈判避免了大规模的罢工事件和雇主单方裁员减薪等问题。政府公共福利支出即改善了工人境遇，也减轻了雇主方的成本压力，

① 卡洛·M. 奇波拉：《欧洲经济史》（第五卷下册），商务印书馆 1988 年版。

② 安德生：《瑞典史》，商务印书馆 1972 年版。

③ 丁建定：《瑞典社会保障制度的发展》，中国劳动社会保障出版社 2005 年版。

与集体协议制一同稳定了瑞典劳动关系。

（二）形成与动荡时期（1945～1976年）

二战结束后，瑞典社会经济恢复相对更快。科技革命推动了瑞典跨国公司的发展，瑞典制造的国际竞争力很强。1950～1973年，GDP增长率为3.73%，人均GDP增长率为3.07%，远高于美、英等国。[①] 这为共享型劳动关系奠定了物质基础。科技进步推动经济发展，经济结构的变化导致就业结构的改变。1900～1950年，白领工人从8300人增至189000人，占工人总数的比重由2%升至15%。[②] 工会组织的力量进一步壮大，社民党推行的失业保险、工作救济计划日趋完善，工人生活得到保障。1950年起实施的"团结工资"政策使工会联合会与雇主协会进一步走向合作，"同工同酬"方案使工人不再通过罢工来追求公平工资，雇主的工资成本压力也减轻了，这提升了产品的出口竞争力。双方通过集体协商达成协议；工会通过购买企业股份，并通过征税从企业生产进步得到的超额利润中获取资金，工人有机会参与企业生产决策。工会的技能培训一方面提升了工人水平，另一方面又满足了雇主对高素质劳动力的需求。劳资双方倾向于选择一致性而非对抗的方式来协调矛盾，劳动关系趋于稳定。

然而，这一局面被20世纪70年代的发达国家"滞胀"危机所打破。瑞典国民生产总值的年均增长率从1960～1965年的5.3%，降至1965～1970年的3.8%，1970～1974年的3%，1974～1977年的0.3%和1977～1983年的1.5%。到20世纪90年代这一数值仍低于2%。[③] 在此期间，社民党政府依旧坚持充分就业和高福利政策，加之税收的增长幅度低于公共支出的扩张速度，赤字财政现象日益严重。1950～1960年，财政赤字为6.5亿克朗；1960～1970年，为32.3亿克朗；1970～1980年，达429.1亿克朗。

税收上涨加重了劳动者的负担，尽管政府要求雇主承担各类保险费用，但这些最终难免转移到广大劳动者身上；高福利政策导致了部分生产者的偷懒行为，旷工、怠工现象增长。财政赤字迫使当局增加货币发行量和举债，又加重了通货膨胀。工人们不断要求提高工资水平，使企业成本上涨。瑞典以出口原料加工型商品为主，国际原油价格上涨的冲击加重了企业的负担。

---

① 安格斯·麦迪逊：《世界经济千年史》，北京大学出版社2003年版。

② 斯·哈登纽斯：《二十世纪的瑞典政治》，戴汉笠、许力译，求实出版社1990年版。

③ 徐崇顺：《瑞典模式的历史进程和经验教训》，《复旦学报（社会科学版）》，2007年4月。

工人罢工次数由20世纪60年代年均17.5起升至20世纪70年代的142起。工会联合会强调，以增加失业来克服经济危机是瑞典工会运动绝对不能接受的。1976年，社民党在大选中败北。有学者评价道："许多经济学家认为，20世纪70～80年代的团结工资政策走得太远，工资差别缩得太多。同工同酬的目标在实际中成了'所有工作都同酬'，这样一来，灵活性缩小了，利润太低，劳动力市场政策的负担过于沉重。"①

（三）调整与发展时期（1976年至今）

1. 反思与调整（1976～2008年）。

自"萨尔茨耶巴登协议"（1938）签订以来，瑞典成为资本主义世界劳资合作的典范，工会联合会的斗争目标是提高工人福利水平，而未触及分割资方财产权和企业管理权，这实质上是在资本主义劳动关系框架下的相互妥协。1976年，社民党的下台是既有方案问题的集中爆发，反对社会财富过度集中在少数大资本手中成为工人运动的新要求。② 社民党在反思后，大力支持工会联合会的雇员投资基金计划。但其他政党和雇主集团对此激烈反对，在1983年的议会秋季例会期间雇主联合会组织企业家进行了一次"进军议会"的游行来反对关于雇员投资基金计划的提案。这次25000名雇主参与的示威活动是反越战以来最大规模的游行集会。但在社民党和工会联合会的共同努力下，雇员投资基金法案仍得以通过。这被认为是对"团结一致的工资政策"的强力补充，成为发展经济民主和打破经济领域内权力集中的利器，并有助于创造出一种摆脱经济危机和推动经济增长的新方式。雇员投资基金使工人开始参与大企业利润分配，从而限制财富的过度集中。

20世纪80年代，新自由主义浪潮袭来，瑞典也被卷入其中。在"去管制"的呼声下，社民党逐步推行了削减公共福利、放松管制和私有化等政策。当金融管制于1989年被取消后，银行之间的竞争带来信贷快速扩张，房地产和金融产品的投机活动异常活跃。在新自由主义思潮的蛊惑下，瑞典劳动关系协调发生转向，雇主联合会不再支持劳资集体协议制，而是强调要与国际接轨即降低工资来提升出口竞争力。雇主联合会还批判公共福利政策，

---

① 克拉斯·埃克隆德：《现代市场经济理论与实践："瑞典模式"的经验与教训》，北京经济学院出版社1995年版。

② 新政府于1976年起实行货币贬值和紧缩工资政策，从而降低了企业的用工成本，使瑞典制造重获出口竞争力，财政赤字也开始缓解。但这种牺牲工人利益的政策措施引发了工人运动升温。

反对以往的大规模社会救济，主张削弱各级工会组织的力量。1983 年，瑞典工程雇主协会与金属工人联合会达成了一项单独协议，从而破坏了原有的行业内劳资集体协议制。国家层面的政府协调和协商职能发生弱化，行业和企业层面上的集体谈判机制兴起。这打破了原有的劳资平衡，劳资纠纷频现。1990 年，雇主联合会决议退出劳资集体协议制，在第二年从大部分政府主导的谈判协议组织中退出，“团结一致的工资政策”遭遇严重挫折。1990 年瑞典的失业率为 1.5%，可谓欧洲最接近充分就业水平的国家，但这一数字在 1993 年升至 7.7%。1991 年的长期失业率①为 0.6%，至 1997 年达到最高值 3.4%，以后逐年递减，至 2000 年下降到 1.5%。② 可以说，20 世纪 90 年代上半期是自 20 世纪 30 年代以来瑞典劳动力市场状况最差的时期。

严峻的现实使政府摒弃了新自由主义的羁绊，重新加强经济管制，仅两年时间效果就得以显现。1994 年起经济形势发生好转，这与瑞典的制度传统有很大关系。具体来讲，包括以下三个方面。

首先，社民党政府的一系列政策搭配形成了瑞典劳动关系的稳定状态，尽管在 20 世纪 80 年代受新自由主义影响，但并没有完全放弃管制，尤其是坚持对劳动力市场调控，并长期保持同工会组织的紧密联系，尽力维护传统模式。80 年代的所谓行业和企业层面集体协议新模式导致劳资对抗加剧和企业用工锐减，雇主方不得已再次回到了劳资集体协议制，在政府的协调下与工人进行协商。1997 年，政府—雇主—工会三方同意了“行业发展和薪酬确定”协议。它涵盖 60 万工人，占全国正式合同雇工的 17%，其目的是加强劳资集体协议制的执行，对劳资双方的协商规则和争议解决机制进行了符合实际的细化。在此影响下，那些参与国际竞争的行业确立了规范性的工资增长机制。③ 其次，工会联合会与社民党始终保持紧密的伙伴关系，在政治上具有发言权。即便在 20 世纪 80 年代，工会联合会的影响力虽被削弱，但仍然是资本主义世界中最具社会影响力的工会组织。瑞典可以迅速调头，源于工会联合会能够强力贯彻政府维护劳动者利益的强管制政策，从而稳定劳动关系。最后，高水平的社会福利为经济复兴提供了稳定的社会环境。高福利

---

① 瑞典官方统计长期失业人员的口径为：24 岁以下失业 4 个月以上或 25 岁以上失业半年以上的劳动者。

② OECD Economic Surveys：Sweden，Paris，1994：36.

③ Dominique Anxo and Harald Niklasson，The Swedish Model：Revival after the Turbulent 1990s，European Employment Models in Flux，2009.

依托于高额累进税和大规模公共支出，这需要政府强管制和资本家配合，瑞典共享型劳动关系模式使这种局面成为可能。尽管雇主会将高额税收的一部分成本转嫁劳动者，但从全局和长期看，劳动者能够从中获益。尤其是雇员投资基金计划落地后，工人开始参与利润分享，并对企业运营具有了一定发言权。这带来生产积极性的提升从而抵消高福利下一部分人“偷懒”和“搭便车”行为。并且，在经济危机时期，社会福利保障制度避免广大工人陷入贫困。在社民党政府的强管制下，使高税收和大规模公共支出同时推进，这在其他发达国家很少发生。此外，政府对科技发展的重视也是一个重要因素。1994 年，国家信息技术委员会设立，并制定了瑞典于 2010 年在信息技术领域实现世界领先的目标。政府对中小企业予以大力扶持，从而在信息技术领域创造更多就业机会。

2. 新发展（2008 年至今）。

2008 年发达国家金融危机使瑞典的海外市场遭到巨大冲击，瑞典 GDP 出现了罕见的负增长（-0.2%）。斯德哥尔摩股票指数于当年下跌了 42%，这打破了 1931 年下跌 40% 的历史纪录，银行业股票跌幅高达 60% ~70%。[①] 失业率攀升，“至 2008 年 2 月瑞典全国就业率下降为 64.4%，失业率为 8%。此外，自雇就业人数减少了 3.4 万人。失业率的增长涉及各个年龄段，16 ~24 岁失业率由 2007 年同期的 19% 升至 24.8%。”[②] 这给政府公共支出带来压力，维持社会福利导致财政赤字严重。经济危机对劳资集体协议制影响最为明显，工会要求涨薪，雇主方不愿意涨薪，甚至想要缩减工资，经多次谈判均无法达成共识。工会内部也发生了分化迹象，代表蓝领工人、企业白领和政府雇员的三大工会部门为了各自的利益，无法统一与雇主方的谈判步调。

为维护瑞典共享型劳动关系模式，政府大力进行宏观调控。2008 年 12 月，当局宣布在三年内投入约 230 亿瑞典克朗（约 28 亿美元）实施“就业与再培训”计划。2009 年伊始，对雇主实施最多延迟一年缴纳雇主税和社会费的优惠政策。同时加大公共基础设施的投资，来拉动就业；鼓励大学生继续攻读学位，为尚未就业的毕业生提供多种培训。政府决定对国有企业高管的薪酬进行指导，对 12 家存在高管浮动工资的国有企业（全国共 53 家国企）

---

① 中国驻瑞典王国大使馆经济商务参赞处，《1994 年以来瑞典 GDP 季度增长情况》，http://se.mofcom.gov.cn/aarticle/ddgk/zwjingji/200903/20090306138719.html.

② 索鹏：《全球金融危机对瑞典实体经济影响分析》，瑞典金融和经济形势系列调研报告之二，北京，2009 年 4 月 29 日。

要求其董事会重新审议工资方案；并限制金融业领域的分红奖励。经过一系列的努力，劳动关系趋于稳定，为经济复苏提供了重要基础。2010 年，瑞典的 GDP 增速达 5.5%，尔后保持在 3.9% 水平（2008 年前十年的年均水平）。2011 年实现 104.7 亿美元的财政收支盈余。①

自 2012 年起，瑞典社会经济进入新一轮稳定发展期，近五年失业率未超过 8%，计划 2020 年降至 7.5%。这为劳动关系的稳定提供了基础性支持。当前，瑞典面临一个新的挑战，即外来移民的就业问题。2016 年，约 16.3 万外来移民的就业率仅有 58%。如何平衡外来移民与本国居民的就业竞争成为新课题。外来移民并不能享有本国居民的就业和福利保障优惠，且技能水平低，唯有自降身价来获得工作机会。政府正在研究如何将外来移民纳入劳资集体协议制和就业保障体系当中，以消除影响共享型劳动关系的不稳定因素。

第五节　西方合作制经济

合作制经济是与主流的资本主义企业相对立的一种新颖而又古老的企业模式。马克思曾对合作制经济模式进行过细致研究，他将工人合作工厂的创办者称作“勇敢的手”，称赞工人合作运动，指出这是“劳动的政治经济学”对“财产的政治经济学”的一次重大胜利。② 我们在第二章第四节介绍了劳动者自我管理型经济学，这一理论在实践中主要表现为合作制经济模式。本节选择蒙特拉贡联合公司、以色列基布兹和日本山岸社这三个具有代表性的西方合作制典型模式进行分析，研究其在和谐劳动关系构建及劳动关系协调方面的独特优势。

一、西班牙蒙特拉贡联合公司

西班牙蒙特拉贡联合公司（Mondragon Cooperative Corporation，MCC）③作为一家大型国际化企业集团发展至今已有 60 余年，是当代合作制经济的成

① 张嘉昕：《瑞典共享型劳动关系模式利益平衡的逻辑与机制》，《社会科学家》2019 年第 4 期。

② 张嘉昕：《马克思工人合作工厂理论视阈下的蒙特拉贡合作公司研究》，《马克思主义研究》2012 年第 11 期。

③ 除特殊说明外，下面均简称蒙特拉贡。

功典范。蒙特拉贡的发展历程可以划分为三个阶段。第一阶段是1956～1979年，蒙特拉贡合作社创建并迅速崛起，尤其是1961～1970年，蒙特拉贡合作社的数量和规模都发展迅速。在20世纪70年代，蒙特拉贡开启国际化进程，合作制企业的数量、营业收入和就业人数均大有提高。第二阶段是1980～1990年，根据宏观经济形势的变化，蒙特拉贡进行了战略改革与结构调整。1980～1985年西班牙爆发经济危机，蒙特拉贡主动进行制度创新，实施了以保障就业为目标的政策措施，并进行结构调整，成立了合作社全体成员代表大会。第三阶段是1991年至今，在西班牙加入欧盟（1986）后，为应对经济全球化的到来，蒙特拉贡按照产品生产的相似性作为结构改革的划分标准，1991年成立蒙特拉贡联合公司。尔后，又成立了包括蒙特拉贡大学在内的培训教育中心和科技研究中心。2007年，蒙特拉贡正式组建工业、金融、零售、科研四大部门，并开启了国际化战略，在亚洲、美洲、欧洲等地都建立子公司。至2014年底，在全球共设立263家分支机构。[①] 以下将对蒙特拉贡合作制经济的体系构建与社会经济效率进行分析和评估。

（一）蒙特拉贡合作制经济的体系构建

资本主义企业实行资本雇佣劳动的原则，把资本置于制高点，资本所有权成为企业控制决策权和分享企业剩余价值的基础。在参与管理和控制决策上，实行一股一票；在分享企业剩余即分红上，按照持股比例的多少进行企业净利润的分配。与之对立，合作制企业实行劳动雇佣资本的原则，把对企业财产的所有权赋予在此工作全体劳动者，即劳动者占有生产资料。在对企业的决策控制权上，实行一人一票；在分享企业剩余上，实行成员账户模式，由于成员之间的收入差距较小，全体成员享有基本同等的各种社会福利。蒙特拉贡联合公司是合作制经济的成功代表，它既符合合作制经济的基本要件，又根据客观实际有所创新，形成了独具特色的蒙特拉贡合作制经济模式。

1. 所有制结构：颠覆传统。

在蒙特拉贡，生产资料归在企业中的全体劳动者所有，全体成员进行生产劳动和民主参与管理，相当于在为自己工作，从根本上颠覆了资本主义企业模式。作为所有制在法律上的具体形式，所有权具有两个核心功能——对

---

① Mondragon Corporation Cooperativa. Annual Report 2014, MCC Press, 2014.

企业的控制权和企业剩余的分享权。就蒙特拉贡而言，在对企业的控制和决策上，实行“一人一票”的决策原则，即每个在企业工作的人都具有同等的重要性和平等的发言权。企业全体劳动者是决策的主体，他们通过全体成员大会进行集体决策。这种权利结构安排，使蒙特拉贡的就业水平接近充分就业，实现了凯恩斯效率。所有权第二方面的功能体现在分享企业剩余上，蒙特拉贡的剩余利润属于企业的全体成员，每个入社的成员都要设置一个成员资金账户，用来结算企业分配给员工的资本分红，启动内部成员资金账户模式是蒙特拉贡在实现成员分享剩余上的一种创举。

2. 分配制度：按劳分配。

蒙特拉贡每位成员的收入由两部分组成：工资收入和分红即分享企业剩余。工资收入实行按劳分配，即以劳动收入为基础进行分配，劳动收入等于企业总收入扣除非劳动收入，把劳动收入在投资、储备基金、个人收入等项目上进行民主分配。按月发放的工资收入包括固定和浮动两部分。固定部分通过蒙特拉贡的八级工资表制定，根据工作岗位、技术水平、贡献来确定具体等级。浮动部分与企业成员的业绩表现相联系，一般以绩效奖金的形式发放。除了工资收入，蒙特拉贡的成员还有一部分收入来自资金账户分红，即分享企业剩余，通过设置成员资金账户的形式发放。成员资金账户将蒙特拉贡的成员的劳动者和所有者身份合二为一，即实现了民主参与管理，也成为按劳分配的基础。按照规定，新成员需缴纳一笔固定的入社启动资金，大概等于一名普通成员一年的工资。从某种意义上讲，股票确认了股份制企业股东的所有者身份，成员资金账户则确认了合作制企业全体劳动者的所有者身份。合作社成员个人资金账户中的资本金数额会根据企业净利润分配的存入而不断增加（若企业发生亏损就从个人资金账户中扣划）。企业剩余即净利润的分配方式是：净利润的10%分给教育发展基金，45%分给公共储备基金，45%分给企业成员。其中，分配给企业成员的这部分，按照企业成员的实际工作时间和工资系数按比例存入成员资金账户中，于每个会计年度结束后发放。成员资金账户中的本金归每位成员个人所有，但平时不能提取，直到退休或离开时才能分期取走。可见，成员资金账户中的启动资金和个人分红共同构成了蒙特拉贡合作制企业的内部融资基础，实现了劳动者自我管理。

3. 内部治理：纵向管理与横向监督。

在遵循“一人一票”决策原则的基础上，蒙特拉贡构建了独具特色的内部治理结构——交叉管理机制，即纵向管理与横向监督相结合的治理模式。在纵向控制上，全体成员大会是企业的最高决策机构，以一人一票的方式选举出管理委员会，管理委员会再聘任总经理，由总经理及其下属各部门负责人组成执行委员会，具体负责企业的经营管理事务，执行委员会之下便是对企业拥有控制权的全体劳动者。这样，一个垂直控制管理系统就被建立起来。如图 3 –3 所示，在横向监督上，设置了一个独特的机构即社会委员会，社会委员会与管理委员会和执行委员会之间是相互制约、相互沟通的。管理委员会和执行委员会提出的决议只有经社会委员会认可，才能提交到全体成员大会进行讨论，社会委员会有权驳回管理委员会提出的决议。同时，还设置了审计委员会、合作制银行这两个机构，审计委员会与管理委员会之间是监督审核的关系，管理委员会提交的财务报告只有经审计委员会审核通过后，才能提交给全体成员大会进行讨论。合作制银行负责对全体成员大会、管理委员会、执行委员会提出建议，以保证一些重大事项的决议在操作上具有可行性。由社会委员会、审计委员会、合作制银行组成的横向监督制约系统就这样被组建起来。

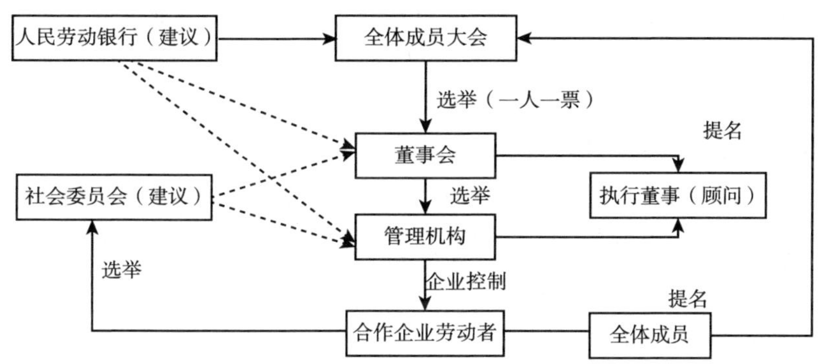

图 3 –3　蒙特拉贡的典型管理模式

4. 金融系统：合作制银行。

合作制企业把资本置于从属地位，使用资本支付给资本所有者利息，而不赋予资本所有者对企业的控制权，这带来蒙特拉贡独特的融资模式。使用资本市场的直接融资，往往会破坏合作制企业的基本原则。间接融资避开了资本市场，转向利用信用市场，通过银行在居民和企业之间搭建融资桥梁，既不破坏工人自我管理又能有效筹集资金。因此，很多合作制企业采取这一模式，蒙特拉贡便是通过设立劳动人民储蓄银行（Caja Laboral）来完成企业融资的。对于蒙特拉贡联合公司内部，劳动人民储蓄银行扮演政策性银行的角色，其首要职能是为企业经营筹集资金，资金来源渠道有三个，分别是：（1）成员资金账户中的启动资金和资本分红；（2）各出资合作社缴纳的储蓄金、权利基金等；（3）外部客户（包括企业法人和个人）存入的款项。这三个资金渠道构成了蒙特拉贡的融资基础。此外，合作制银行还具有内部治理上的职能，设立企业部，负责对本集团内其他合作社提供咨询、救助、指导、监督等服务。对企业外部客户，劳动人民储蓄银行则主要发挥其商业银行的功能，主要开展对公业务和对私业务，还有一些表外业务等。通过劳动人民储蓄银行，为蒙特拉贡的各合作制企业在工业、分销、科研、教育等领域的发展提供了充裕的资金。

（二）蒙特拉贡合作制经济的社会经济效率

截至 2020 年 9 月，蒙特拉贡已发生为西班牙的十大企业之一，它在扩大就业、绩效增长和促进社会公平等方面成绩显著。2014 年，蒙特拉贡的总收入为 118.75 亿欧元，总销售额（工业和零售）为 109.85 亿欧元，净投资为 3.45 亿欧元，息税折旧摊销前利润为 11.68 亿欧元，总就业人数为 74117 人，社会公益投入 1470 万欧元。其工业领域的合作社员工持股比为 83%，管理机构中工人的数量为 810 人，所辖各教育机构的学生总数 11439 人，获 ISO 14000 环境管理系列标准认证书 69 份，生态设计证书数量 4 份，分配给工业园区增加值的研发基金百分比为 8.9%，技术中心和研发单位的数量 15 个，研究人员总数为 1676 人。① 以上数据充分体现了蒙特拉贡的“合作、参与、社会责任、创新”核心价值观。接下来，我们进行详细分析。

1. 促进就业水平高。

合作制企业（或劳动者管理型企业）的目标是全体成员人均收入最大化，而不是资本主义企业的利润最大化（总收益减去总成本的差额最大）。当市场发生萧条时，合作制企业会采取降低工资的方式共渡难关，而资本主义企业选择解雇工人。因此，合作制企业十分重视扩大就业。蒙特拉贡将扩大就业量作为公司的重要政策目标，其就业政策分为三个部分：（1）促进合作就业；（2）提高就业质量；（3）提高个人就业能力。这充分体现了其十大

① Mondragon Corporation Cooperativa. Annual Report 2014，MCC Press，2014.

基本原则中的“劳动者主权”“合作社之间的合作”原则。①

蒙特拉贡并且十分重视提升就业质量。全体成员都对企业的成功负有责任，因此，提高工作质量是联合公司就业工作的重点内容。蒙特拉贡的职工满意度较高，2003～2009 年的数值依次为 3.04、2.93、3.07、3.09、3.08、2.84 和 2.97。② 2002 年，联合公司的成立预防服务组织，专注于设计职业健康与安全保障的工具，例如专门的管理模型 ERAIKIZ。此后，生产事故中的意外事故比例不断降低，从 2005 年的 58.3%，下降到 2014 年的 29.3%。③

正因为联合公司实施了“促进合作就业、提高就业质量、提高个人就业能力”的就业政策，加入蒙特拉贡的劳动者不断增加。见表 3－4，1996～2005 年蒙特拉贡的就业人数总体上处于稳定增长的趋势。即便是当欧盟遭遇严重的金融危机时，2010 年，西班牙的失业率已达 20%，而蒙特拉贡的就业人数下降幅度很小仅为 1.42%。2011～2014 年，尽管蒙特拉贡的就业人数有所下降，但与失业人数不断上升的西班牙经济形势相比，足可以体现出蒙特拉贡在稳定就业方面的强大能力。

表 3－4　　蒙特拉贡 1996～2014 年的就业量　　单位：个

年份	就业人数	年份	就业人数
1996	31963	2006	83601
1997	34397	2007	93841
1998	42129	2008	92773
1999	46861	2009	85066
2000	53377	2010	83859
2001	60200	2011	83596
2002	66558	2012	73985
2003	68260	2013	74060
2004	70884	2014	74117
2005	78455		

资料来源：张嘉昕：《西班牙蒙特拉贡合作制经济的体系构建与社会经济绩效研究》，《海派经济学》2017 年第 3 期。

① 1987 年，蒙特拉贡企业集团召开第一次全体成员大会，并通过了基于合作社经验的十大基本原则，即入社自由、管理民主、劳动者主权、资本处于从属地位、社员参与管理、收入团结、合作社之间的合作、社会变革、普遍合作和教育。

② Mondragon Corporation Cooperativa. Annual Report 2009, MCC Press, 2009.

③ Mondragon Corporation Cooperativa. Annual Report 2014, MCC Press, 2014.

2. 收入差距与X效率的平衡。

蒙特拉贡十分重视社会公平，把企业内部成员的收入差距控制在一定范围内，以防止收入差距过于悬殊导致员工工作效率降低。根据劳动者主权原则和报酬团结原则，从1956年成立到1986年的30年间，蒙特拉贡的最低工资和最高工资比例始终维持在1∶3。1986年，为引进高端技术人才把该比例调整为1∶4.5。1991年，为在全球范围内建立生产子公司的需要，蒙特拉贡将工资差异比例调整为1∶6，到2016年也没超出1∶8的范围。与资本主义企业相比，在蒙特拉贡全体成员的工资差别不大。即便在工资收入上，蒙特拉贡的高端技术人员比西班牙国内具有同等技术水平的工程师少了接近1/3，但工作效率却没有降低。可见，“合作、参与、社会责任、创新”的价值观得到了全体成员的认同。

著名美国人类社会学家卡斯弥尔（Kasmir）在巴斯克进行了一年半的实地调研证明，蒙特拉贡的管理人员、高级工程师对劳动组织的认同感很强，各岗位的排斥性只有18%的排斥性，而在西欧的资本主义企业，高水平劳动者的排斥性一般超过60%。① 卡斯弥尔还通过数据对蒙特拉贡的X效率进行分析，发现缺勤率很低，相当于西班牙国内企业平均水平的1/5。这源于全体成员对本企业拥有一种归属感，通过民主管理和收入团结而获得的收益在很大程度上弥补了货币收入的减少，从而降低了监督成本，使内部成员消极怠工的程度大为减轻，提高了X效率。还有一个重要原因，那就是成员个人资本账户中每年的分红也构成了个人收入的一部分，虽然这笔分红平时不能提现，但是在成员离开或退休时却可以分期提现，实现了老有所依，让合作社成员无后顾之忧。可见，蒙特拉贡实现了工资间差异与X效率的均衡，颠覆了主流经济学所谓劳动收入与生产效率唯一相关的论断。②

3. 盈利能力稳中有升。

对于蒙特拉贡的盈利能力，我们从其不同行业的利润增长幅度、销售利润率和销售收入进行分析。③ 在蒙特拉贡的金融部门，劳动人民储蓄银行举

---

① 张嘉昕：《工人自我管理——一部颠覆资本雇佣劳动的经济思想史》，社会科学文献出版社2014年版。

② 不少西方学者通过研究证明，即便在资本主义企业制度中，民主决策、联合决定、共同治理这类在将工人引入管理过程的改革中，也会在很大程度上减少监督成本，降低消极怠工的程度，激发工人们的劳动热情，从而提高企业生产效率。

③ 西班牙和中国的会计准则不同，合作制企业和股份制企业会计记账方法、具体科目设置也不同。我们所使用的数据直接来自蒙特拉贡联合公司的年度财务报告，这样就无须考虑会计政策差异和两种企业制度差异所导致的会计记账、科目设置的区别。

足轻重。它为联合公司的各合作制企业提供资金支持与咨询服务（发挥政策性银行的功能），也对外部客户提供广泛的金融服务（发挥商业银行的功能）。我们主要从商业银行的角度分析其盈利能力。需要注意的是，劳动人民储蓄银行在实现利润增长的同时，也保持了商业银行“三性目标”[①] 之间的协调统一。安全性是商业银行经营管理的第一原则，体现其应对不确定性因素的能力，流动性指商业银行对于客户提现需求和贷款需求的支付能力，这两者之间呈正相关。自有资金越充足，应对风险的能力就越强。巴塞尔协议对资本充足率的最低要求是 8%，劳动人民储蓄银行的资本充足率始终高于 8%。如图 3－4 所示，劳动人民储蓄银行具有良好的安全性和流动性。效率比率是评估银行的盈利能力和潜在利润增长能力的重要指标。一般认为，大银行的效率比率应控制在 55% 以下，即每赚取 1 元钱的经营净收益中要有 0.55 元用来支付非利息费用。当其他因素不变时，效率比率越小，银行获得的利润率就越高，银行的盈利能力就越强。如图 3－5 所示，劳动人民储蓄银行效率比率长期控制在 45% 之下，这说明其卓越的盈利能力。

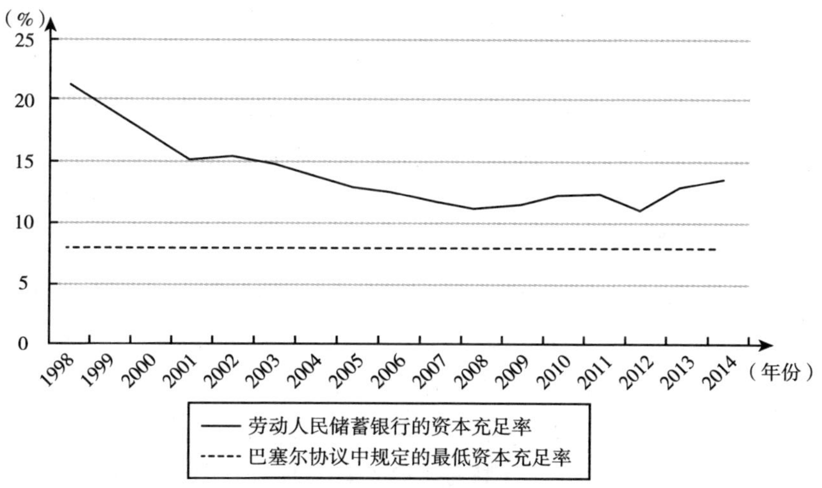

图 3－4 劳动人民储蓄银行的资本充足率情况

资料来源：张嘉昕：《西班牙蒙特拉贡合作制经济的体系构建与社会经济绩效研究》，《海派经济学》2017 年第 3 期。

1998～2014 年，劳动人民储蓄银行的利润快速增长。2003 年，尽管国内

① 即商业银行经营管理的安全性、流动性、盈利性。

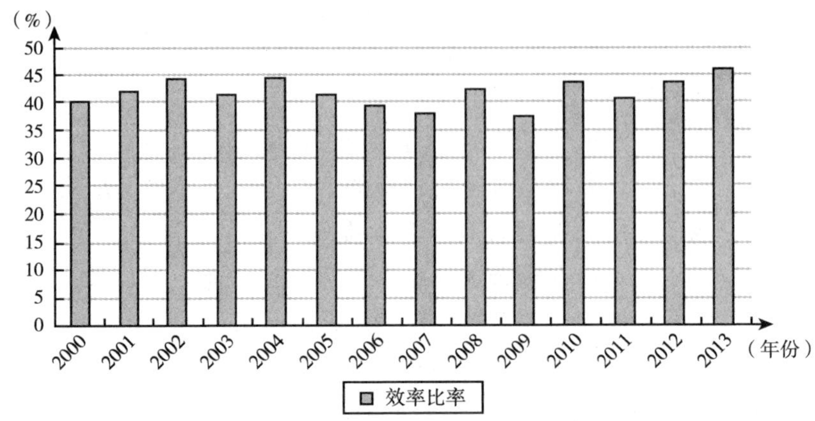

图 3-5　劳动人民储蓄银行的效率比率情况

资料来源：张嘉昕：《西班牙蒙特拉贡合作制经济的体系构建与社会经济绩效研究》，《海派经济学》2017 年第 3 期。

银行业利息下跌挤压了净利息收入，但劳动人民储蓄银行通过改善财务运营及控制管理成本，使税前利润增加 8.7%。2004～2007 年，劳动人民储蓄银行的税前利润逐年增长 12.97%、31.5%、17.1%、18.7%。即便是在 2008 年国际金融危机的不利条件下，面对一般违约增加和股票市场下跌这两大冲击，劳动人民储蓄银行的净利润仍然达到 10050 万欧元。2009～2011 年，劳动人民储蓄银行的净利润依次为 5650 万欧元、5140 万欧元和 1940 万欧元。2012 年，蒙特拉贡的银行部门进行了资产重组以适应困难的市场环境。2012 年 11 月，劳动人民储蓄银行（Caja Laboral）合并了另一家合作社北盒子（Ipar Kutxa）形成了一个新的信用合作社库特劳工合作社（Laboral Kutxa），合并后形成的合作制银行库特劳工合作社仅两个月就实现了 2200 万欧元的净利润，足以用来支付一整年的资本利息。2013 年，库特劳工合作社实现合并净利润 10430 百万欧元。2014 年，库特劳工合作社实现合并净利润 10920 万欧元。①

蒙特拉贡工业部门的总销售收入长期保持快速增长，于 2007 年达到 74.39 亿欧元的最大值。2008 年，受全球金融危机影响，这一数字下降至 65.11 亿欧元，2009 年下降到 53.41 亿欧元。面对不利的宏观经济环境，蒙特拉贡于 2010 年大胆创新，注重研发投入和推进产品升级。2012 年，蒙特

① 本段文字论述中涉及的所有数据均来源于 http：//www.mondragon-corporation.com/，annual-report－1998－2014.

拉贡工业部门的总销售收入为58.1亿欧元。再从利润增长幅度、销售利润率和利润总额三个指标对蒙特拉贡工业部门的盈利能力进行分析。首先，是销售利润率，蒙特拉贡工业部门的销售利润率总体上呈上升趋势。2001年为4%，2006年为4.4%，2012年为7.8%，2013年达到10.8%。这说明其工业部门的盈利能力在增强。其次，看利润增长情况，1998年蒙特拉贡工业部门的息前利润提高25%，这一指标在1999年提高17%，2000年提高2%，2001年降低15%，2002年提高23%，2003年提高1%，2004年提高37%，2005年提高2.4%，2006年提高18.5%，2007年提高32.4%，2008年则下降72%。2008年，蒙特拉贡工业部门的息前利润总额为8700万欧元，2009年为7100万欧元。2010年，局面开始好转，这一年的息前利润为17000万欧元，2011年的数据为15200万欧元。2012年，蒙特拉贡工业部门的息税折旧摊销前利润为46900万欧元，2013年的息税折旧摊销前利润是51700万欧元。①

根据根蒙特拉贡工业部门的财务报表分析，1999年工业部门的生产能力得到充分利用，以及较低的利息率和内部成本控制等因素，使利润增长幅度较大。如图3-6所示，2000年和2001年由于原材料的价格上涨和市场需求萎缩，使息前利润增长缓慢。此后，由于宏观经济局势较好，息前利润不断增长，这一势头在2008年和2009年遭遇金融危机的冲击。2010年，蒙特拉

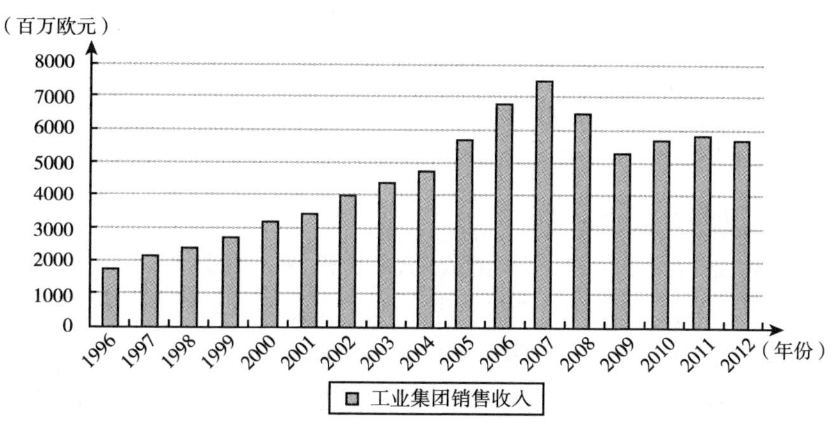

图3-6　蒙特拉贡工业部门的总销售收入情况

资料来源：张嘉昕：《西班牙蒙特拉贡合作制经济的体系构建与社会经济绩效研究》，《海派经济学》2017年第3期。

① Mondragon Corporation Cooperativa. Annual Report 1998—2013. MCC Press，2013.

贡开启了后危机时代的经营战略调整，息前利润当年恢复增长状态，销售利润率在2013年也达到史上最高。

蒙特拉贡零售部门的年度利润总额的增长幅度可以充分说明其盈利能力较强。如图3－7所示，1998～2007年，蒙特拉贡零售部门的年度利润总额一直在增长。1998年的年度利润总额增长42%，这一指标在1999年增长30%，2000年增长17%，2001年增长12.6%，2002年增长11%，2003年增长12%，2004年增长20%。2006年的年度利润总额为19000万欧元，增长33%；2007年的年度利润总额是22400万欧元，增长14%。2008年的利润总额是20800万欧元，出现下降。①

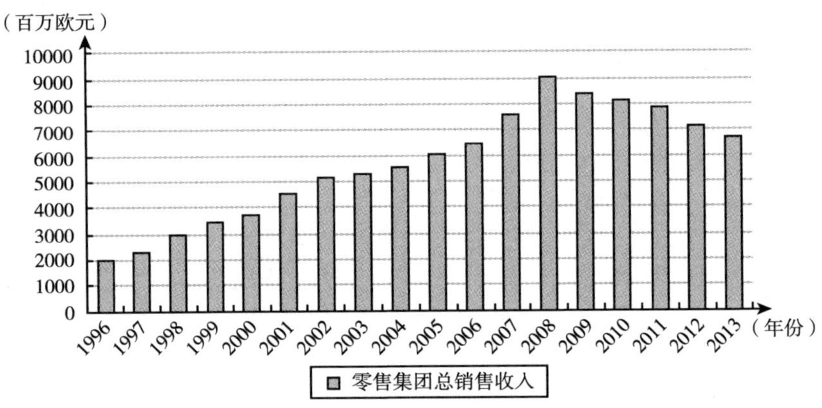

图3－7 蒙特拉贡零售部门的总销售收入情况

资料来源：张嘉昕：《西班牙蒙特拉贡合作制经济的体系构建与社会经济绩效研究》，《海派经济学》2017年第3期。

4. 国际化战略成效显著。

近年来，蒙特拉贡的国际化战略不断提速，海外市场迅速拓展。如图3－8所示，不仅在欧洲，它在中国、印度、美国、墨西哥、巴西、哥伦比亚都建立了生产子公司，至2014年底，在全球共建立了125家生产子公司。2014年，蒙特拉贡在全球共设立263个分支机构，其中合作社103个，产品子公司125个，基金会8个，互助组织1个，新闻组织13个，国际部门13个。② 如今，蒙特拉贡已成为在华投资的最大西班牙企业。蒙特拉贡的法埃

① Mondragon Corporation Cooperativa. Annual Report 1998－2013. MCC Press, 2013.

② Mondragon Corporation Cooperativa. Annual Report 2014. MCC Press, 2014.

德兰（Fagor Ederlan）和因恩富（Infun Group）两家分公司已明确在中国昆山建立新的现代化工厂，当地政府授予蒙特拉贡"昆山荣誉公民"奖，全球亚洲交通公司则授予达诺瓦特"2014 年度中国最优秀的西班牙企业"奖励。

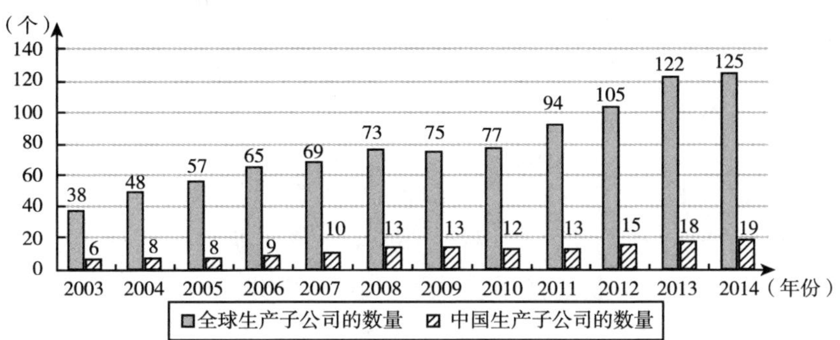

图 3-8　蒙特拉贡在全球设立生产子公司的数量

资料来源：张嘉昕：《西班牙蒙特拉贡合作制经济的体系构建与社会经济绩效研究》，《海派经济学》2017 年第 3 期。

5. 不断推进生态环境保护工作。

蒙特拉贡十分重视生态环境保护工作，努力降低对社会经济的负面外部影响。1997 年，蒙特拉贡的全体成员大会提出将环境管理作为企业战略之一。其环境政策基于以下原则：预防在先，源头上消除危害，即便无法完全消除，也要使危害保持在可以接受的水平；无条件服从环境立法的承诺；在联合公司内部每一个合作社的每一次活动、每一个产品、每一次服务上，都要促进环境保护的持续改善。在此原则下，充分考虑各合作制企业的压力程度、风险以及具体行动范围，每一个合作社都必须选择自己所能达到的发展水平。蒙特拉贡强调维持自我强化的下限，这项承诺既包括对政府法规的服从和对自身环境管理体系的贯彻执行。一旦这些自我强化的下限已经达到，就会让每一个公司去决定其能够达到最佳水平的速度和方式，这一最佳水平可以通过第三方认证，也可以遵循生态管理和审计计划。这保证了各合作社去自觉维护自然环境，尽量减少经济活动对自然环境的不利影响，降低负外部性影响。

2002 年，蒙特拉贡取得了 ISO 14000 环境认证的证书 28 份，把 EFQM 管理模型①作为衡量质量水平的基准。2003 年，有 5 家合作社被授予 ISO 14000

① EFQM 模型是欧洲品质管理基金会（European Foundation for Quality Management）建立的 EFQM 业务卓越模型，是企业或组织进行自我评价和改进的工具。

认证奖励，作为西班牙第四大零售商的艾罗斯奇（Eroski）成为第一个获得SA 8000社会责任认证证书的蒙特拉贡合作社企业，在生态管理和审计计划（EMAS）注册的企业共有4家，分别是达诺巴特（Danobat）、法格戴瑞安（Fagor Ederian）、法格电子（Fagor Electrodomesticos）和麦尔（Maier）。2004年，法格烹饪厨具（Fagor Cooking Apliances）获得欧洲质量管理基金会（EFQM）入围奖和拉丁美洲质量管理奖，欧洲环境奖由奥克利（Orkli）获得，SA 8000社会责任认证证书由艾罗斯奇（Eroski）获得。2005～2006年，法格急速（Fagor Coccion）入围欧洲质量管理基金会奖，奥克利（Orkli）获得了欧洲环境奖，蒙特拉贡联合公司共获得职业健康安全管理体系（OHSAS）预防工业危害系统认证的证书8份。2007年，共获得ISO 14001环境认证证书51份，共获得OHSAS预防工业危害系统认证的证书13份，SA 8000社会责任认证证书由艾罗斯奇（Eroski）获得。2008年，奥克利（Orkli）获得了欧洲环境奖，ISO 14001环境认证证书的数量是53份，职业健康安全管理体系（OHSAS）预防工业危害系统认证的证书15份，SA 8000社会责任认证1份。2009年，ISO 14001环境认证证书的数量是54份，职业健康安全管理体系（OHSAS）预防工业危害系统认证的证书16份，SA 8000社会责任认证1份。2010年，ISO 14001环境认证证书的数量是54份，职业健康安全管理体系（OHSAS）18000职业健康和安全系统认证证书数量是24份，生态设计认证6份。2011年，ISO 14001环境认证证书的数量是59份，职业健康安全管理体系（OHSAS）18000劳动者风险预防系统认证29份，SA 8000社会责任认证1份。2012年，ISO 14000环境认证证书的数量是60份，有6家企业获得了生态认证证书，职业健康安全管理体系（OHSAS）18000劳动者风险预防系统认证33份。2013年，56家企业获得了ISO 14001认证，4家企业获得ISO 14006（生态设计）认证，27家企业获得职业健康安全管理体系（OHSAS）18000劳动者风险预防系统认证。2014年，ISO 14001认证69份，ISO 14006（生态设计）认证4份，ISO 50001（能源管理）认证2份。由此可见，蒙特拉贡实现了创造社会经济效益与保护环境的有机统一，通过切实可行的环境政策有效地降低了对外部自然环境的不利影响，这也是其“社会责任”价值观的具体体现，具体如图3-9所示。

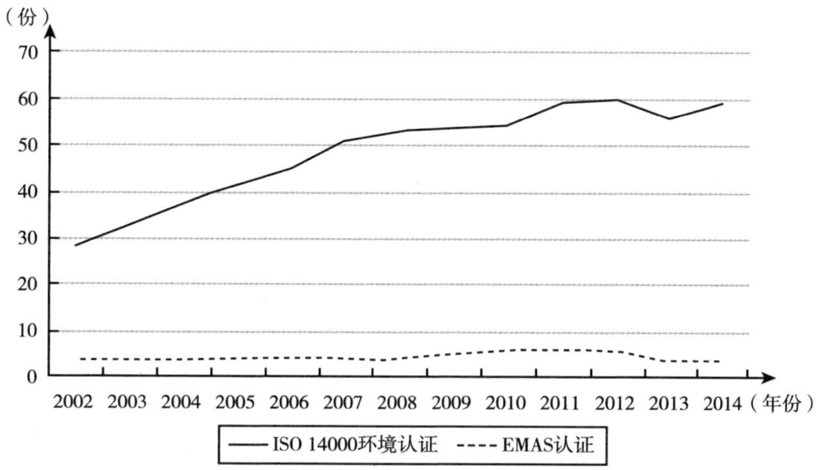

图 3－9　蒙特拉贡在环境方面认证证书数量

资料来源：张嘉昕：《西班牙蒙特拉贡合作制经济的体系构建与社会经济绩效研究》，《海派经济学》2017 年第 3 期。

二、以色列基布兹

基布兹历经上百年的发展，遍布以色列。单个基布兹一般有正式成员 200～700 人，大规模的有 2000 人。基布兹人口只占以色列人口的 3%，却在经济、政治、国防等领域发挥了超出自己人口比例的优势。以色列 1948 年以来，有 4 位来自基布兹的总理，内阁成员和军官也有很多来自于此。按以色列《合作社团登记册》的法律定义，基布兹是一个“供人们定居的合作组织，它是某种在所有物全体所有制基础上将成员组织起来的集体社会。它的宗旨是在生产、消费以及教育等一切领域中自给自足、平等与合作”。基布兹的信条是集体、民主、平等，主张共同劳动，共同占有财富，被称为是“一个充满理想的社会，是当今世界上最纯粹的直接民主形式”。

（一）基布兹的创生及演进

1. 基布兹的创建。

基布兹在希伯来文指一个公共定居点，有“集体”“聚集”之意。以色列基布兹运动开始由移民兴起，19 世纪末至 20 世纪初来自俄国和东欧地区。

他们认为，这将创造出新的犹太人身份，建立一个共同劳动、共同占有、共同生活、人人平等的理想社会。1910 年，一群青年在加利利湖附近建立了首个基布兹。他们沥干沼泽并建立了一个集体生活的社会，即德加尼亚（Degonia）。这是一个由其成员所共同拥有的独立的农场，其信条为：每个人都要根据自己的能力作出贡献并得到自己的真正所需。所有资产共同拥有，没有私人所有权。它是一个自收自支的合作社，依托农业收入运行。这是最初简单形式的基布兹，只有“人人平等”的口号，没有选举机构，也没有任何的管理委员会。尽管如此，“共同劳动，共同占有”的雏形已然形成。其他基布兹紧随其后，早期的基布兹把自己看作是一个扩大的大家庭，成员很少。例如，1913 年，德加尼亚只有 28 个成员。多是穷人，他们生活艰苦，聚集在一起，进行农业生产包括排干沼泽、改造山丘等，这样才能将一部分沙漠转化成良田。还要与炎热、疟疾以及其他极易感染的疾病作斗争。因此，最初的基布兹人口稀少可以总结为两个原因：（1）愿意加入的人很少。由于人们对基布兹的了解有限，人们不愿抛弃原有的家园去荒漠地区进行艰苦劳作。（2）基布兹内部成员死亡多。艰苦与炎热的条件使疾病频发，夺去了很多人的生命。

20 世纪 20 ~ 30 年代，基布兹组织快速增多。至 1939 年全国已有 117 个，1947 年增至 145 个，到 21 世纪初全国已有 270 多个基布兹。基布兹的人数也由 1931 年的 4391 人增加到 24766 人。[①] 基布兹建立了学校和育儿坊。小企业开始出现，主要是农业的延伸。基布兹大会也逐渐成熟，确立了基布兹的四项基本原则：（1）各尽所能，按需分配；（2）所有生产资料、房屋和服务设施均属于共有财产；（3）平等劳动，禁止雇工剥削；（4）民主管理，少数服从多数，个人来去自由。基布兹开始作为大规模的、自给自足的农业与其他行业兼顾的集体而出现。此外，宗教式基布兹兴起，这是一个理想运动，包括平等、互助和建设国土。其组织结构与运作模式与其他基布兹无异，关键是其成员必须遵守犹太教规。20 世纪 30 年代以来，统一基布兹、宗教基布兹相继成立。每个联合体内部有自己的资金分配、供销、采购等一整套机制。这样，基布兹跳出了单一的农业合作社的模式，消费合作社、生产合作社、储蓄和信贷合作社建立起来。1940 年，第一个包括全体基布兹在内的基布兹合作组织——基布兹采购合作社成立。总社下面设有 9 个地区性的合作社，

---

① 李光：《以色列基布兹研究》，上海：上海社会科学院欧亚研究所，2006 年。

统一为全体基布兹提供采购和设备维修方面的服务。如格拉诺特基布兹由38个基布兹共同拥有，给位于埃米克海弗沙龙（Emeq Hefer Sharon）以及以色列北部肖姆（Shomron）地区的人们提供水果和蔬菜。其他基布兹已经创建了自己区域内的供销合作社，涉及花卉加工厂和包装车间，以实现规模经济和提高营销效率为目标。基布兹拥有十个这样的区域合作社，每社从业人员达1000人。这些合作社向全国营销委员会以及像房屋销售（Tnuva）和出口（Agrexco）这样的生产合作社推销自己的产品。

2. 基布兹的发展。

第一，基布兹的生活组织。最初的基布兹提供生活住宿，包括在中央用餐区的每日三餐。其他的事情（如住所的大小）是根据基布兹中每个人的要求而定，而不是根据自己的身份或地位而决定的。基布兹为出生28天到18岁的孩子提供24小时照顾，直到他们可以为全民服务。基布兹为孩子提供直到高中的义务教育。高中毕业的孩子由基布兹出资进入地区性的更高学府深造。基布兹的成员在为国家服务后，若还想接受高等教育，可以向基布兹教育委员会提出资助申请。当学业结束后，所有成员必须参与到基布兹的工作中。随着以色列建国，人民的生活水平普遍提高，基布兹的生活方式也发生变化。住所条件改善，每家的厕所和淋浴取代了公共厕所和公共浴室；公共食堂进行了修缮与新建；公园增多；成员的穿着和城市一样；母亲可以有更多时间抚养子女。基布兹为每个成员支付医疗保险。在消费上，即使在今天，每个家庭仍然需要根据自己的情况制定预算并在基布兹的商店消费。每个成员每个月有少量的零花钱供自己支配。

第二，基布兹的工作结构。基布兹没有任何失业。如果某个人在这个区域无用武之地，那么他将会被转移都另一个工作区。20世纪60年代伊始，当基布兹开始多元化并开辟新的产业时，他们认为有必要从外部雇用员工。这是因为吸纳新成员太昂贵，尤其是带小孩子的家庭。为了避免意识形态的冲突，一些基布兹接受外国移民志愿者时，有明确的条件：这些志愿者必须学习了解以色列的生活才得以留下而在基布兹工作。随着科技的进步，20世纪70年代起基布兹农业部门的用工数量逐渐减少。老龄化问题也发生了，按照基布兹“没有任何失业”的原则，就必须为他们安排新工作岗位。这些也就成为基布兹工业和第三产业发展的一个动力。

如图3-10所示，基布兹的工业企业数量增长近一倍，1977年的销售额达44亿谢克尔，出口额达9500万美元。雇工在各个部门的分布并不平衡：

1977 年，木器加工产业中雇用工人占劳动力的 87%，食品工业中占 55%，金属工业中占 41%，塑胶工业中占 14%。至 20 世纪 80 年代中期，基布兹的工业企业已达 400 多家，其生产率迅速提高，并开拓了国际市场。20 世纪 80 年代末至 90 年代初，从事农业生产的基布兹成员已经降到 1/4，其余的成员转入工业和第三产业的领域。①

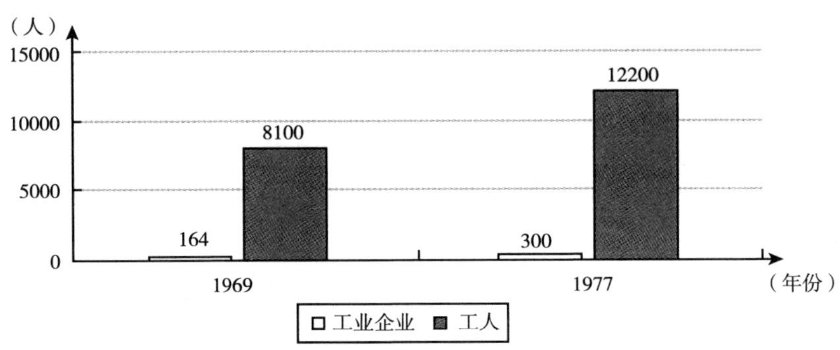

图 3－10　基布兹工业企业的变化

见表 3－5，第二、第三产业的比重明显加大，服务领域的从业人员明显增多。这也为基布兹以后的发展奠定了经济基础。基布兹运动不仅成功地创造了一个独特的社会，在稳固边远地区和沿国边界地区方面也发挥了重要作用。

表 3－5　基布兹成员的分工比例　单位：%

行业	所占比重
农业和渔业	26.7
工业和采矿业	23.5
旅游商业和金融	8.6
运输和通信	6.3
建筑和公用事业	1.1
公共和社会服务	16.7
个人服务	17.0

资料来源：徐向群、于崇建主编：《第三圣殿——以色列的崛起》，上海远东出版社 1995 年版。

① ［以］哈伊姆·格瓦蒂：《以色列移民与开发百年史》，中国社会科学出版社 1996 年版。

第三，基布兹的融资模式。1936～1951年，基布兹的所有资金完全是由犹太人的移民机构（政府机构）提供的。这是必要的，因为许多新的基布兹履行了社会职能，解决了土地问题（尤其是在偏远的边境地区）。最初几年，基布兹的运作没有利润，犹太代办处认为有责任支持他们。该机构的拨款还款期限有30年并延长了宽限期。通常是10年后第一次分期还款。利率是名义利率，有时低于通胀率。随后，政府本身和商业银行成为基布兹融资的来源。政府授信比同类商业贷款容易得多，因为它的利率通常比通胀率高3%～4%。然而，还款期却比犹太代办处更严格，为10～15年。银行信贷是短期融资的主要来源，并保证在商业基础之上实行比政府贷款要高的现行利率。

目前，基布兹的资金主要来自基布兹运动银行（Keren Ha' takam）。它从犹太代办处、其他政府机构、商业银行那里集资，有时也会从其他基布兹那筹款，实现先富带后富。贷款集资的行为由基布兹的代表去银行的监管机构交涉，因为相对于基布兹的某个人，基布兹代表是一个信用等级较高，并产生的风险较低的银行贷款人，基布兹运动银行可以募集资金，并将资金以低于正利率的利率借给基布兹。

（二）基布兹的组织原则和经济绩效

1. 基布兹的组织原则。

第一，公有制原则。在以色列基布兹的内部，所有的东西，包括生产用料、生活所需、住房需求等都属于公有财产，个人只有自己的一些专属用品。犹太人遵从《圣经》中“土地永不可出售”的戒律，禁止土地的非法买卖。以色列1948年以后，土地和水资源归国家所有。基布兹从国家租用土地进行经营，租期一般为49年，最长租期可达99年，年租金仅为此基布兹农产品总值的0.5%。其他的生产资料也归集体所有。甚至孩子也不属于个人，孩子一出生便进入集体的育婴室，由专人照顾，这便开始了他们的第一天集体生活。

第二，平等劳动、平等共享原则。在基布兹里，无论部门和岗位，成员权利一律平等，管委会的委员是全体成员的公仆，不享有任何特权，无额外报酬。劳动是人人遵守的社会准则，有专业分工不同，没有高低贵贱之分，成员定期在专业委员会轮岗，并承担一份岗位劳动。基布兹最初反对雇工，但现在已经允许雇工劳动。

基布兹的建立目标就是要建造一个平等的社会，这种理想主义的观点可以解释许多基布兹的主要特点：收入分配的公平分享，没有私有财产的非现金经济，公共食堂成员们一起吃饭，提供公共产品；洗衣做饭都属于社区服务，妇女完全从家务中解放出来，妇女与男子具有同等的教育机会，灌输社会主义和犹太复国主义价值观等。

西方主流经济学认为，这种平等共享的安排不可能持续。首先，对高能力成员的激励不够，造成“人才外流”。其次，很可能存在“搭便车”现象。为解决以上问题，基布兹限制人才外流，处罚进入低生产率的成员并限制推卸责任，这就涉及激励机制和平等之间的权衡。基布兹是一个风险共担的集体，它建立了高度平等的补偿计划来保证共享模式。因为基布兹的创办人多为移民，当保险市场不发达时，收入不确定性的冲击很大。通过保险制度为基布兹成员提供保障显得十分必要。基布兹为成员提供了生命保险、伤残保险等，费用由基布兹支付。此外，基布兹还注意思想教育，如利他主义、集体主义观念并鼓励高水平的职业道德。思想上的坚定性十分重要，可以降低人才流失和道德风险。对儿童的集体抚养使年轻一代适应社区生活，勇于承担责任，帮助弱势群体，重视合作胜于竞争。

第三，按需分配原则。基布兹的成员在收入上是完全平等的。在工作的划分上，最初只是简单到以性别划分：男子一般从事农业生产等较重的体力活，女子多从事服务性工作。后来，基布兹的内部分工变得专业和多样，并出现了一些专门从事某种工作的专业人才。这里没有领导与员工之分，但还是会设立一个类似于组长的职务管理不同行业，负责制定计划并解决问题。成员也可以在基布兹以外工作，同时继续住在基布兹内、参与各项活动和享受各项待遇，但外部收入的全部或部分必须交给基布兹。

住房按资历统一分配，免费就餐和使用公用轿车，医疗保健由集体支付。如前文所述，基布兹有各种各样的公共设施，食堂、育婴室、洗衣房、医院、图书馆等。以往成员的孩子们同伴们一起度过从婴儿到中学的大部分时间，全部抚养和教育费用由基布兹负担。这一模式现在有所变化，孩子可以选择和父母一起生活到 13 岁，然后进入青年公寓开始集体生活。生活和工作都不用个人操心，家庭的压力减少，基布兹的离婚率很低，仅有 3‰。基布兹的内部结算不用货币，所以不存在商品，而包括衣着在内的日用品和生活消费品，采取登记领取或平等分配零用钱的方式解决，休假旅游有额外补贴。基布兹成员还有一个外部账户，从外面购物，或是基布兹提供的出国度假，就可以通过这个账户支取货币。

第四，民主管理原则。基布兹的最高权力机关是全体成员大会，每月会召开一次会议。由全体成员大会选举出委员会，负责组织内部日常事务的处理，委员会实行集体领导制，两年或者三年选举一次。全体成员大会实行的事少数服从多数的原则，重大问题的表决规则是：一人一票，达到 2/3 的议案才能生效。管理人员由民主选举产生，不能连任，不能指定或是推荐接班人，任期为 3 年。基布兹的成员除了可以对管理人员的选举进行投票，还可以对现任的管理人员的信任度进行投票，信任票数不足的管理人员将被撤换。所有机构管理人员都无偿为大家服务，在每周六召开的周末对话中，讨论基布兹的资金预算、生产计划、运作问题、新成员的加入等问题，同时还可以对委员会的工作给出建议。成员从事的工作有专门的管理办法，即自报、公议和领导决定三者结合。管理层的工作是一种服务，是其本职工作之外的劳动，没有报酬。但他们依然尽心工作，努力满足成员的期望。

第五，来去自由原则。随着基布兹内禁止雇工的禁忌有所减弱，非社员雇工增多。同时，越来越多的基布兹社员正在基布兹以外工作，他们的薪金收入为基布兹创造了收益。

2. 经济绩效。

基布兹的人口还不到以色列总人口的 5%，却创造了约为 42% 的农业产值。[①] 基布兹不仅可以自给自足，其农产品出口占全国出口总量的 43%。它生产了全国 50% 的小麦、55.4% 的牛肉和 80.4% 的棉花。[②] 以色列的气候干旱，全国适宜农业耕种的土地面积很少，主要集中在北部滨海平原、加利利山以及上约旦河谷，沙漠面积占国土面积的 60%。以色列的耕作条件如此恶劣，农业科技就变得尤为重要。以色列的滴管技术，是哈泽林（Hazerim）基布兹于 1964 年建立的耐特菲姆（Netafim）滴灌设备公司发明的。由于滴管技术的使用，水的最高利用率可达到 95%，可节约灌溉水量 50% ~70%[③]，节水就意味着降低了农业成本，同时还提高了农作物产量，如今 80 多个国家都在使用以色列的滴灌技术。在干旱和沙漠地区，基布兹则采用盐浓度较高的水灌溉农作物，节水 50% 产量则提高 1 倍以上。基布兹不仅在农业、养殖业等多个领域研发新技术和新设备，还成立了农业出口公司，在巴黎、伦敦、

---

① 虞卫东：《当代以色列社会与文化》，上海外语教育出版社 2005 年版。

② 杨曼苏：《以色列·谜一般的国家》，世界知识出版社 1992 年版。

③ 李光明、王文章：《赴以色列农业考察报告》，《宁夏农林科技》2000 年第 4 期。

苏黎世等都设有办事处。基布兹还在机场、港口等地方设立装有冷冻装置的产品集散地，实现花果蔬菜的新鲜。农产品出口为基布兹提供了资金，20 世纪 70 年代，基布兹就拥有了游泳池、网球场、彩电和私人电话等。基布兹还大力发展工业，如塑料、金属制品等，形成了巨大的研发和生产能力，销售额占到全国同行业的 75%。

基布兹罗哈梅哈格托（Lohamei Hagetao）位于阿卡和纳哈里亚镇之间，其蒂瓦尔（Tivall）品牌控制着 70% 的国内豆制品市场。为打入国际市场，它与雀巢的子公司 OSEM 合作，实现了每年约 0.6 亿美元的销售额。基布兹哈左尔（Hatzor）位于阿什杜德附近，生产焦糖色的大豆颗粒。其品牌索尔尼（SOLBAR）已成为多国大豆食品配料的供应商。2002 年，全部基布兹实现工业销售额 210 亿以色列磅（NIS）（1 美元约合 4.3 以色列磅），占全国总额的 7.2%，共拥有 333 家工厂，雇佣 32000 多名工人。此外，有些基布兹还进行海外投资。2004 年，基布兹在海外设立的工厂收入达到 6.2 亿美元，增加了 40%。①

任何一个实现了高度平等的社会组织都会面临内部成员违规和外部因素干扰的影响。首先，退出自由是基布兹的一个重要特征。势必出现某些能力强的成员希望退出到更高收入及获取管理职位的地方去。其次，基布兹的公有制模式和全员参与民主决策模式很难推广至全国。最后，平等共享的方案直接导致了人才流失。如果没有相等的补偿计划，高能力的成员更可能退出基布兹。以下显示了受更多的教育和拥有高技能的人更可能退出基布兹。②

三、基布兹的转型

基布兹研究所和海法大学的合作理念小组从 1990 年开始对基布兹的改革计划进行逐年跟踪研究。2001 年，这一研究项目提出要适度提高成员的权利和待遇（通过更好的退休金计划、医疗保险和允许成员外出工作），并扩大非会员的作用和消费私有化。2001 年以后，大多数基布兹决定增加外部雇

---

① 李攀：《以色列农业：集体主义与高科技的“金婚”》，《21 世纪商业评论》2008 年第 11 期。

② 注：基布兹以外的农村包括莫沙夫、村社等以色列其他的合作组织，数据来源：Ran Abramitzky, Lessons from the Kibbutz on the Equality-Incentives Trade-off. The Journal of Economic Perspectives, 2001, 25 (1).

员，并陆续开始聘请外部经理人。一些基布兹开始为外部提供教育服务和公寓租赁。大多数基布兹需要成员支付自己的电力、餐饮和旅游，允许成员拥有私人汽车。很多基布兹取消了周五以外公共食堂的晚餐。

20 世纪 90 年代初，恩泽万（Ein Zivan）和斯涅尔（Snir）成为第一个实行差分工资支付的基布兹，其他基布兹对此持反对态度认为这有悖于基布兹的价值理念。1995 年，盖瑟（Gesher）、哈齐夫（Haziv）和内奥特·马尔代凯（Naot Mordecai）基布兹提出了所谓“安全网”预算。成员的收入可以存在差别，但对其收入进行征税来用于基布兹的社会福利，这相当于缴税者为老弱成员提供了支持。如果说“安全网”预算属于温和的改革，那么“同工不同酬”呼声则需要触及基布兹的章程。这样的修正案通常需要 3/4 成员的支持，带来了喋喋不休的争吵，两派都威胁将退出基布兹。1996 ~ 2004 年，对是否引入差分薪金制度的投票表决使第二年年中每个基布兹平均失去两名成员。

20 世纪 60 年代以来，基布兹的生产扩张和多样化需要更多的资本和劳动。许多基布兹开始大举借贷。然而，20 世纪 80 年代以色列的宏观经济形势发生恶化，通胀率冲到三位数，加之利率攀升，基布兹的债务总额高达 2.25 亿万美元，许多基布兹企业被迫破产。① 这造成基布兹成员的大规模外流。基布兹成员的子女在 18 岁获得成员资格之前可以选择离开，因为成为成员后将自动背负这些债务负担。很多成年成员也开始离开，因为当他们可以找到更好的工作时，当时基布兹的每年 4000 美元生活津贴就不再有吸引力。解决劳工短缺问题的途径只能是雇佣外部员工。实际上，当前大部分雇佣外部职工劳动，而基布兹成员从事管理职位或清闲的职位。但是，这就影响了基布兹的基本组织理念。

2003 年 12 月，联合基布兹运动提出了改革方案即“复兴基布兹”。② 在这个方案中，会员将拥有自己的房子，允许在基布兹以外工作并有差别的缴纳收入。基布兹可以拥有土地等全部生产资料，成员则可以拥有股份。改革方案使用了更加灵活的方式来定义成员资格，以吸引更多的人加入。同时，随着人口老龄化的加速，基布兹提高了社会福利水平，尤其是养老金计划。

---

① Melford E. Spiro. Utopia and Its Discontents: The Kibbutz and Its Historical Vicissitudes. American Anthropologist, New Series, 2004 (3): 97.

② Henry Near. Paths to Utopia: The Kibbutz as a Movement for Social Change. Jewish Social Studies, 1985 (5): 8.

全体成员都享有教育、医疗保健和获得特定照顾的福利。2004 年 4 月，以色列内阁批准了“复兴基布兹”计划。大约 2/3 的基布兹参与进来。特拉维夫市附近的基布兹法哈纳斯（Kfar Hanasi）与市政府合作建设更大的运行区域，这里生态环境良好，教育、医疗等配套设施完善，每个家庭能拥有 120 平方米，只要求成员必须是以色列公民并获得基布兹批准。基布兹亚赫尔（Yahel）位于埃拉特市以北 65 公里，为成员提供 75～100 平方米的免费土地和 9000 美元的政府补贴，每户豪华别墅只有成本价 13 万美元。有意者可以申请一周的体验生活，即便不打算正式入社的成员也可以在此居住和工作，租房费用 400 美元/月。在新建的基布兹内，企业已成为利润中心，这些企业是由对董事会的董事负责经营。改革的效果十分明显，2004 年有上万人申请加入新的基布兹，而且大部分在 30 岁以下。

关于基布兹的成果经验除在经济绩效提到的内容外，还有以下三方面内容：（1）基布兹坚持的集体主义思想。他们世世代代接受集体教育，参加集体活动，共享集体生活，消除了性别歧视，最大限度地消除了工资与生活水平的差异，从而促进了社会和谐。（2）相比欧美的合作社，基布兹有着独特的历史，社员无意参与政治和进行社会运动，其主要精力是生产劳作和内部集体活动。（3）基布兹的发展与政府的法律建设密不可分。以色列政府先后于 1965 年、1971 年和 1997 年颁布合作社法。1997 年的合作社法对合作社从建立到运行及奖惩的制度等 12 部分都做了详细的规定。立法的设立与完善为合作社的管理设定了标准，为合作社的发展提供了保障。

第六节　启　　示

一、日本“三支柱”模式

随着我国经济进入新常态，我国经济呈现新特点，劳动关系矛盾进入多发期，和谐劳动关系构建面临新的挑战。虽然日本与我国社会背景、经济水平等存在差异，但我们同是亚洲国家，文化背景相似，深受儒家文化的影响；两国都属于人均资源匮乏的国家，日本“三支柱”模式在劳动关系协调方面的经验值得研究。

（一）保持经济增长

在市场经济条件下，企业只有良好的外部发展条件，获得利润后，才能够为员工提供更好的待遇，进而减少劳资矛盾和冲突。企业良好的发展与国家经济发展水平是密不可分的。二战后，日本经济处于空前混沌状态，导致工人运动爆发，劳资关系进入对抗状态，但1950年朝鲜战争爆发后，在美国的帮助下，日本经济进入黄金发展期，以及1960年的“国民收入倍增计划”使人们的消费水平得到大幅度提高，使工人运动开始衰落，劳资关系由冲突趋于和谐。因此，在经济下行压力加大的情况下，如何保持经济增长成为缓和劳动关系的重要途径。首先，加强需求侧宏观管理，释放经济内需增长动力。我国经济增长放缓的主要经济原因是国内消费需求明显不足，这是由于我国经济增长对于投资和出口的过度依赖。其次，中国产业较长时期处于价值链低端，产品附加值低，导致劳动者收入水平较低，劳动者平均收入水平增长缓慢，抑制了居民消费能力的提高。最后，税制结构不合理，致使地方政府缺乏扩大内需的积极性。对此，我们可以采取如下措施：（1）城乡统筹，加大对乡镇的投资，加强公共卫生服务的均等化；（2）加大对农业、农村和农民的扶持力度，提供政策和技术等各方面的支持，发展现代家庭农业，切实增加农民实际收入；（3）加快产业升级，积极创新，鼓励企业快速提升国际竞争力，从源头上使得员工薪资得到提升。

（二）发扬儒家传统文化

日本的文化深受儒家文化的影响，形成自己的“家”文化，并将这种理念应用于企业的经营管理当中，倡导“劳资一家”“命运共同体”的思想，极大地激发劳动者的积极性，大大降低劳资矛盾激化的可能性。在这一文化背景下，日本形成了以“终身雇佣制”为核心的日本式经营方式。中国是儒家文化的起源，随着时间的流逝，儒家思想也渐渐被忽略淡忘，不少企业存在克扣工人工资，随意解雇工人，为了利益不顾工人的劳动条件好坏等问题。因此，首先，应该使企业树立正确的企业文化，提升劳动者的认同感和归属感，使企业具有更强的凝聚力。其次，将“以人为本”的思想引入企业的管理当中，对于利润成果的分配应讲究“效率优先，兼顾公平”的原则，在进行收入分配时，适当向劳动者倾斜，缩小收入差距，改善劳动者生活条件，减少其内心的不满，避免矛盾产生。

（三）加强工会建设

工会是维护会员利益的团体组织，通过集体谈判的方式改善劳动者的待遇条件，是劳动双方对话的重要平台，健全和充分发挥工会作用是建立和谐劳动关系的重要途径。日本的企业工会主要特征是“独立自主”。日本企业工会每年进行的“春斗”为雇员争取到极好的工资等待遇条件，他们以“温和、平静”的方式与资方进行谈判，曾取得辉煌战绩。日本企业工会一般不受上级工会限制，组织开展活动具有自主权，财务上也是独立核算。以非对抗性的斗争策略处理劳动关系，用最低成本换取最大利益，值得我国构建和谐劳动关系借鉴。然而，我国的多数工会完全丧失了独立性，只是企业的附属物而已，工会的独立性无法得到确保。因此，增强我国工会的独立性和代表性显得尤为重要和迫切。在新的历史条件下，工会必须完成从行政化向市场化的转型：（1）应使工会的职能专业化，避免过多的社会职能，专注于作为劳动者代表，与雇主谈判；（2）面对劳动关系多元化、复杂化的局面，工会人员应该做好劳资矛盾出现的预防工作，应该深入了解员工诉求，及时发现并解决矛盾隐患；（3）在法律层面上，对工会的市场地位、权利义务、运行机制、职能职责等进一步明确和细化。

（四）完善三方协调机制

三方协调机制是为劳、资、政搭建起来的沟通交流平台。政府、雇主组织和工会三方代表共同参与制定劳工标准、劳资政策、处理劳动争议等，针对问题进行协商对话，期望在源头上消除矛盾，达成最大共识。日本和谐劳动关系的构建与完善的三方协调机制是密不可分的，为此，日本设立了劳动委员会等多个三方合作机构，解决大量劳动关系问题，稳定劳资关系。在经济下行压力较大、企业并转搬迁倒现象增多、全面推进依法治国和进一步对外开放的新常态下，资方侵权概率和劳动者维权概率均可能走高，劳资纠纷和冲突易于多发频发群发。因此，完善三方协调机制对于处理我国劳动争议率上升的问题显得尤为重要。

二、德国共同决定制

德国共同决定模式使企业的股东、经理人员、普通职工（一般也是工会成员）等利益相关者都参与企业决策，为我国劳动关系协调提供了很好的借鉴。工人参与企业决策是社会主义的题中应有之义，本就该落到实处。但就目前实际情况看，我们在此方面仍需要加强。

首先，从行为经济学的视角来看，德国共同决定模式在很大程度上受路径依赖因素影响。德国历史上受经济民主等相关理论的影响很大，工人运动相对比较活跃。因此，以工业作为起飞引擎和经济命脉的德国社会十分重视对劳资关系的调和，特别关注企业职工权益保护问题，并将职工参与企业决策作为侧重点。相比之下，1949 年以后历史上也有如"鞍钢宪法"所强调的工人参与企业决策的优良传统，但经济民主、工人参与决策的思想没有得到很好的延续和发展。近年来，我们似乎更重视对西方发达国家主流企业模式的引入和借鉴，没有充分意识到职工参与企业决策对构建和谐劳动关系的重要性。外国资本基本上在我国直接移植了其"资本为王"的管理和决策模式。外资企业、合资企业甚至变相抵制我国工会对劳动者权益的保护工作。国有企业的职工参与决策工作也落实不到位，流于形式的表面文章相对多一些。要扭转这一局面，就必须颠覆当前股东利益至上的企业发展理念，国家要在思想定位、舆论宣传和政策法规方面进行积极引导和必要干预，推动各类企业都能够认识到职工参与企业决策的应然性和正当性，使社会各界认同职工参与企业决策的优势。将其作为化解当前社会某些领域还比较激烈的劳动关系矛盾的突破口和手段，从而有利于构建社会主义和谐劳动关系。

共同决定模式发展的历史经验说明，当国民经济发展水平达到一定阶段时，无论从宏观的社会经济角度还是从微观的企业组织层面都要求职工能够参与企业重大事宜的决定。这有利于更好地化解劳资矛盾，促进企业发展与社会稳定。共同决定模式得到德国社会的广泛认可，股东、经理人员和广大职工都积极执行共同决定的理念和要求，形成了与国家社会经济现代化进程密不可分的良性互动局面。在新的历史条件下，我们在企业运营上要高度重视管理的民主性，贯彻和实施习近平新时代中国特色社会主义思想的以人为本的企业经营理念，公平地对待和保护股东与职工等利益相关者的合法权益，构建企业层面的和谐劳动关系，为建设和谐社会奠定基础。

前面分析说明，德国具有完备的关于共同决定模式确认与实施的法律法规体系与操作细则，并有着相对成熟的工会运动基础和十分发达的企业监事会系统，这是共同决定模式不断发展的重要保障。而对中国而言，仅有一些大纲性的法律法规中就由职工代表大会选举产生的职工董事和职工监事的最低比例进行了原则性规定，而没有对具体执行的细则规定。并且与董事会相比，企业监事会制度有待提高且权利较弱。企业层面的工会更是缺乏独立性，不仅组织程度不太高，而且绝大多数受控于企业的经营者，很难发挥保障企业职工权益的作用。可见，我国的职工参与制度存在着一些不足，亟待改进。我们要建立专门应对职工参与企业决策中的各种事项与细则的法律法规体系，并且真正发展起企业内部的工会和监事会等职工权益保障机构和监督机构，最终实现职工更好地参与企业民主管理，有效地平衡各方利益关系，形成新时代中国特色职工民主参与企业决策体制，为国民经济稳定发展提供可靠保障。

其次，关于劳动关系协调中工会与职工代表利益代表性组织的关系问题。德国劳动者的集体利益实现机制由共同决定模式和集体谈判模式构成，即德国劳动关系协调的“二元主义”。这就是说，工会是超企业层面的组织，代表的是某一产业或区域内的劳动者利益，预防单个企业的自利行为；而共同决定模式负责企业内部的劳动关系协调。两者分工明确，工会致力于劳资竞争，而共同决定模式下企业委员会和董事会、监事会的职工代表致力于劳资调和。当企业委员会的同意率达到25%时，企业委员会将邀请工会代表参与其会议日程，以协调步调和防止双方决议出现原则性分歧。与德国相仿，我国也存在工会与其他劳动者利益代表机制并存的劳动关系协调机制。具有政府部门性质的各级工会对企业可能发挥更多的是指导效力，而人们日常所说的工会往往同样是指企业内的工会组织，从而使两者在组织、功能方面存在重叠，企业工会的集体谈判（议定集体合同）和企业职代会的民主协商（议定规章制度）都可以对“劳动报酬、工作时间、休息休假、劳动安全卫生、保险福利、职工培训、劳动纪律以及劳动定额管理等”（《劳动合同法》2017）进行修改和确认。但在具体操作上却规定不明确，例如，会员制的工会所签订的集体合同，为何要由职工代表大会进行审核和通过；工会的会员与职工代表大会（全体劳动者）到底哪一个是集体合同修订的终极代表等问题。可见，我们除了要解决上面讲到的切实推进劳动者参与企业决策的问题，还要考虑在理论定位与具体操作如何协调现有的企业工会与企业职工代表大会之间关系的问题。在此方面，德国劳动关系协调机制的“二元主义”等其他先进经验值得进一步研究。

三、美国职工持股计划

近年来，关于我国收入分配的改革也引起了社会的关注。党的十九大报告指出，坚持在经济增长的同时实现居民收入同步增长、在劳动生产率提高的同时实现劳动报酬同步提高。既讲“同步”也讲“同时”，这一表述丰富了以前“两个同步”的含义。党的十九届四中全会提出将“按劳分配为主体、多种分配方式并存”的分配制度与“社会主义市场经济体制”“公有制为主体、多种所有制经济共同发展”并列，上升为社会主义基本经济制度的高度。可见，党中央对于提高广大劳动者收入水平问题给予了高度重视并提出了总体方阵。我们认为，企业职工持股是解决我国目前职工工资偏低，让职工拥有资本收入和提高企业经营绩效的有效手段。另外，职工股份所有制有助于解决中小企业人才流失问题和融资难问题。美国 ESOP 具有稳定人才的作用，中小企业也可以效仿 ESOP 的做法，给职工捐赠股票或者鼓励企业职工购买企业股票，留住企业中优秀的人才。可以说，给职工发行股票属于长期性的激励行为，有助于促进中小企业的竞争力与活力。

职工持股的企业应重视建立所有权文化建设，这有助于企业业绩的提升。建立所有权文化就是要让持股职工真正意识到他们是企业的主人。实施 ESOP 本身并不足以让职工像企业所有者那样思考和行动，关键是要看企业能否确保持股职工行使其控制权和剩余索取权。为此，企业应设计能够让持股职工参与决策管理的机制。企业管理层要构建与持股职工共享企业的财务和运营信息的有效途径，使职工意识到他们可以对企业的决策产生实际影响。此外，企业还应给持股职工定期分红，要让他们知道他们更多的努力将得到更多的回报。唯有如此，才能使企业与职工的利益趋于一致，才能让企业职工的积极性提升。当 ESOP 企业形成所有权文化时，企业的运行效率将得到大幅提升。企业实施 ESOP 的动机对所有权文化的构建有很大影响，如果企业的目标仅是为获得纳税优惠或防御并购，企业自然不会注重所有权文化的建设，企业业绩也不会有明显的改善。

四、瑞典共享型劳资关系

瑞典“企业—社会共享型”劳动关系模式由劳资集体协议制、“团结一致的工资政策”、雇员投资基金计划、失业治理或就业支持以及社会福利制度所组成。这一劳动关系模式的构建与长期执政党瑞典社会民主党对马克思主义理论的认同密不可分，它的平稳运行离不开政府、工会、企业三方的共同合作。实践证明，瑞典共享型劳动关系模式始终坚持其理论内核，并依据客观实际进行相应调整，为国家社会经济发展提供了重要保障。尽管20世纪80年代曾有过将劳资集体协议制的权力下放到行业和企业层面，但很快进行了调整，在20世纪90年代回归传统加强管制，依据国际和国内形势灵活应对，调整“同工同酬”政策，允许弹性工资和收入差异，来保证劳动积极性；始终坚持并不断加强各类就业扶持计划，可以说，政府对共享型劳动关系的调整总是在传统框架内进行，没有影响到制度内核。并且，对劳动力市场管制始终与高水平社会福利保障政策相搭配，又通过雇员投资基金计划来提升劳动者在利润分配和生产决策方面的参与度。尽管国际形势变化莫测，瑞典始终坚持积极参与全球市场竞争，重视科技创新、教育和劳动者技能培训，来提升劳动者素质以适应客观需要，也减少了失业量。总之，瑞典共享型劳动关系创造了良好的经济效益与社会效益，使国家既融入全球化进程又能够保证自身特性。基于此，瑞典的社会经济环境相对平稳，成为2008年发达国家经济危机中恢复较快的国家。

当然，作为资本主义国家，瑞典难以避免周期性的经济危机，同样处于发生危机、调整、复苏尔后再次危机的历史循环。当危机来临时，高社会福利所依赖的公共支出上升与企业高税赋成为点燃劳资矛盾的导火索，从而打破工会与雇主之间的平衡状态。当前，新自由主义侵蚀、工人阶级内部分化、逆全球化和外来移民问题成为共享型劳动关系模式的主要敌人。

瑞典共享型劳动关系可以为新时代我国劳动关系高质量发展提供某些有益启示。首先，团结工资政策和雇员投资基金计划所体现的利益共享理念值得借鉴。利益共享同样是构建社会主义和谐劳动关系的题中应有之义。国内外学术界对利益共享有多种解释，但一般认为利益共享体现为劳动成果分配上的共享，可以视为对利益共享的基本解释，或狭义地说，瑞典共享型劳动关系正是体现了这一层面的利益共享原则或物质内容。我们认为，社会主义和谐劳动关系所涉及的利益共享，不仅包含狭义界定，还包括对生产过程的共享，这就是工人民主参与企业决策和工人自我管理。因此，新时代我国劳动关系高质量发展要在提高劳动者收入水平和促进劳动者民主参与企业管理两方面同步推进，唯有如此，才能切实解决当前部分行业劳动收入占比过低和收入差距过大的现象，实现工人体面劳动与促进劳动者全面发展从而实现劳动关系动态均衡。

其次，瑞典的高福利社会保障体系包含着具体的就业支持和失业补偿措施，在多个层面对工人进行知识技能培训，以提升劳动者素质；并对失业者给予高额补偿和福利保障。作为世界上最大的发展中国家，考虑到具体国情，这种高福利社会保障对我们并不适宜。但可以借鉴其具体做法，建立完善的公开登记失业和失业保障体系来反映出劳动力市场的客观实际，使政府宏观调控有的放矢。形成失业者再就业的促进机制，政府、工会和企业都能积极推进对劳动者的技能培训，使其更符合企业用工需求；而劳动者也要充分发挥主动性能动性，推进自身劳动技能提升以及自谋职业的可能。继续推行相关法律法规建设，如社会保险法等。

最后，瑞典共享型劳动关系模式构建了一个力量平和机制。工会组织、雇主协会和政府强管制形成三方协作，这不仅是瑞典劳动关系相对稳定的基础，也是面对经济危机时保证不发生剧烈的劳资冲突和使社会经济较快恢复的重要依据。瑞典的工会覆盖率居发达国家之首，工会联合会与雇主协会作为劳资双方的利益代表在政府强管制下进行谈判。当前，我们正处于社会主义初级阶段，构建社会主义和谐劳动关系在市场经济运行层面体现为利益协调。诚然，不同社会制度下的劳动关系在利益协调方面存在本质差异。但瑞典共享型劳动关系的三方协作利益协调机制为我们提供了具体参考。尤其是瑞典政府对劳动力市场进行强管制的政策传统值得关注。我们应进一步加强各级工会组织建设，强化政府在劳动关系领域的管控职能，从而为新时代经济高质量发展提供稳定的社会基础。

五、西方合作制经济

（一）西班牙蒙德拉贡联合公司

以西班牙蒙德拉贡联合公司为代表的合作制经济模式推行劳动雇佣资本原则，颠覆了传统资本管理型企业资本雇佣劳动的传统，由在本企业中工作的所有劳动者通过“一人一票”的方式参与企业管理，并分享企业剩余，从而真正实现了劳动者自我管理。经济体制改革的重点是处理好政府和市场的关系，发挥市场在资源配置中的决定作用，并且要更好地发挥政府的作用。微观经济的研究对象就是消费者和厂商（企业）的行为，两者通过价格机制实现市场的一般均衡，而市场是由无数个企业组成的，作为市场经济微观基础的企业是全社会资源配置的个体经济单位，市场的作用就在于把有限的资源分配给能为社会作出更多贡献的企业。西班牙蒙特拉贡合作制企业集团实现了促进经济增长、降低负外部性、增加就业等一系列目标，尤其是它使内部成员参与管理企业并且分享企业剩余，把收入差距控制在一定范围之内，以及它覆盖广泛的社会福利体系等，都无不闪耀着该种企业模式的智慧，以至于吸纳了社会上最优秀的人才和最优质的资源为其所用，对这些资源和生产要素的有效利用又促进了其经济发展，形成一个良性循环机制。目前，我国宏观经济走势体现为“四降一升”，即经济增长速度下降、企业利润下降、PPI（工业品出厂价格）下降、财政收入增幅下降，潜在风险特别是金融风险在上升。面对这样的形势，我们必须要进行结构优化，而结构优化要从企业抓起，关停“僵尸企业”，鼓励以科技创新、降低能耗为主要动力的企业的发展。我们可以引进蒙特拉贡集团“合作、参与、社会责任、创新”的发展理念，借鉴其在企业制度上的成功之处，例如，其在收入分配上缩小收入差距的工资制订方案，其职工持股的股权激励措施，其在环境保护与企业可持续发展上的协调机制，其对员工的在职培训和对科技研发的高度重视等，创立一些有利于经济社会可持续发展的企业，这样自然而然就能促使社会资源流向这些企业，实现资源在全社会范围的合理流动，也发挥了市场在资源配置中的决定作用。当然，在我国，合作制企业要想发展壮大，还要在立法上予以肯定，出台并完善合作制企业的专门法律，作为合作制企业发展的制度保障就显得尤为重要。当然，也不能忽视政府的作用，政府要为合作制企业制定专门的支持和保护政策，以促进合作制企业发展。同时，我们也应采取措施大力支持各种形式的集体经济模式更好的发展。

（二）以色列基布兹

以色列基布兹合作制经济对我国劳动关系的启示可以概括为以下几方面。

第一，成立经济合作企业，各个经济体之间加强合作，互帮互助，共同发展。许多相邻的基布兹已经成立经济合作企业。例如，格拉诺特，由 38 个基布兹共同拥有，给位于伊莫赫弗（Emeq Hefer）、莎伦（Sharon）以及以色列北部的肖姆龙（Shomron）地区的人们提供水果和蔬菜。有的基布兹已经创建了自己区域内的供销合作社，涉及花卉加工厂和包装车间，以实现规模经济和提高营销效率为目标。基布兹拥有 10 个这样的区域合作社，每个从业人员达1000人。这些合作社向全国营销委员会以及像房屋销售（Tnuva）和出口（Agrexco）这样的生产合作社推销自己的产品。单个的基布兹组织可能规模较小，财力有限，而经济合作企业的成立，恰巧可以帮助各个基布兹的发展，取长补短，这不仅有利于基布兹的发展，同时还为以色列国家创造了更多的财富。

第二，依靠生产率的提高和“走出去”来面对外部挑战与威胁。20世纪80年代的以色列的通胀率达三位数字（即100%到999%），再加上过高的利率，将许多基布兹带到了灾难的边缘，也使基布兹运动跌入低潮，基布兹已经积累超过2.25亿万美元的债务。面对如此压力，基布兹意识到了寻求新的收入来源和增加生产率的重要性。基布兹罗哈梅哈格托（Lohamei Hagetao），位于阿卡和纳哈里亚镇之间，通过养殖和经营小型电动冷凝器厂，用以生产大豆食品。他的品牌——蒂瓦尔（Tivall），目前控制着70%的以色列豆制品市场。为了打入国际市场，基布兹联手雀巢公司的附属公司——OSEM。现在蒂瓦尔报告每年有约5500万美元的销售额。第二个基布兹避难所（Hatzor），位于阿什杜德附近，通过模具铸造，提高生产率，扩大养殖含有大豆成分的产品。他们生产焦糖色的大豆颗粒，用于从食品到大豆异黄酮的所有东西，这是更年期妇女的补品。该基布兹的品牌——索尔巴（SOLBAR），已成为多国大豆食品配料的主要生产商。同时，基布兹闻名世界的高效率农业更加值得我们学习。因为农业的发展使得基布兹内各个行业突飞猛进，从而创造了更高的利润。我国现在是家庭分散经营，很难实现规模化和机器化。但是，集体化经营需要一个漫长而艰难的过程，这其中涉及的土地使用权、农民权益的保障等问题急需解决，重新集体化就需要我们多方借鉴，多方考察。提高农业的生产率是当务之急，基布兹的各项农业先进技术是我们学习的首选。

第三，基布兹的组织制度对我国的社会主义新农村建设有参考价值。建设社会主义新农村，在经济上就要促进农村产业结构的调整，来提高农村产业的竞争力，提高务农劳动者的收入。如江苏的华西村、西北的西道口、河南的南街村等。他们发挥了集体主义的优势，集约经营，形成规模经济，从而带动乡镇的发展，提高了农民的生活水平。基布兹也经历了残酷的转型，例如，农民自主选择的权力，表面看会加剧人才流失，而实际上强迫其留下反而会消极怠工，影响集体的工作热情。我国的新农村建设普遍存在土地所有权不明晰、农村劳动力转移与就业、农业生产基础设施薄弱、农村社会保障体系不完善、农村基层组织结构不合理、农村教育及农民素质落后等问题，因此，我国发展农村合作经济组织也要因地制宜，多种形式并存，借鉴基布兹的经验，在民主管理方面，给予社员较大的权力。成员内部的直接民主带动了广大社员的积极性，使人们更容易团结起来。

第四，立法完备。以色列基布兹的长期有效发展与合作社法的设立与完善是分不开的。在 1965 年和 1971 年，以色列的两部合作社法问世了。近些年，合作社的进一步发展需要政府制定更加完备的法律，于是，新的合作社法在 1997 年提出。新法囊括了合作社更加全面的内容，从合作社的成立到成立之后的奖惩制度等 12 个部分都做了详细的规定。立法的设立与完善为合作社的管理设定了标准，为合作社的发展提供了保障。目前，我国还没有一部合作社法，这对合作的发展十分不利，面对商业竞争的市场，合作社的法人地位、税收政策、政府补贴等相关规定都无法明确，因此，我国应尽快制定合作社基本法。

第四章　新时代我国劳动关系的高质量发展

第一节　新时代劳动关系客观环境变化的挑战与机遇

当前，我国劳动关系总体和谐稳定，但由于我们正处于增长速度换挡期、结构调整阵痛期以及前期刺激政策消化期的“三期叠加”期，构建和谐劳动关系的任务依然艰巨繁重。供给侧结构性改革的推进以及新型工业化、信息化、城镇化、农业现代化进程的同步深入，对劳动关系领域产生了很大影响。客观环境的变化使劳动关系高质量发展所面临的任务艰巨，但同时也带来一些新的机遇。

一、新时代劳动关系所处客观环境的挑战

经济新常态下，国民经济转入中高速增长时期。从外部条件看，以往出口驱动的明显动力减弱；从内部条件看，经济下行压力加大，经济结构转型升级压力增加。不少企业实行降薪、裁员、并购重组等方式对应经济下行，更有部分企业在职工安置方面对职工权益保障方面存在缺失，为劳资纠纷埋下隐患。新时代我国劳动关系所处客观环境所带来的挑战主要有以下四个方面。

1. 产能依赖型企业经营困难，职工安置问题压力大。

2013 年，国务院发布《国务院关于化解产能严重过剩矛盾的指导意见》，国家去产能政策的出台将迫使大批量的生产制造型企业，尤其是其中一些低附加值以及能源消耗量大的企业通过关停并转、产权转让、关闭破产等方式加快清理退出市场，产生大规模的失业人员。在 2016 年 3 月召开的全国政协关于去产能人员安置工作会议上，民革中央上交的一份提案显示，产能过剩

产业多集中于劳动密集型行业，具有就业人员数量大的特点。在这一改革过程中预计将带来1000万左右人数规模的劳动力转移，将对就业、社保、劳动力供求市场造成巨大压力。[①] 2017年，国家发展和改革委员会、国家能源局等十六部委联合印发《关于推进供给侧结构性改革化解煤电产能过剩风险的意见》，明确“完善机制，科学调控；企业为主，保障安全；淘汰落后，严控增量；优化存量，转型升级”的原则。在此形势下，虽然国家层面会出台有关人员安置的具体措施政策，但相关企业仍会面临巨大的人员安置压力，其中涉及大批量的劳动合同变更、解除等复杂问题，如果处理不当，势必会引发大规模的群体性劳动争议。按中央部署，2018年是“供给侧改革”的巩固年，根据2018年第三季度CIER指数显示，就业前景较差的行业为能源、矿产、采掘、冶炼等行业，此类行业的CIER指数仍然小于1。[②] 同时，大型设备、机械和重工业部门的劳动力需求下降。根据国务院去产能的目标，2020年会直接影响180万职工就业，其中煤炭行业约130万人，钢铁行业约50万人。[③] 由于劳动力市场流动性机制尚不完善以及职工自身“年龄大、技能低”等问题，职工再就业难度很大。去产能企业面临趋紧的市场环境，会力行降低劳动成本，如延长工作时间又不相应增加工资。并且，下岗职工的社会保障问题也亟待解决。总之，劳资纠纷的发生频率和严重程度都将可能增加。

2. 人口红利消失，劳动力结构性失衡。

2018年，全国16~59周岁的劳动年龄人口为89729万人，占总人口的比重为64.3%，60周岁以上老年人口已达24949万人，占比17.9%。65周岁及以上人口16658万，占比11.9%。[④] 相比于老龄人口增加，新增劳动年龄人口不断减少。从劳动力职业结构的变动情况看，体力劳动者比例逐年下降，产业、商业和专业技术人员的比重逐年上升，其中，农业人员比重从1990年的70.58%下降至2015年的36.6%，生产人员和商业人员从1990年的20.57%上升至2015年的48.29%，管理和技术人员的比例从1990年的

---

① 孙颖：《民革中央建议 安置去产能人员设千亿元专项资金》，《北京晚报》2016年3月9日。

② CIER指数以1为分水岭，大于1表示就业市场中劳动力需求多余劳动力供给，就业市场竞争缓和；小于1表示就业市场前景堪忧，就业信心度偏低。

③ 黄湘闽：《去产能职工就业安置的难点与对策建议》，《山东人力资源和社会保障》2018年第6期。

④ 国家统计局：《人口总量平稳增长 城镇化水平稳步提高》，http://www.stats.gov.cn/tjsj/sjjd/201901/t20190123_1646380.html.

8.8%上升至2015年的14.96%。[①] 可见，我国人口红利逐渐消失，经济的潜在增长率降低。与此同时，劳动力市场出现“用工荒”和“就业难”并存的局面。在东部沿海地区，“招工难”现象已经屡见不鲜，其中，技术人员和高素质人员的短缺尤为突出。如广州自2003年春节出现“用工荒”现象后，这种情况愈发明显。

3. 新业态、新生产方式催生新型劳动关系。

当前，我国劳动争议案件呈现出纠纷类型新型化、复杂化、集体性等特点。同时，伴随着经济下行，劳动者的就业环境也不尽如人意，发生劳动纠纷的概率增加。虽然国家和地方相继出台的一系列法律法规和政策措施取得了一定成效，但劳动关系的紧张局面仍在一定区域内存在。在产业结构方面，近十年的第二产业、第三产业在经济中的占比逐年增加，这反映出国民经济结构的日趋优化，同时伴随着科技的进步与发展，传统生产方式将会走向人工智能、智慧制造模式，而高新技术、大数据、区块链的应用促使劳动关系走向多元化。共享经济模式催生了两种形式的服务者。一种是平台企业员工，他们具有固定的工作场所、详细的劳动合同以及固定的薪金，基本属于标准用工关系。另一种则是“网约工”，这类人群在劳动管理方式以及劳动报酬获取方式上与传统劳动关系下的模式大相径庭。根据国家信息中心公布的数据显示，2017年，我国参与共享经济的服务者已达7000万人，其中“网约工”为6200万人。[②] 任何一种就业形态均是社会生产力发展到一定阶段后的产物，共享平台的产生，使劳动关系不再仅仅是传统纯粹的劳资双方雇佣关系。“互联网+”将个体及生产设备工具紧密连接在一起，家政服务、快递物流等行业的用工形式不断推陈出新，职工流动加速、人员关系更迭频繁等特征引发劳动争议数量激增。并且，新型生产关系还会催生出新生代劳动力价值观的转变。

4. 区域、城乡、行业间收入差距明显。

我国东部、中部和西部由于自然条件、历史文化、人口素质等差异，再加上改革开放以后，先沿海发展，后内地发展的政策，造成了区域经济发展不平衡的局面，东部地区发展迅速，中西部特别是西部地区发展缓慢。如2018年上海居民人均可支配收入达到64183元，浙江为45840元；中部地区如河北人均可支配收入为23446元，天津为39506元；西部地区如新疆为

---

① 张俊良、张兴月：《人口红利理论与中国人口红利问题研究》，《社会科学研究》2018年第6期。

② 汪雁、张丽华：《关于我国共享经济新就业形态的研究》，《中国劳动关系学院学报》2019年第2期。

21500 元，贵州为 18430 元。[①] 在国内的 31 个省市区中，有两个地区率先进入了人均“六万元俱乐部”，分别是上海和北京。东部地区由于自身区位优势以及国家政策的倾斜，成为先富起来的地区，中西部居民收入虽有提升，但跟东部相比还是有很大的差距。城乡收入差距不断扩大，我国的城乡收入差距经历了“U”型发展路径。1978～1985 年，城乡收入之间的倍数从 2.57 迅速下降为 1.53，下降了 40.47%；1985～1986 年，城乡收入之间的倍数从 1.53 上升为 1.69；1986～1988 年，城乡收入之间的倍数从 1.69 下降为 1.51；1988～1995 年，城乡收入之间的倍数从 1.51 上升为 1.95；1995～1997 年，城乡收入之间的倍数又从 1.95 缓慢下降为 1.83；1997～2009 年，城乡收入之间的倍数从 1.83 上升为 3.33，达到改革开放以来的最高点。2010～2014 年连续缩小，2014 年为 2.75 倍，2015 年为 2.73 倍，但还是处于较高水平。2016 年全国居民收入稳定增长，城乡差距继续缩小。城乡居民人均收入倍差 2.72，比上年缩小 0.01。2017 年，城乡居民收入倍差为 2.71。[②] 2018 年，城镇居民人均可支配收入为 39251 元，扣除价格因素，实际增长 5.6%。农村居民可支配收入 14617 元，扣除价格因素，实际增长 6.6%。[③] 从绝对差距角度来看，从 1978 年的 210 元增加到 2009 年的 12021.5 元。从前几年的数据来看，2013 年的绝对差距为 17037.4 元，2014 年的绝对差距为 18355 元，2015 年的绝对差距为 19773.1 元，2016 年的绝对差距为 21252.8 元，2017 年的绝对差距为 22963.8 元，[④]城乡收入绝对差距愈发扩大。以上这些还仅仅是可以统计的城乡收入差距，如果把城镇居民所享受的不可统计的各种隐性收入加进来，实际的城乡居民收入差距恐怕可能还会更大。以城镇非私营单位为例，1978 年我国最高收入行业和最低收入行业之间的工资差距是 1.38 倍，1990～2005 年开始连续扩大，2015 年是 4.88 倍，随后，2006～2013 年开始逐步缩小，2013 年是 3.86 倍。2014 年我国城镇单位人员平均工资为 56360 元，其中，采矿业，交通运输业，仓储和邮政业，教育、卫生、文化、体育和娱乐业就业人员平均工资高于全国平均水平，金融业就业人员与信息传输、软件和信息技术服务业就业人员平均年薪均突破 100000 元，农、林、牧、渔业最低，平均工资为 28356 元。最高平均工资与最低平均工

---

① 数据来源：根据各省统计年鉴整理而得。

②④ 国家统计局：《中国统计年鉴 2018》，中国统计出版社 2018 年版。最后结果通过整理而得。

③ 国家统计局：《2018 年国民经济和社会发展统计公报》，《人民日报海外版》2019 年 3 月 1 日。

资比例为3.56。2015年城镇非私营单位平均工资为62029元，其中，平均工资最高的行业为金融业，达到114777元，平均工资最低的行业为农、林、牧、渔业，平均工资为31947元。前者为平均工资水平的1.85倍，后者为平均工资的0.52倍，行业收入差距明显。2017年，平均工资最低的收入群体为城镇私营单位中从事农、林、牧、渔业的工作人员，平均工资为34272元。最高收入的行业为城镇非私营单位中的信息传输、软件和信息技术服务业，平均工资达133150元，两者相距3.89倍。[①] 从低收入行业来看，30多年来没有发生任何变化，每年都是农、林、牧、渔业。最高的收入行业，不同的年份有所不同，高收入行业大多数都有一个明显的行政垄断特征。

二、新时代劳动关系所处客观环境的机遇

客观环境的变化也为我国劳动关系高质量发展提供了很多机遇。党的十九大报告指出，要完善政府、工会、企业共同参与的协商协调机制，构建和谐劳动关系。[②] 党的十九届四中全会指出，要健全劳动关系协调机制，构建和谐劳动关系，促进广大劳动者实现体面劳动、全面发展。在党中央的正确领导下，劳动关系治理方面的相关法律法规不断完善，政策出台更加科学规范以及集体协商模式日趋成熟都有利于促进劳动关系和谐。

1. 以法律形式规范劳动协调机制。

《劳动合同法》是调整劳动关系最为直接和重要的法律，同时《劳务派遣暂行规定》《劳动保障监察条例》等一系列法律法规和有关政策性文件的实施，为劳动者维护合法权益提供了法律依据。2015年3月，党中央、国务院印发《关于构建和谐劳动关系的意见》，这是为做好新时代劳动关系工作的纲领性文件；劳动关系三方协调机制建设、各类专项检查和行动、和谐劳动关系创建活动和综合试验区建设试点工作全面开展，进一步提升了劳动关系运行效能。政府部门加强对重点领域的日常监察和执法，切实加强劳动保障监察执法工作，确保相关法律法规的全面实施。

2. 劳动力供求状况新变化有利于体面劳动的形成。

人口红利的消失意味着劳动力供求状况的改变，老龄人口达到退休高峰

---

① 国家统计局：《中国统计年鉴2018》，中国统计出版社2018年版。

② 习近平：《决胜全面建成小康社会 夺取新时代中国特色社会主义伟大胜利》，人民出版社2017年版。

期，适龄劳动者可能会有更多的工作机会。工会等组织适时大力开展劳动者素质和技能提升培训，有助于适龄劳动者更好地就业和实现其诉求的多元化。党的十九大报告指出，要实现更高质量的就业。这就是说要促进体面就业，亦即体面劳动。体面劳动是对应当下劳动力市场及其未来发展的客观需要，它不仅表现在薪金工资方面，更表现在工作环境、福利保障等方面。正如习近平总书记所指出，“坚持社会公平正义，排除阻碍劳动者参与发展、分享发展成果的障碍，努力让劳动者实现体面劳动、全面发展。”[①] 在“人口红利”消失的客观形势下，劳动力供求关系发生改变，适龄劳动者的素质提升和相关部门维权力度的加大有助于体面劳动的形成。

3. 集体协商和集体合同制有利于促进劳动关系主体多元化。

劳动关系治理主要是政府、工会和企业通过三方协调机制来平衡劳资双方的利益，促进和谐劳动关系构建。新时代下，个别劳动关系与集体劳动关系叠加，集体劳动关系形态成为新趋势。劳动者通过集体行动的表现形式，运用“用手投票”权来实现自身的权益。习近平总书记提出了“以人民为中心”的发展理念，新时代国民经济的发展重在质量提升，政府将更为公平地对待劳资双方的诉求，《工资集体协商试行办法》《工会法》《劳动法》《劳动合同法》等法律法规对劳动者的相关权益进行了明确界定。政府相关部门以实施“彩虹计划”为抓手，推进集体合同制度建设，集体协商和集体合同覆盖范围不断扩大，避免形式主义。有关部门不断加强集体协商工作分类指导，把非公有制企业作为突破口和关键点，把握“因企制宜、分企施策”的原则，使集体协商成为一场以指标为导向的体制内部考核和评估。随着国家治理体系和治理能力的现代化水平不断提升，劳动关系的治理主体将进一步多元化。其中一个重要表现是社会组织将作为“第四方”发挥积极作用，社会组织主要由社会团体、基金会和民办非企业单位组成，在现代化经济体系建设中的作用不容忽视。同时，传统的三方协调机制内部，也将随着经济结构的多元化和劳动市场的分化而发生变化，比如行业协会和行业工会在劳动关系的建设中作用凸显。

4. 劳动争议调解仲裁水平提升有利于缓解劳资矛盾。

人力资源和社会保障部在全国范围内推进基层调解组织建设和仲裁机构实体化建设，推进调解仲裁信息化建设，努力提升现代化劳动争议处理效能。

---

① 习近平：《在同全国劳动模范代表座谈时的讲话》，《人民日报》2013 年 4 月 29 日。

《中华人民共和国劳动争议调解仲裁法》《劳动人事争议仲裁办案规则》等法律不断完善仲裁办案制度。2018 年前三个季度，全国劳动人事争议调解仲裁机构共处理劳动人事争议案件 129.7 万件，办结案件 117 万件，调解成功率 67.7%，仲裁结案率 88.9%。[①] 在部分劳动关系争议案件中，新媒体平台使社会关注度更强。随着信息化建设的不断推进，劳动争议调解方式将更为多样化和更富有效率，劳动、工会、司法、信访、法院、工商联等多部门联动成为常态，劳动争议调解仲裁水平稳步提升。

第二节 新时代劳动关系治理存在的主要问题

当前，因劳动报酬、劳动合同变更、社会保险等一系列问题引发的劳动关系矛盾备受关注，因劳资纠纷引发的群体性事件时有发生，劳动关系协调难度日益加大。新时代我国劳动关系要实现高质量发展所面临的主要问题如下所述。

一、隐性失业问题短期内难以缓解

隐性失业是指大批熟练工人不得不从事非熟练工作，造成社会生产率远低于潜在的生产率现象。在我国隐性失业人口分为城镇职工、农村剩余劳动力和高校毕业生三类。就城镇职工而言，主要在于一些国有企业人事体制僵化、人事管理松散，这些隐性失业者影响了生产效率。当前，我国农村劳动力市场接近饱和，大量剩余劳动力需要向城镇的第二、第三产业转移却无法全部就业，他们滞留在城镇成为隐性失业人口。高等院校毕业生“就业难”的问题同样突出。据《2018 中国大学生就业质量研究》数据显示，2017 年本科毕业生就业率为 87.03%，[②] 毕业生隐性失业者当中只有少数人在继续找工作，多数人则处于隐性失业状态。以高等教育基础较好的黑龙江省为例，2017 年，黑龙江省普通高校毕业生共计 214519 人。其中，研究生毕业 18829

---

① 中华人民共和国人力资源和社会保障部：《人社部举行 2018 年第三季度新闻发布会》，http://www.mohrss.gov.cn/wap/xw/rsxw/201810/t20181031_303917.html.

② 新锦成研究院：《2018 中国大学生就业质量研究》，http://www.ceiea.com/html/201806/201806261642573266.shtml.

人，本科生毕业124535人，高职高专院校毕业71155人。截至2017年9月1日，全省普通高校毕业生初次就业率为80.90%，其中，研究生毕业就业率为82.81%，本科生毕业就业率为80.99%；高职高专院校毕业就业率为80.22%。[①] 由此可见，我国劳动力市场的隐性失业现象比较严重，伴随着经济下行对企业造成的压力，隐性失业问题在短期内还无法缓解。

二、劳动者权益保障的问题依旧突出

根据近年来各省区市检查《劳动法》《劳动合同法》实施情况的报告看，劳动者权益受侵害的现象虽然有所减少，但问题仍有不同程度的存在。当前，农民工的就业权益保障工作亟待完善，主要体现在以下两个方面：一是立法方面，存在法律法规的位阶较低、法律体系内存在矛盾、部分法律法规内容的制定不尽合理、内容有所缺失等问题；二是执法方面，存在有法不依、执法不力、执法不公，政府部门权责不清等问题。受城乡二元结构影响，农民工不享受与城镇职工同等的权益，因而市场规律对农民工劳动力市场调节的作用就难以完全发挥，加之政府部门的宏观调控指导和服务引导工作不到位，农民工进城就业具有盲目性、季节性以及波动性特征，容易引发劳动关系矛盾。

《劳动合同法》实施后，大多数省区市规模以上企业劳动合同签订率达到90%以上，但还不够规范，导致劳动者权益受到侵犯时诉诸无门；劳务派遣比例扩大，但在派遣契约上，雇主的责任没有明确划分或者予以全面约定，当劳动者权益受到侵害时，劳务派遣单位和用工单位间会相互推诿；处于优势地位的用人单位以试用期条款来规避单方解除劳动合同，延长试用期限、压低试用期工资；最低工资保障制度没有全面执行，劳动者整体工资福利水平偏低，社会保障偏差，社会保险覆盖不足。例如，上海市从2019年4月1日起上调最低工资标准，从月工资的2420元上涨到2480元，每小时最低工资从21元增加至22元（德国2019年的最低时薪为9.19欧元），[②] 但其他省份并没有就此开展相应举措。同工不同酬、同工不同权、分配不公等现象依然存在，减少加班费甚至不给加班费屡见不鲜，工资正常增长机制尚未形成，

① 黑龙江省教育厅：《黑龙江省2017年普通高校毕业生就业质量报告》，https://www.51test.net/show/8852243.html.

② 罗菁：《沪4月起调整部分民生保障待遇标准》，《劳动报》2019年3月29日。

出现了劳动者不得已的极端维权行为，如“跳楼讨薪”“跳桥讨薪”“堵路讨薪”等。据《2014～2016年度全国劳动争议纠纷大数据报告》显示，工资待遇纠纷拖欠或克扣工资问题占劳动争议案件比例最高；休息权和劳动权同为宪法所规定的基本权利，但企业往往忽视劳动者的休息权，超时加班现象较为严重，甚至向其灌输牺牲个人休息时间是工作进步的表现；一些企业对劳动者的人格缺少尊重，甚至在某些银行、外企工作的职员会遭受扣押暂住证而被限制人身自由的行为；职工的发展需求被忽视，未能给工人提供技能、知识提升培训和学历提升培训的机会，缺乏晋升的机会；劳动条件差，存在许多安全隐患，职业病和工伤事故频繁发生；劳动保障监察力度不足，劳动争议处理周期长、效率低等。

在劳动争议处理中，劳动者体制内的利益表达受阻。我国劳动力供给相对过剩、可替代性强而资本相对稀缺，这会导致资方强势。一些企业劳动合同及社会保险缺失，劳动者出事故后难以维护自身权益；企业在改制、并购中漠视劳动者知情权和表决权，劳动者合法权益易受到资方侵害，其实际获得的权利与法理上应有的权利仍有较大差距；部分企业工会不吸收劳务派遣工的加入，拒绝与劳务派遣工签订委托管理协议；一些职工代表大会形同虚设，工人代表的比例严重不足，因而缺乏话语权。在非公有制企业中，工会组建率和劳动者入会率低，工会“经费少、活动少、地位低、依附性强”的特点明显。因此，雇主在劳动者的雇用和辞退、劳动条件的确定、工资报酬标准及劳动管理和奖惩等重大问题上具有绝对主导权，劳动者只能充当被动接受者。对于很多劳动者来说，工资是维持家庭生活的重要保障，面对自己的权益被损害的现实，他们会选择“忍气吞声”，如少数矿工或建筑业农民工“自愿”与雇主签订一边倒的“霸王合同”甚至“生死合同”。而一些地方政府为维护本地区劳动力低成本，忽视劳动者权益维护。因而在合法权益受到侵害但得不到有效申诉的情况下，会出现罢工等群体性事件甚至极端社会事件。

三、劳动争议与群体性事件数量有所上升

劳动争议是指用人单位与劳动者之间发生的有关劳动权利和义务的争议以及用人单位或雇主组织与工会基于集体交涉、集体协商而发生的争议，它不仅涉及经济利益问题，也关系到社会稳定和谐。新时代下，我国劳动关系

处于快速转型时期，集体协商开展起来并不顺畅，企业内部的工会组织在一定程度上依附于政府和企业，未能有效地发挥保护劳动者权益的作用，使劳动者往往采取非平和的方式来维护自己的正当权益，群体性劳动争议事件时有发生。

2014～2018 年的劳动争议案件中，制造业行业事发频率最高，第二、第三位分别是批发零售业以及建筑业。2014～2018 年，我国劳动争议类案件数量从 24.6 万件上升至 48.4 万件。其中，2017 年数量最高，达 55.2 万件。①

现有的成文法规将我国劳资集体争议分为三种类型：集体劳动争议、集体合同争议和集体行动争议。

集体合同争议是市场经济条件下最普遍的争议，劳资集体争议一般都是在集体谈判中对于集体合同内容产生纠纷而引发的。截至 2017 年 9 月底，全国共签订集体合同 246 万份，覆盖企业 644.1 万家。② 但在 246 万份集体合同的履行中，集体合同争议案件却为数极少，特别是因签订集体合同的争议更是寥寥无几。在《中国劳动统计年鉴》中，更是没有集体合同争议的统计条目。原因在于很多集体合同签订和履行普遍存在走过场的问题，没有起到真正的协商谈判作用。

四、劳动报酬占比偏低

改革开放以来，社会主义建设事业取得了伟大的成就，城乡居民的收入水平有了极大提升。习近平总书记提出“以人民为中心”的发展观，并强调“让人民体面的劳动，有尊严的生活”③。人民对美好生活的追求，离不开就业与收入。一段时间以来，经济下行的压力、产品市场的竞争以及劳资力量的显著差距使劳动者的实际工资与劳动边际产出相悖，劳动报酬占 GDP 的比重较低，收入差距扩大。

我国经济发展取得巨大成就的过程中劳动报酬在初次分配中的比重较低，使不少劳动者勤劳致富的目标很难实现。劳动报酬占比偏低，主要表现在劳动分配率较低、居民收入在国民收入分配中的比重较低和城镇居民人均可支

---

① 张嘉昕：《新时代高质量发展下的和谐劳动关系构建》，《学术研究》2020 年第 5 期。

② 全国总工会：《签订集体合同企业达 644.1 万家 覆盖职工近 3 亿》，http://news.sina.com.cn/o/2018-01-14/doc-ifyqptqv9149123.shtml.

③ 习近平：《在第十二届全国人民代表大会第一次会议上的讲话》，《人民日报》2013 年 3 月 17 日。

配收入、农村居民人均纯收入的增长率低于 GDP 的增长率三个方面。劳动分配率是企业人工成本占企业增加值的比重，是反映 GDP 初次分配中劳动报酬高低的重要指标。当前，我国的劳动分配率处于较低水平，说明劳动者工资收入在初次分配中的比重是比较低的，即在 GDP 初次分配中劳动报酬的比重偏低；国民收入分配格局是指企业、政府、居民等可支配性收入在国民收入分配中的比例关系。从横向比较，国民收入分配格局近十几年来发生了巨大变化，居民部门收入占比较低，企业和政府部门的比重逐年上升。

见表 4－1，从城镇居民人均工资收入来看，1978～2017 年的年均增速为 13.08%，低于全国公共财政收入 13.76% 的平均增速，同期我国 GDP 的年均增长率为 9.5%。除 20 世纪 90 年代个别年份外，财政收入占 GDP 的比重在大多数年份均高于职工工资总额占 GDP 的比重。[①] 1998～2010 年，两者差距逐年拉大，党的十八大以后这一情况得到改观。2017 年，这两个比重分别为 20.87% 和 15.7%，其差距已有很大缩减。可喜的成绩体现在我国城镇非私营、私营单位就业人员年平均年薪在 2017 年分别为 74318 元和 45761 元，扣除物价因素，同比实际增长分别达 8.2% 和 5%。[②] 尔后，来看 2000 年以来我国国民收入的基本格局，居民部门的收入占比在 57.5%～66.1%，2014 年为 61.1%，与多数国家相比处于较低水平。在发达国家中，这一比例一般在 64% 左右，美国更高，为 75%[③]；同时，在经济快速发展阶段，我国居民收入的增长滞后于 GDP 增长的速度。根据国家统计局数据显示，2018 年我国居民收入增长率（扣除价格因素）为 6.5%，低于我国 GDP 增长率 6.6%。[④] 根据人力资源与劳动社会保障部的调查统计，2018 年全国农民工总量达到 2.88 亿人，其中外出农民工 1.72 亿人，外出农民工月平均收入只有 3721 元。[⑤] 并且，这来自大部分农民工每周 45 个小时甚至更多的辛勤劳动。同时，城镇职工的人均可支配收入低于同期的人均 GDP。2018 年，城镇居民人均可支配收入比上一年增长 7.8%，扣除价格因素后，实际增长率为 5.6%，低于我国人

---

① 数据来源：Wind 数据库。

② 国家统计局历年资料。

③ 时红秀：《如何看待国民收入分配格局与收入分配的关系》，《中国经济时报》2017 年 3 月 31 日。

④ 国家统计局：《2018 年国民经济和社会发展统计公报》，《人民日报（海外版）》2019 年 3 月 1 日。

⑤ 国家统计局：《2018 年经济运行保持在合理区间 发展的主要预期目标较好完成》，http：//www.gov.cn/shuju/2019－01/21/content_5359673.htm.

均 GDP 增长率的 6.1%。[①]

表 4-1 中国职工工资增长与其占 GDP 比重（1978～2017 年）

年份	国内生产总值（亿元）	工资总额（亿元）	工资总额的比重（%）
1978	3678.7	568.9	15.46
1985	9098.9	1383.0	15.20
1992	27194.5	3939.3	14.49
1999	90564.4	10155.9	11.21
2000	100280.1	10954.7	10.92
2001	110863.1	12205.4	11.01
2002	121717.4	13638.1	11.20
2003	137422.0	15329.6	11.16
2004	161840.2	17615.0	10.88
2005	187318.9	20627.1	11.01
2006	219438.5	24262.3	11.06
2007	270232.3	29471.5	10.91
2008	319515.5	35289.5	11.04
2009	349081.4	40288.2	11.54
2010	413030.3	47269.9	11.44
2011	489300.6	59954.7	14.52
2012	540367.4	70914.2	13.12
2013	595244.4	93064.3	15.63
2014	643974.0	102817.2	15.97
2015	689052.1	112007.8	16.26
2016	722127.2	120074.8	16.63
2017	827121.7	129889.1	15.70

资料来源：国家统计局：《中国统计年鉴 2018》，中国统计出版社 2018 年版。最后结果通过整理而得。

在这种劳动者获取的报酬较低的情况下，收入分配差距在国有企业、民

① 国家统计局：《2018 年国民经济和社会发展统计公报》，《人民日报（海外版）》2019 年 3 月 1 日。

营企业及外资企业中日益明显。国有企业中，经营管理者阶层和工人阶层之间的收入分配悬殊。从2002年起，中国国有企业开始推行工资制和年薪制，即国企高级管理者实行年薪制，普通员工仍然是工资制，并规定高管年薪不得超过职工平均工资的12倍，但随着经济发展和国企盈利的增长，这一比例早已被突破，即使国家在2009年出台的《关于进一步规范中央企业负责人薪酬管理的指导意见》以及2012年出台的《关于改进和完善国有企业领导薪酬收入分配管理工作的指导意见》，也由于其缺乏具体规定，尚未发挥应有作用，获得工资的广大劳动者阶层与获得年薪的高层管理人员的差距日渐扩大；民营企业劳动者的工资水平长期被严重压低，许多民营企业是按国家规定的最低工资标准支付工资，有些企业甚至将劳动者的工资压到最低工资标准以下，而且“白条”现象严重；同时，不少外资企业对中外员工实行同工不同酬的差别待遇，对中国员工存在待遇歧视，致使中国员工对薪酬存在不公平感。

五、劳动关系的文化认同程度不理想

劳资关系既是一种经济关系也是一种文化关系，或者说，每一种类型的劳资关系都包含有与之相适应的文化内涵，包含着人们对劳资关系双方的价值认识、判断，这种价值判断实际上就是一种劳资理念，它在一定程度上决定了劳资关系的状态及劳资双方处理彼此关系的方式。文化认同是和谐劳动关系的基础，若劳资双方在文化上得到认同，必然会引导劳动关系向着高质量的方向发展。一般而言，企业文化是以资本方或用人单位为主导的文化，因此，它又被称为雇主文化或老板文化。劳动者文化，又称劳工文化或雇员文化，是一个企业所有成员共享并传承给新成员的一套价值观、共同愿景、使命及思维方式。就其性质而言，是一种以社会劳动关系中一方的劳动者为主体的、以劳工权益为核心内容的群体文化。这两种文化在建立一种具有参与约束和激励相容条件的机制基础上并不矛盾，如企业加强对职员的人文关怀、树立共赢理念等，但企业内部的现实情况是：两种文化代表着不同的利益主体和利益客体，追求各自的利益最大化。

众多企业所有者将提供就业岗位作为自己履行社会责任的表现，在观念上容易滋生恩赐心理，认为是自己为劳动者提供了工作机会，劳动者应该任劳任怨，不计报酬，而并没有将职工看作企业的合作伙伴，更没有认识到劳动者是企业物质财富和精神财富的创造者，是维持企业生存与发展的核心要素，而是简单地将劳动者看作被购买的商品。在这种心理的支配下，企业主一方较难产生与劳方沟通协商的平等意识和民主意识。再基于对利润的独占和职工工资收入刚性的矛盾，劳动关系主体间的行为发生扭曲，甚至走向冲突和混乱。

经济新常态下，劳动者的经济压力和生存压力较大，对劳动精神缺乏认识，产生不自信，多以“打工者”自称等。在雇主文化的思维定式下，一些劳动者把职业当作谋生的手段，把工作作为任务去完成，对待职业持消极、退让、等待、依赖和推诿的态度，不能保质保量地完成自己的工作，违背了社会主义市场经济条件下劳动关系主体间正常的契约精神。同时，当今社会存在片面追求“短、平、快”（投资少、周期短、见效快）带来的利益不良现象，部分劳动者存在不劳而获、好逸恶劳的错误思想。“钱多多干，钱少少干，没钱不干”成为一些人的信条，“爱岗敬业、争创一流，艰苦奋斗、勇于创新，淡泊名利、甘于奉献”的劳模精神逐渐被淡化，工匠精神愈发缺乏。

第三节　新时代劳动关系高质量发展的基本原则

社会和谐稳定是劳动关系高质量发展的最根本前提，和谐社会的基本内涵是各种社会关系的和谐。作为人类的本质活动，劳动创造世界，劳动创造历史。劳动光荣、创造伟大是对类文明发展史的核心诠释。2018 年 12 月，习近平总书记在庆祝改革开放 40 周年大会的讲话指出：“建立中国共产党、成立中华人民共和国、推进改革开放和中国特色社会主义事业，是五四运动以来我国发生的三大历史性事件，是近代以来实现中华民族伟大复兴的三大里程碑。”[①] 在这些历史性事件和里程碑中都闪烁着广大劳动人民的光辉足迹。劳动关系是社会生产关系中最基本的组成部分，深刻影响着经济结构的形成与发展，而经济结构的稳定决定了社会结构的稳定。实现劳动关系高质量发展是构建和谐社会的必然要求，也是我国在新时代下保持稳定发展的必要条件，对于推动实现“两个一百年”奋斗目标和中华民族伟大复兴的中国梦具有重要的理论和现实意义。

---

① 习近平：《在庆祝改革开放 40 周年大会上的讲话》，中国共产党新闻网 2018 年 12 月 10 日。

一、实现劳动关系高质量发展的指导思想

在党的十九大报告中，习近平总书记强调，完善政府、工会、企业共同参与的协商协调机制，构建和谐劳动关系。[①] 这一论断为我国在今后打造适应中国特色社会主义劳动关系协调机制指明了方向。习近平总书记指出，努力构建中国特色和谐劳动关系，是坚持中国特色社会主义道路、贯彻中国特色社会主义理论体系、完善中国特色社会主义制度的重要组成部分。党的十九大提出要提高、保障和改善民生水平，要在发展基础上多办利民实事、多解民生难事，兜牢民生底线，不断提升人民群众的获得感、幸福感、安全感。

要构建社会主义和谐劳动关系，我们必须正确认识我国劳动关系的社会主义性质。劳动关系产生于生产关系内部，特定社会中的劳动关系取决于其所处社会的生产力和生产关系、生产方式和社会制度。我国工人阶级和劳动者是国家和社会的主人地位，我国劳动关系的社会主义性质两者从未改变。劳动关系双方在根本利益上是一致的，劳动关系领域存在的一些矛盾，是在根本利益一致基础上的具体利益差别的矛盾，属于人民内部矛盾。我国劳动关系的性质决定了在构建中国特色和谐劳动关系过程中，必须坚持中国共产党的绝对领导，坚持走中国特色社会主义道路，把遵循劳动关系一般规律与适应我国根本政治制度、基本经济制度等具体国情结合起来，通过加强劳动关系双方的合作、协商、协调和依法调处来预防和化解矛盾。党和国家历来高度重视构建和谐劳动关系，制定了一系列法律法规和政策措施并作出了工作部署。

改革开放 40 多年来，我国进行了以市场化为方向的改革措施，在劳动关系质量方面基本形成了顶层设计与基层摸索相结合的模式，不断推进法治思维与法治方式。1995 年《劳动法》的实施，初步建立了适合我国国情的劳动关系协调机制总体脉络。2006 年 10 月，中共十六届六中全会通过《关于构建社会主义和谐社会若干重大问题的决定》（以下简称《决定》)。《决定》首次提出“发展和谐劳动关系”，并将其作为推进以改善民生为重点的社会建设、构建和谐社会的重要任务。2011 年 8 月，全国构建和谐劳动关系先进

---

① 习近平：《决胜全面建成小康社会 夺取新时代中国特色社会主义伟大胜利》，人民出版社 2017 年版。

表彰暨经验交流会召开。这次会议是改革开放以来，第一次全国性研究部署构建和谐劳动关系的工作会议，也首次明确把构建和谐劳动关系作为一项重要而紧迫的政治任务，是增强党的执政基础的重要举措。2013 年 11 月，在中共中央颁布的《中共中央关于全面深化改革若干重大问题的决定》中，要求健全促进就业创业体制机制，创新劳动关系协调机制，提高劳动报酬在初次分配中的比重。2015 年 3 月，中共中央、国务院颁布施行《关于构建和谐劳动关系的意见》（以下简称《意见》）。《意见》强调了构建和谐劳动关系的指导思想、工作原则与目标任务，在新的历史条件下要增强使命感与责任感，加强民主管理制度建设。2015 年 4 月，在庆祝“五一”国际劳动节暨表彰全国劳动模范和先进工作者大会上，习近平总书记发表讲话，称劳动关系是最基本的社会关系之一。要求最大限度增加和谐因素、最大限度减少不和谐因素，构建和发展和谐劳动关系，促进社会和谐。同时要求依法保障职工基本权益，健全劳动关系协调机制，正确处理劳动关系矛盾纠纷。

以习近平同志为核心的党中央准确把握新时代下我国劳动关系发展的机遇，加强了党对劳动关系协调的领导作用，通过加强劳动关系双方的合作、协商、协调和依法调处来预防和化解矛盾，牢牢把握我国工人运动的时代主题，为实现高质量发展贡献智慧和力量。《关于进一步加强劳动人事争议调解仲裁完善多元处理机制的意见》以及《新时期产业工人队伍建设改革方案》等方案意见的颁布更是体现了我国和谐劳动关系以人民为中心的发展理念。2017 年 10 月，在中国共产党第十九次全国代表大会上，习近平总书记提出要保障和改善民生水平，指出要抓住人民最关心、最直接、最现实的利益问题，提高就业质量和人民收入水平。要坚持就业优先战略和积极就业政策，实现更高质量和更充分就业。大规模开展职业技能培训，注重解决结构性就业矛盾，鼓励创业带动就业。提供全方位公共就业服务，促进高校毕业生等青年群体、农民工多渠道就业创业。破除妨碍劳动力、人才社会性流动的体制机制弊端，使人人都可以通过劳动实现自身的发展。完善政府、工会、企业共同参与的协商协调机制，构建和谐劳动关系。坚持按劳分配原则，完善按要素分配的体制机制，促进收入分配更合理、更有序。鼓励勤劳守法致富，扩大中等收入群体，增加低收入者收入，调节过高收入，取缔非法收入。坚持在经济增长的同时实现居民收入同步增长、在劳动生产率提高的同时实现劳动报酬同步提高。拓宽居民劳动收入和财产性收入渠道。履行好政府再分配调节职能，加快推进基本公共服务均等化，缩小收入分配差距。2019 年

3月，国家协调劳动关系三方会议第二十四次会议在首都北京召开，会议总结我国2018年三方会议的工作，分析当前我国劳动关系新形势。会议强调要扎实做好2019年劳动关系的各项工作，并且着力防范和化解劳动关系领域重大风险。2019年10月，党的十九届四中全会《中共中央关于坚持和完善中国特色社会主义制度、推进国家治理体系和治理能力现代化若干重大问题的决定》将“以按劳分配为主体、多种分配方式并存”与“以公有制为主体、多种所有制经济共同发展”和“社会主义市场经济”并列起来，将按劳分配上升为社会主义基本经济制度的高度，使分配制度的内涵和实现机制都更加明确。

综上所述，我党历来高度重视构建和谐劳动关系，力图实现劳动关系高质量发展，健全和完善和谐劳动关系平台，制定了一系列法律法规和政策措施并作出工作部署。各级党委和政府认真贯彻落实党中央和国务院的决策部署，取得了积极成效，总体保持了全国劳动关系和谐稳定。

二、中国特色社会主义劳动关系的时代内涵

劳动关系是人类社会在物质生产过程中形成的基本社会关系，它反映了人与人之间的经济关系。从性质上看，在当代社会中劳动关系有两大类型：一种是资本主义性质的劳动关系，以私有制为基础的资本主义生产关系表现在劳动关系上是双方根本利益的对立性。实际上，劳动者与资本家的关系不是在一种特定社会制度下人与人的关系，而是一种资本家与生产要素之间人与物的关系。至于资本家与劳动者之间所包含的人与人之间的社会关系，则被隐藏在厂商理论的“黑箱”之中了。另一种是社会主义性质的劳动关系，以公有制为基础的社会主义生产关系表现在劳动关系上是根本利益的一致性。我国的劳动关系是具有社会主义性质的劳动关系，这由我国国情、政体及劳动关系双方目标共同性、利益一致性决定。党和国家是包括职工群众在内的广大人民群众根本利益的代表者，职工是国家的主人，企业所有者和经营者也是中国特色社会主义事业的建设者。劳动关系双方是矛盾的对立统一体，虽然不同的利益群体有不同的具体利益，在社会生产过程中会发生矛盾，但这种矛盾是社会主义的生产者与经营者、劳动者与建设者之间的矛盾，不具有根本的对抗性，能够在协商、协调的基础上得以解决。劳动关系双方根本利益的高度一致性和具体利益的相对差异性，是新时代下我国社会主义新型

劳动关系的特点，决定了社会主义劳动关系的本质是和谐的。

随着中国特色社会主义进入新时代，我国社会的主要矛盾已经转化为人民日益增长的美好生活需要和不平衡、不充分的发展之间的矛盾。我国解决了十几亿人口的温饱问题，总体上实现小康，即将全面建成小康社会，人民美好生活日益广泛，不仅对物质文化生活提出了更高要求，而且在民主、法治、公平、正义、安全、环境等方面的要求日益增长。同时，我国社会生产力水平总体上提高显著，社会生产能力在很多方面进入世界前列，更加突出的问题是发展不平衡、不充分，这已成为满足人民日益增长的美好生活需要的主要制约因素。我国社会主要矛盾的变化是关系全局的历史性变化，对党和国家工作提出了许多新要求。要在继续推动发展的基础上，着力解决好发展不平衡、不充分的问题，大力提升发展质量和效益，更好地满足人民在经济、政治、文化、社会、生态等方面日益增长的需要，更好地推动劳动者的全面发展、社会全面进步。

面对新时代下我国劳动关系呈现的新特点与新问题，我们应坚持以习近平新时代中国特色社会主义思想为指导，不断治理和完善劳动协商机制，打造和谐劳动关系局面，确保我国劳动关系呈现高质量发展态势。改革开放40多年来，我国劳动关系经历了三大转型：技术转型、核心制度转型和体制转型。在技术层面，经历着从农业社会向工业化社会的转型；在核心制度层面，经历着从单一公有制向多种所有制并存的转型；在制度保护层面，经历着从计划经济体制向市场经济体制的转变。现阶段，我国劳动关系之所以比以前更紧张，是因为这三种转型力量汇聚在一起，进入了新的“拐点”时期，这一新的时期所呈现的时代内涵主要体现在以下六个方面。

（1）党和国家高度重视和谐劳动关系构建。习近平总书记的重要讲话、党的工作会议、党和国家出台的意见措施，以及党的十九大报告均凸显了我国将劳动关系治理放在了前所未有的高度。全国多个地区的政府劳动部门努力适应经济变化形势，提高最低工资标准；积极推进集体协商，引领企业和员工树立利益共同体意识，如浙江省超过90%的民营企业认为企业与员工应形成利益共同体意识；不断完善以市场为导向的工资指导价位机制，促进收入分配合理有序。同时，部分地区积极开展和谐劳动关系企业的评估与评比工作，如苏州市人社局进行的“苏州市劳动关系和谐企业”复评工作，充分体现出我国为促进和谐劳动关系企业建设所作出的巨大努力。新时代下，我国明确提出要建立党领导下的和谐劳动关系治理体系，这是我国新时代劳动关系的本质特征和优势所在，更是我国劳、资、政三方和谐共处的重要保障。

（2）新时代劳动关系建立与运行复杂程度加大。从用工主体上来看，不同所有制和不同规模的企业，传统企业和高科技企业大量并存，劳动关系复杂化程度加深；从用工方式上来看，存在长期工和短期工，直接用工和派遣用工，还有计件工、计时工和新型网络用工等多种形式，用工形式呈现多元化；从职工利益诉求来看，“发展型”利益诉求或成为常态。我国劳动者的利益诉求近年来出现较大的变化，早期劳动者主要是根据法律所规定而展开的利益诉求，大多围绕工作时间、社会保障等基础性权益，普遍受国家法律法规保护。而在新时代下，劳动者们不仅具有传统“法定型”利益诉求，并且逐步形成一定的自我保护意识，更多新生代劳动力成为主体，他们向往高薪的报酬、良好的工作环境、更加畅通的上升渠道，其利益诉求呈“发展型”的变化，主要诉求目标为以工资为中心的待遇诉求；从劳动关系稳定性来看，我国劳动关系主要由之前的终身雇用制、单位制依附等关系转变为工人阶级的职业发展自由程度的提升，与此同时，伴随着企业生产经营状况起伏不断，职工跳槽转岗、失业再就业现象不断发生，这一系列因素决定了新时代我国劳动关系的运行是动态的和变化的。

（3）新时代国民收入分配结构上的“发展落差”状况亟须改变。总体上来看，在国民收入初次分配和再分配中，国家、企业以及劳动者报酬三者中，劳动者报酬以及居民收入所占国民收入的份额整体偏低，劳动者报酬无论是国内纵向比较，还是同国际横向比较，总体收入占比都较低。劳动者报酬占比较低，表明总体国民收入分配格局不合理，宏观收入分配关系扭曲，消费需求在短期内也很难成为拉动经济增长的动力。因此，从宏观国民收入分配来看，中国特色劳动关系要解决的一个重要问题就是劳动者报酬、政府收入以及资本所得之间如何能够保持一个合理的关系问题。这既对经济增长有十分重要的作用，也对维护劳动关系和谐稳定具有重要的作用。

（4）新时代下创新型人才需求程度出现新高。改革开放以来，中国经济取得的巨大成就与我国劳动力丰富而廉价的特点分不开，但随着劳动力成本提升、制造业企业逐步转移以及与国际贸易往来愈发频繁的现象，我国劳动力成本优势逐渐丧失，人口红利不能成为新时代下经济增长的动力源泉。新时代下，企事业单位对高端人才的引进政策逐步放宽，大量的利好消息指向具有创新精神的人才，创新优势在现有的劳动关系上发挥着较大优势。同时，新生代知识大军在就业中发挥的知识溢出效应，极大提升了我国劳动阶级的技术水平，推进了“人口红利”向“人才红利”的转变，赋予我国劳动关系新的时代内涵。

（5）新时代下职工队伍面临的技能转型升级的压力加大。新时代下经济具有明显的三个特征：“高速增长转为高质量发展”“经济结构战略性调整”“创新是经济发展新时代的根本动力”。① 在新时代下，传统国有企业逐步由传统的人事管理向现代化人力资源管理进行平稳过渡，部分僵化、封闭的国有企业内部员工势必会面对技能提升的要求，这部分人群大多不能较快地实现自身的技能转型升级任务，从而面临着被企业淘汰出局的风险；随着商业模式的不断更迭，优秀的混合所有制企业以及民营企业在主营业务上就业岗位及人数已达到饱和甚至出现裁员的现象，如某互联网企业取消快递员底薪及淘汰“三类人”事件，充分说明广大职工在新时代下面临的技能转型的压力逐步升级，对我国劳动关系治理的时代内涵提出了新的要求。

（6）外部贸易对我国相关领域的就业与收入影响发生新变化。改革开放40 多年来，我国经济已经与世界经济深度融合，与此同时冲击了我国劳动关系的稳定性。近年来，在“一带一路”倡议下，我国在劳务合作上与沿线国家交往更为频繁，由此引发了一系列的海外劳工争议事件。从这一角度考虑，构建我国和谐劳动关系，不单单是从国内角度审视整个体系机制，还要站在国家发展大局上，从多边贸易的视阈下实施举措。现阶段，根据我国中国经济的主要特征，我国经济制度、产权制度和分配制度改革逐步深化，使传统的利益格局逐渐发生变化，新的利益分配格局尚未形成，社会、集体及个别劳动关系均逐渐呈现复杂化、动态化趋势。中国特色社会主义劳动关系也产生了新的内涵，了解劳动关系新内涵有助于我国构建和谐劳动关系，提高保障和改善民生水平。

第四节　新时代劳动关系高质量发展的主要对策

新时代我国劳动关系实现高质量发展是促进劳动关系和谐的必然要求。作为一种复杂的社会经济关系，对劳动关系的治理不能采取某种单一机制或

---

① 潘云良：《把握经济发展新时代的三个根本特征》，《经济日报》2017 年 12 月 19 日。

方案，而是要综合各种现实情况，从多方面入手形成中国特色劳动关系的治理体系，来促进新时代劳动关系高质量发展。

一、坚持“以人民为中心”的发展理念，切实维护劳动者权益

党的十九大报告中指出，“必须坚持人民主体地位。”[①]这意味着要充分重视和保障人民的合法权益，在劳动关系领域就是要始终把人民放在主体位置，将广大劳动者置于突出位置。在劳动关系领域就是要促进劳动者走实现体面劳动和全面发展。首先，提高就业质量、提升工薪标准。习近平总书记指出，要“提高就业质量，不断增加劳动者特别是一线劳动者劳动报酬。”[②] 各级政府应充分关注一线职工以及困难职工的生活状况，把提高一线职工待遇纳入工作日程，并在增加劳动者报酬的基础上，满足其高层次需求。其次，大力弘扬劳模精神。调动媒体对典型事例进行深入报道，引导广大人民群众树立辛勤劳动、诚实劳动、创造性劳动的理念，营造尊重劳动、尊重人才的社会风气。最后，重视劳动者权益保障制度建设。完善社会保障机制将“以人民为中心”的发展理念落实到位。各政府部门应根据不同企业进行分类指导，共同修订劳动合同内容，明确权利义务，保障劳动者依法享受应有福利待遇，以劳动者幸福程度提升作为企业发展的重要指标。

二、以“四个全面”为统领，实现劳动关系和谐

党的十九大报告再次强调了“四个全面”的重大战略意义。在新的历史条件下，构建和谐劳动关系要以“四个全面”为统领，促进新时代劳动关系高质量发展。

1. 以全面建成小康社会为根本方向。

习近平总书记指出，“人民对美好生活的向往，就是我们的奋斗目标。”[③]

---

① 习近平：《决胜全面建成小康社会 夺取新时代中国特色社会主义伟大胜利》，人民出版社 2017 年版。

② 习近平：《在庆祝“五一”国际劳动节暨表彰全国劳动模范和先进工作者大会上的讲话》，《人民日报》2015 年 4 月 29 日。

③ 习近平：《人民对美好生活的向往就是我们的奋斗目标》，http：//www. xinhuanet. com/politics/2012 - 11/15/c_123957816. htm.

作为影响劳动关系和谐的重要因素，教育、工作、收入、社会保障、医疗卫生等都是与劳动者息息相关的内容，因此，构建和谐劳动关系是全面建成小康社会的题中应有之义。有关部门应主动构建社会医疗保障体系，监管各企业尤其是共享平台下劳动者的保障问题，加强规范用工制度，逐步扩大商业保险的覆盖面，并注意减轻劳动者的缴费负担。大力提高创造性劳动者的收入水平，保证人力资本的投入，而不是仅仅重视硬件投入，鼓励创造性劳动，建设创造性劳动奖励机制，打造劳动者收入与其付出成正比的和谐格局。在科研成果分配中，注意对创造性劳动的回馈，以获得感、幸福感来衡量劳动者的工作状态，进而推动劳动关系的高质量发展。

2. 以全面深化改革为动力之源。

劳动关系领域的治理工作涉及面广、系统性强，要针对不断变化的情况进行顶层设计。根据《关于构建和谐劳动关系的意见》尤其要健全劳动关系协调机制，全面推行合同制度，推行集体协商和集体合同制度，健全劳动关系三方协商机制。不断推进人才制度、职称制度改革，落实好特殊人才引进的“绿色通道”。加快城乡职工基本养老金的调整步伐，适当降低社会保险费率，加大职工社保基金监管力度，确保社保体系平稳运行。

3. 以全面依法治国为制度基础。

劳动关系涉及多方主体，其各自的权责利益及相互关系需要靠相关的法律法规来划定和约束。首先，要进一步健全和完善《劳动法》《劳动合同法》《劳动争议调解仲裁法》《社会保险法》《职业病防治法》等法律法规，使相应工作有法可依。其次，要严格执法，使有关法律规章落地。劳动监察部门应严厉查处违规企业，劳动争议仲裁机构贯彻落实执法精神。我国仲裁机构可借鉴美国《劳工法》经验，将各机构的工作重心进行具体分工。最后，要扩大有关法律法规的影响力度。通过通俗易懂的方式将法律法规传播给广大劳动者，努力让员工形成知法、懂法、用法的行为习惯。

4. 以全面从严治党为坚强保障。

构建和谐劳动关系的发展目标，必须严格落实主体责任机制。劳动者有权在企业的重大决策等事宜方面依法参与管理，一旦发生劳资纠纷问题，各级执法部门应秉持“制度面前，人人平等”的原则，公平对待员工与雇主。中国共产党作为我国工人阶级的先锋队，应严把队伍建设质量关，加强企业领导层的监督工作，密切跟进企业内部涉及劳动者利益的决策，对于放弃劳动者利益而追求高绩效发展的企业，监管机构应依法给予严肃处理，并利用

"互联网 +"等新媒体手段进行监督。

三、打破隐性失业瓶颈，促进劳动者稳定就业

实现广大劳动者的稳定就业一直以来是党和政府工作的重心所在，而隐性就业者不仅在自身权益保障上得不到满足，更会对社会和谐造成影响。为消除在职人员从事低于自身工作能力职务的状态，我们要充分发挥社会各部门的协调作用来打破隐性就业瓶颈。

1. 加强对隐性就业者相关情况的监督力度。

首先，各级政府加强对劳动就业的统计审查工作，并在公开数据中细化隐性就业者所处行业的工作时长以及工资标准。加强对共享经济平台下的监控工作，及时曝光存在压榨劳动者利益的现象。出台相关法律法规，准确界定隐性就业者在劳动关系中的权益。其次，应提高劳动就业保障部门及相关部门的工作效率，主动收集劳动者的日常工作状态以及工作目标，防止企业目标与个人目标相悖。同时，国企应充分重视人才的作用，设立有效的"人才强企"战略，将人才纳入企业的价值链当中，合理配备人才资源，推行"不拘一格降人才"的新型模式。

2. 积极开展相关社会救济工作。

隐性就业者当中相当一部分人的收入水平较低，要形成以政府为主导的全方位联动社会管理模式，继续完善最低保障制度、失业保险制度以及医疗保险制度，如适当分配一部分财政（如税收、国企所缴利润）用于医疗保险和养老保险，减轻劳动者的生活负担。从原有的单一救助形式转变为对劳动者在子女教育、赡养、住房补贴等方面的多元化救助和帮扶模式。面对隐性失业者维权案件，部分劳动者很可能在规定的时间内难以提供证明材料，各级法律援助中心应充分考虑实际状况及时开展援助工作，简化案件审理程序，努力保障广大隐性就业者的权益。

3. 促进隐性就业者再就业。

政府应以劳动者实现自身价值作为培养目标，积极开展再就业培训，并设立严格的再就业体制。如隐性就业者由于个人原因未参加再就业教育并多次拒绝为其介绍的工作，应取消其救助基金等帮扶项目。政府可通过传统媒体与新媒体平台，同时让劳动者形成相互监督的局面，对隐瞒隐性就业状态的劳动者进行适度惩罚。随着工人阶级中知识分子的比例不断提高，劳动者

队伍的整体职业素养得到大幅度提升。各地政府及高校应加大人才引进政策力度，降低高校毕业生的就业安置成本，提高其收入水平，注重工作环境、企业文化的改善。

四、发挥宏观调控职能，提高劳动者收入水平

我国社会主义市场经济体制要发挥政府宏观调控职能，确保劳动者的收入水平提升。党的十九大报告指出，要“坚持在经济增长的同时实现居民收入同步增长、在劳动生产率提高的同时实现劳动报酬同步提高。”① 这充分体现了“以人民为中心”的发展理念，效率与公平不再是分配制度内部的关系，而是在生产领域注重效率，在分配领域强调公平。这为广大劳动人民提高劳动收入，通过辛勤工作合法致富提供了制度保障。党的十九大报告指出，要创新和完善宏观调控。因此，政府要厘清自身职责，尤其要在分配领域充分考虑就业人员的切实生活水平，为市场经济提供良好的生态环境。

在生产领域，宏观调控应以提高效率作为主要目标。政府应主动配合企业生产的任务指标，并结合企业实际情况，设定具体的生产计划。各级政府应充分考虑不同企业与员工的差异化，确保任务指标的合理性与可操作性，让劳动者获得成就感与平衡感。法律法规应明确界定不同企业的产品质量要求，对产品质量进行不定期抽查，督促企业按生产标准进行统一生产。

在分配领域，宏观调控应以公平作为首要前提。劳动报酬在初次分配中的比重较低，使不少劳动者勤劳致富的目标很难实现。要提高政府的效率和效能，积极推进简政放权。充分激发农村经济的活力，推进城镇化与户籍制度改革，加大社会保障支出的分配力度与效率，实现公共服务均等化，避免城乡、区域、行业之间因收入差距过大而引发的矛盾。尤其在二次分配的过程中，完善立法的完备性，增添财政专项补贴款项，对低收入人群进行救济。加强税收管控力度，并借鉴国外经验，适当增加直接税比重，从消费水平、净收入等方面调节高收入人群的薪酬水平，努力形成结构优化的税收制度，防止贫富差距拉大。改革事业单位的薪资制度，使其符合市场薪金水平。科学制定国有资本收益分配比例，实行按类收取原则，依据不同企业的经营绩

---

① 习近平：《决胜全面建成小康社会 夺取新时代中国特色社会主义伟大胜利》，人民出版社2017年版。

效提高纯利润的征收比例。构建全民共享机制，尤其是在国有经济领域，努力提高国有企业收益为劳动人民享有的比例，明确国有资产收益的支出方式、使用范围，提高用于民生的支出比重，打造公共服务均等化格局。

在就业领域，宏观调控应以劳动者需求为导向。尊重劳动者的就业需求，从本质上来讲是贯彻以人为中心的发展理念。各级部门要增强大局观意识，精准把握宏观调控尺度，广泛开展劳动者的就业意愿调查工作，及时、准确、全面地了解劳动者的切身需求。同时，各地方的就业服务中心要制定多元化就业方案，让劳动者在就业过程中充分认识自身的特点。对有创业意愿的劳动者，应积极做好创业平台搭建工作，根据不同人群进行个性化、系统化培训，促进劳动者在创业中实现自身价值。

五、加强工会职能建设，提高劳动关系协调绩效

中国特色社会主义的工会具有三种属性，即“党联系职工群众的桥梁和纽带”“国家政权的重要社会支柱”以及“会员和职工利益的代表”。全国中华总工会及地方工会对各行业工会和广大企业事业单位的工会组织具有业务指导和帮扶引导的作用。进一步加强工会的职能建设，提升其对劳动关系协调绩效。

当前，县级以上工会已纳入国家劳动关系治理体系当中，可以看作“类政府机关”。工会秉承“维权”“维稳”原则，促进自身在社会主义和谐劳动关系构建中发挥效用，既要在最大限度上保证广大劳动者的合法利益，又要起到社会稳定器的作用。工会应积极参与三方协调机制，以平衡劳资双方利益为导向，强化自身作为劳动者代表的职能和特征，推进“自下而上”的能够反映劳动群众利益需求的反馈机制建设。并进一步加强工会与有关行政部门的联合审查力度，积极构建“对等式”的三方协调机制，促进国家立法机关在集体合同签订等方面的保障性法律法规体系建设，实现工会与政府劳动行政部门之间的良性互动。此外，各级工会应加强对各行业及重点企业的生产环境和工作条件进行摸查，并与有关行政部门合作，督促企业对存在的问题积极整改，以保障劳动者权益。2018 年，上海市总工会与上海市人力资源和社会保障局联合评选“五一劳动模范”，这也是工会与有关行政部门进行合作的有益尝试。

从当前全国劳动争议事件总体形势上看，资方呈强势姿态，因此，要积

极构建对等互助式的劳资关系。这就要求加强工会在资方的监督力度，维护广大劳动者的合法权益。一方面，全国总工会以及各地方工会应坚持以职工为本的思想，增强自身主体性，避免对雇主一方的过度依赖；并且，国家要进一步完善集体谈判的立法，提升工会的集体谈判能力。另一方面，企业工会应积极落实职工代表大会模式，坚持以直选方式调动职工参与的积极性，通过职工代表大会收集整理出职工真实迫切的需求，使劳资协商更加富有成效。企业工会与雇主在集体谈判层面应将企业利益、员工利益统一结合，在谈判中要坚持客观公正的标准，更好地代表广大员工与雇主签订集体合同。

我国仍处于社会主义初级阶段，广大劳动者的生活水平还没有达到富足状态。2015 年，习近平总书记在庆祝“五一”国际劳动节暨表彰全国劳动模范和先进工作者大会上强调，要提高就业质量，不断增加劳动者特别是一线劳动者劳动报酬。我们下一步要积极推进工资集体协商，依据各行业和不同企业的特点，注重分类指导，规范协商程序和充实协商内容，来维护广大劳动者的合法权益。努力提升企业专项集体合同签订率，使劳动者有更多的获得感。此外，各级工会应推动普惠性、常态性服务，为劳动者谋福利。工会要主动慰问在基建工程、园林绿化、生产车间等一线工人，提高有毒、有害岗位的补助标准；各级工会应努力探索职工子女的托管服务，帮助其解决子女上下学无人接送等具体问题；省级工会应完善基层工会经费支出管理细则，提高基层工会慰问品发放额度。各级工会应大力开展职工代表咨询座谈会，掌握一线职工最直接的问题，以职工的满意程度作为衡量工会工作业绩的主要标准，切实提高劳动关系协调绩效。此外，要依托现代化信息技术手段，推行困难职工联系人模式，实时监控帮扶情况。如 2019 年 4 月，上海市总工会依托“互联网 +”形成了职工三级梯度帮扶机制，分为深度困难职工、困难职工与一线职工三个梯度的扶持对象，切实推进帮扶工作。

六、发挥工人阶级主力军作用，促进劳动关系和谐

改革开放以来，我国工人阶级的职业特征发生了新变化。工人阶级队伍持续壮大，素质日益提升，先进性不断增强，已成为包括广大知识分子在内，由多种所有制经济和各类机关事业单位的全体体力及脑力劳动者所组成的有机整体。具体而言，当前我国工人阶级主要指从事第二、第三产业的劳动者，他们来自不同的所有制单位，并且知识水平和技能水平不断增强，已不同于

传统意义上的一般工人概念。

2015年4月，中共中央举办庆祝“五一”国际劳动节暨表彰全国劳动模范和先进工作者大会，这是时隔36年我国再次以最高规模表彰劳模。习近平总书记提出要始终重视发挥工人阶级和广大劳动群众的主力军作用。2018年11月，习近平总书记在与中华全国总工会新一届领导班子成员集体谈话时指出，完成党的十九大提出的目标任务，必须充分发挥工人阶级主力军作用。[①]这充分说明，工人阶级是新历史时期促进先进生产力发展和社会全面进步的主力军，是新时代经济高质量发展的核心力量。我国工人阶级作为先进生产力的代表者，是社会财富的主要创造者、现代化经济体系和制造强国的主要建设者。在新的历史时期，构建社会主义和谐劳动关系要充分重视和发挥工人阶级的主力军作用，这有利于“以人民为中心”的发展理念落实到位。这意味着要充分重视和保障人民的合法权益，在劳动关系领域就是要始终把人民放在主体位置，将广大劳动者置于突出位置。颇具影响的马克思主义社会学家麦克·布洛维在其著作《生产的政治》中提出对社会经济的研究要“把工人带回分析的中心”。这也提示我们对劳动关系的把握要从“人”的角度出发，从每一位劳动者去思考如何保障其选择的自由、适宜的工作和更好的生活。

党的十九大提出要发挥社会主义协商民主的重要作用，这超越了西方传统的集体谈判理论，破解了集体谈判制度的局限性。在构建和谐劳动关系方面就是要积极推进广大劳动者参与到企业运营与发展的相关事务中来。工人阶级民主参与企业管理与决策是社会主义经济建设的题中应有之义。当前，不少劳动者缺乏主人翁感，对企业前途并不十分关心。工人阶级的主人翁地位，虽时常被提及，但现实的企业治理结构阻碍了这一原则的落实，传统的等级决策制禁锢着劳动者的积极性与创造性，出现“他们与我们”的综合症，即工人同经理层以及企业经营效益的疏远，导致劳动精神的失落和生产效率的损失。新中国历史上也有如“鞍钢宪法”等发扬工人阶级参与企业决策的优良传统。劳动者不仅是被动地接受管理，他们也有权利对企业的重大决策等事项依法参与管理，并行使代表自身利益的民主监督权。我们要在思想定位、舆论宣传和政策法规方面进行积极引导和必要干预，推动各类企业都能够重视职工参与企业决策的应然性和正当性，使社会各界认同职工参与

---

① 习近平：《开创我国工运事业和工会工作新局面》，新华网，2018年12月10日。

企业决策的优势。[①] 将其作为化解当前社会某些领域还比较激烈的劳动关系矛盾的突破口和手段，从而充分发挥工人阶级在社会主义和谐劳动关系构建中的主力军作用。

新时代国民经济要实现高质量发展和铸就中国梦，必须坚持“两个毫不动摇”的方针，这是基于我国国情的现实选择和客观需要。《劳动合同法》对劳动者倾斜性的立法保护显而易见，我们在强调维护广大劳动者合理权益的同时，也应重视雇主和用人单位的正当权益，并加强企业发展环境的整体优化。习近平总书记强调：“要坚持促进企业发展和维护职工权益相统一，同时调动劳动关系主体双方的积极性、主动性，推动企业与职工群众协商共事、机制共建、效益共创、利益共享。”[②] 今后，要充分发挥工人的主力军作用，继续弘扬劳动精神、劳模精神、工匠精神，并注重保护与激发企业家精神，走经济高质量发展道路，满足人民对美好生活的需要。“不论时代怎样变迁，不论社会怎样变化，我们党全心全意依靠工人阶级的根本方针都不能忘记、不能淡化，我国工人阶级地位和作用都不容动摇、不容忽视。”[③] 在新的历史阶段，继续发挥工人阶级的主力军作用，有利于促进社会主义和谐劳动关系构建日趋完善。

七、构建劳动关系预警机制，减少劳动争议数量

与劳动关系争议的事后调节不同，劳动关系预警机制能准确预估风险征兆，具有防患于未然、超前反馈的作用。鉴于我国劳动争议与群体性事件的复杂性，可从企业、三方协商机制以及社会组织三个维度来处理。

1. 基于企业实际构建劳动关系预警机制。

首先，加强依法行事。依法办事要建立在企业劳动关系预警指标体系的法律依据上，并不断提高雇主和雇员的法律意识和法律观念，特别是改变经营者传统的经营理念，让他们懂得如何尊重工人的合法权益，为稳定的劳资

① 张嘉昕：《工人自我管理：一部颠覆资本雇佣劳动的经济思想史》，社会科学文献出版社2013年版。

② 习近平：《全国构建和谐劳动关系先进表彰暨经验交流会在京举行——习近平会见代表并讲话》，《人民日报》2011年8月17日。

③ 习近平：《在庆祝“五一”国际劳动节暨表彰全国劳动模范和先进工作者大会上的讲话》，人民网2015年4月28日。

关系打造良好的基础。其次，加强指标体系建设。企业构建和谐劳动关系应将一般性与敏感性指标进行量化处理，从而确定适合本企业的三级指标，并建立相应权重，通过有效处理形成预警机制，在预警系统中设立三种及以上预警信号，从而降低劳资纠纷的发生频率。再其次，雇主要具有社会责任意识，注重员工的福利与提升空间，充分保护员工权益，尊重工人提出的合理化建议，努力提升劳动合同质量，尽量消除强制劳动。企业有义务将劳动合同的条款向劳动者进行系统性解释，并严格履行劳动合同的内容，力争实现“阳光合同”。最后，企业内部应完善沟通管理机制建设。畅通职工诉求表达渠道，继续发挥座谈会、定期走访、专门工作室等传统诉求渠道的作用，建立新媒体诉求表达平台，使企业深入了解员工的愿望及需求，关注企业员工的心理波动，满足其心理预期。企业可以将人力资源部设为申诉流程的办理机构，这既可以弥补企业工会管理的局限性，又可以与外企的管理模式相结合。

2. 以三方协商为基础建立劳动关系预警机制。

首先，健全体系，完善市、县（区）、街道（乡镇）三级政府劳动关系预警系统，及时发现并妥善解决劳动关系的重点、难点问题。建立健全三方机制，推进和谐用人单位、和谐社区等活动，建立集体协商纠纷处理机制，完善劳动关系形势动态分析与监测评判机制。其次，细化流程，及时监督有关事项运行。如雇主规章制度、劳动合同、集体协商、工资支付、社会保险等；健全三方委员会，促使街道（乡镇）劳动关系协调员担任信息员，以便及时了解各自管辖区内企业的相关信息。每月向街道（乡镇）党委报告，经过系统性分析手段汇报给上级。联席会议领导小组办公室定期监督和检查下属，实施量化管理，强化问责机制，并进行年度评估。最后，强化管控，审查涉及员工切身利益的重大问题，及时向上级部门汇报。一旦发生劳动关系冲突时，政府部门应主动了解情况，掌握解决矛盾的主动权，从而开展应急流程。为防止事件重复发生，还应该改进跟踪反馈机制。必须认真对待过度检查、误解、无效、失职导致的冲突，对造成局势恶化和严重后果的人进行严肃处理。

3. 发挥其他社会组织在劳动关系预警机制中的辅助支撑作用。

在形成和谐劳动关系的社会共治格局中，社会组织作为第四方力量，具有超越三方关系利益冲突中坚力量的独特优势和作用。鉴于社会组织的特殊功能，首先，畅通媒体、学者和非政府组织等有序参与劳动法律和政策的制定和执行监督的各种渠道，动员和鼓励各种社会力量参与劳动关系的共同治理并提升其参与能力，防范和纠正劳动关系治理领域中政府的目标和行为偏差，督促政府提高劳动关系治理的效率和实际成效。其次，引导社会力量推动企业履行保障和改善劳动者权益的社会责任。引导新闻媒体积极宣传构建和谐劳动关系的政策和典型经验，公开曝光、谴责和排斥侵害劳动者权益的企业。引导消费者和社会大众通过“良心消费运动”和舆论压力等，促进各类企业遵守保护劳动者合法权益的“道德公约”。最后，注重对劳动者的人文关怀和心理疏导，引导和鼓励他们诚实劳动和理性维权，不进行恶意索薪、过度维权行为。仲裁机构、律师事务所、学术研究机构等应加强合作通过相关案例剖析，更准确地了解该地区内劳资矛盾的现状与趋势，为建立预警机制提供有效的模型和技术支持。此外，可以借鉴日本经验，在相关机构和社团组织中建立综合劳动资讯站，为劳资双方提供信息服务，降低劳动纠纷事件概率。

参考文献

[1] [美] 安格斯·麦迪逊：《世界经济千年史》，北京大学出版社 2003 年版。

[2] [美] 巴德：《劳动关系：寻求平衡》（第 3 版），于桂兰等译，机械工业出版社 2013 年版。

[3] 蔡德仿：《东盟国家劳动争议处理体制及其对我国的启示》，《中国劳动关系学院学报》2015 年第 2 期。

[4] 曹红延、陈长鑫：《经济转型期国有企业构建和谐劳动关系的对策》，《当代经济》2013 年第 13 期。

[5] 常凯：《构建和谐劳动关系与劳动关系法制化》，《思想政治工作研究》2011 年第 9 期。

[6] 常凯：《劳动关系学》，中国劳动社会保障出版社 2005 年版。

[7] 陈晨：《经济发展新常态下构建和谐劳动关系研究》，《郑州大学学报》（哲学社会科学版）2015 年第 6 期。

[8] 陈维政等：《中国企业工会角色冲突对工会职能作用发挥的影响和对策研究》，《管理学报》2016 年第 3 期。

[9] 陈维政、任晗、朱玖华、王西柄、陈玉玲：《中国企业工会角色冲突对工会职能作用发挥的影响和对策研究》，《管理学报》2016 年第 3 期。

[10] 程恩富、孙业霞：《以色列基布兹集体所有制经济的发展示范》，《经济纵横》2015 年第 3 期。

[11] 程延园：《劳动关系》，中国人民大学出版社 2002 年版。

[12] 程延园：《世界视阈下的和谐劳动关系调整机制》，《中国人民大学学报》2011 年第 5 期。

[13] 程远珍：《国有企业劳动关系管理法律风险的防范》，《科技经济市场》2014 年第 9 期。

[14] 杜瑾秋：《国有企业改革对劳动关系的影响》，《淮海工学院学报》（人文社会科学版）2015 年第 7 期。

[15] 范围：《日本劳动关系“三支柱”的形成、变革与展望》，《国家行政学院学报》2014 年第 1 期。

[16] 傅利平、王鲁豫、韩涓：《关于国有企业改制中构建和谐劳动关系的几点思考——以河南省为例》，《中州学刊》2013 年第 4 期。

[17] 高新会：《劳动关系的制度分析》，《经济师》2007 年第 5 期。

[18] 高云飞：《改制企业职工权益变动及相应对策研究——以 F 市为例》，吉林大学，2012 年版。

[19] 郭庆松：《当代国有企业劳动关系评述》，《上海行政学院学报》2007 年第 9 期。

[20] 郭铁民：《推动实现更高质量就业》，《福建日报》2013 年 6 月 24 日。

[21] 郭维河：《构建国有企业和谐劳动关系的思考与研究》，《山东工会论坛》2014 年第 3 期。

[22] [美] 哈里·布雷弗曼：《劳动与垄断资本：二十一世纪中劳动的退化》，方生等译，商务印书馆 1978 年版。

[23] [以] 哈伊姆·格瓦蒂：《以色列移民与开发百年史》，中国社会科学出版社 1996 年版。

[24] 韩长赋：《新生代农民工社会融合是个重大问题——关于新生代农民工问题的调查与思考》，《农村工作通讯》2012 年第 6 期。

[25] 韩喜平、周颖：《新常态下国有企业和谐劳动关系的构建》，《理论探索》2016 年第 1 期。

[26] 何勤、孟泉、李倩：《经济新常态下企业劳动关系风险预测研究——基于 245 家企业调查数据》，《中国人力资源开发》2015 年第 11 期。

[27] 黑启明：《劳动关系研究十大基本范畴的科学界定》，《理论与现代化》2004 年第 6 期。

[28] 胡爱斌：《让境外劳资关系陷阱成为竞争优势》，《世界有色金属》2015 年第 4 期。

[29] 胡娇：《新常态背景下我国企业和谐劳动关系构建》，湖南师范大学，2016 年。

[30] 胡磊：《更好发挥和谐劳动关系构建中政府作用》，《党政干部学刊》2015 年第 1 期。

[31] 胡磊：《面向经济新常态的企业和谐劳动关系构建研究》，《中国劳动》2015 年第 8 期。

[32] [德] 霍斯特·西伯特：《德国公司治理中的共同决策》，《国外理论动态》2006 年第 6 期。

[33] 建定：《瑞典社会保障制度的发展》，中国劳动社会保障出版社 2005 年版。

[34] 蒋茜：《社会主义市场经济中我国工会定位问题的探讨》，《政治经济学评论》2015 年第 3 期。

[35] 瞿皎皎、赵曙明：《中国工会代表性的提升策略研究——组织社会学新制度主义的分析视角》，《管理转型与发展研究》2017 年第 2 期。

[36] [瑞] 克拉斯·埃克隆德：《现代市场经济理论与实践——“瑞典模式”的经验与教训》，北京经济学院出版社 1995 年版。

[37] 赖德胜：《高质量就业的逻辑》，《劳动经济研究》2017 年第 6 期。

[38] 赖德胜，李长安：《经济新常态背景下的和谐劳动关系构建》，《中国特色社会主义研究》2016 年第 1 期。

[39] 李戈：《社会转型与中国工会的改革路径探析》，《社会主义研究》2015 年第 6 期。

[40] 李光明、王文章：《赴以色列农业考察报告》，《宁夏农林科技》2000 年第 4 期。

[41] 李光：《以色列基布兹研究》，上海社会科学院欧亚研究所，2006 年版。

[42] 李锦峰：《国企改制过程中的国家与工人阶级：结构变迁及其文献述评》，《社会》2013 年第 3 期。

[43] 李丽林、袁青川：《国际比较视野下的中国劳动关系三方协商机制：现状与问题》，《中国人民大学学报》2011 年第 5 期。

[44] 李林、郭赞：《民营中小企业劳动关系质量评价标准探析：基于体面劳动的视角》，《宏观质量研究》2020 年第 1 期。

[45] 李明、徐建炜：《谁从中国工会会员身份中获益？》，《经济研究》2014 年第 5 期。

[46] 李攀：《以色列农业：集体主义与高科技的“金婚”》，《21 世纪商业评论》2008 年第 11 期。

[47] 李蕊：《日本企业应对日元升值的策略》，《东北亚坛》2008 年第

1 期。

［48］李文沛：《“一带一路”战略下我国境外劳动者权益保护中的政府作用研究》，《行政法学研究》2017 年第 4 期。

［49］李雄：《如何构建新时代劳动关系》，《人民法院报》2018 年 2 月 27 日。

［50］李志伟：《新常态下和谐劳动关系构建研究》，《中国劳动关系学院学报》2016 年第 6 期。

［51］林春杰等：《中国企业在阿联酋地区经营中劳动法律风险研究》，《中国市场》2017 年第 15 期。

［52］林建：《资本主义中的“社会主义细胞”——以色列“基布兹”的组织形式、发展原因及其启示》，《当代世界与社会主义》2003 年第 6 期。

［53］刘爱玉：《国有企业制度变革过程中工人的行动选择——项关于无集体行动的经验研究》，《社会学研究》2003 年第 6 期。

［54］刘凤义：《劳动关系研究中的马克思主义分析框架》，《马克思主义研究》2012 年第 6 期。

［55］刘建洲：《国有企业劳动关系转型的理论依据和模式选择》，《上海行政学院学报》2006 年第 11 期。

［56］刘建洲：《新形势下国有企业劳动关系研究：一个管理者视角的分析》，《学术探索》2006 年第 8 期。

［57］刘泰洪：《新时代的劳动关系及其治理》，《理论视野》2018 年第 5 期。

［58］刘燕斌：《就业是最大的民生》，《中国人力资源社会保障》2017 年第 11 期。

［59］刘元文、高红霞：《产权改革后国有企业基本状况》，《工会理论与实践》2002 年第 12 期。

［60］吕守军：《日本劳资关系的新变化及其对中国的启示——基于法国调节学派制度理论的研究》，《教育与研究》2011 年第 11 期。

［61］马瑞：《国企劳动关系存在的主要问题及对策》，《中国市场》2017 年第 32 期。

［62］［美］M. M. D. C. 波斯坦·科尔曼，彼得·马塞厄斯：《工业经济：资本、劳动力和企业》（上册），经济科学出版社 2004 年版。

［63］孟泉：《什么是社会劳动关系》，《人力资源开发》2017 年第 6 期。

[64] 孟泉：《新时代和谐劳动关系治理策略与机制》，《社会治理》2017年第10期。

[65] 孟钟捷：《“经济民主”在德国的确立——试论胡戈·辛茨海默与〈魏玛宪法〉第165条》，《历史教学问题》2007年第6期。

[66] 潘泰萍：《关于构建我国集体劳动争议预防制度的研究》，《兰州学刊》2016年第6期。

[67] 乔健：《略论我国劳动关系的转型及当前特征》，《中国劳动关系学院学报》2007年第4期。

[68] 邱少晖：《组织与行为视阈下我国工会法变迁的历史考察》，《学术论坛》2016年第5期。

[69] 荣兆梓等：《通往和谐之路：当代中国劳资关系研究》，中国人民大学出版社2010年版。

[70] 尚长泉：《新常态下增强企业工会活力的若干思考》，《山东社会科学》2017年第2期。

[71] 沈嘉贤：《高水平实现“更高质量和更充分”就业》，《浙江经济》2017年第23期。

[72] 沈琴琴：《基于制度变迁视角的工资集体协商：构架与策略》，《中国人民大学学报》2011年第5期。

[73] 施晓红：《德国职工共同决策制度及其对我国的启示》，《经济管理》2004年第9期。

[74] 宋璐鹏：《国有企业工会维权的突出问题及破解思路》，《理论探索》2017年第5期。

[75] 苏杭：《“一带一路”战略下我国制造业海外转移问题研究》，《国际贸易》2015年第3期。

[76] 孙中伟、贺霞旭：《工会建设与外来工劳动权益保护——兼论一种“稻草人机制”》，《管理世界》2012年第12期。

[77] 谭劲松、郭亭：《把握国企劳动关系特殊性，构建国企和谐劳动关系》，《管理学刊》2012年第2期。

[78] 唐鑫、张嘉昕：《工人阶级是促进先进生产力发展和社会全面进步的主力军》，《社会科学家》2019年第1期。

[79] 唐宗焜：《合作社功能和社会主义市场经济》，《经济研究》2007年第12期。

[80] 涂永前：《新时代中国特色社会主义和谐劳动关系构建研究：现状、问题与对策》，《社会科学家》2018 年第 1 期。

[81] 涂永珍：《工会法定“代言人”地位的缺失与重构》，《学习论坛》2011 年第 6 期。

[82] 王本立、江红云：《基布兹的体制演变与历史贡献》，《科学社会主义》2008 年第 5 期。

[83] 王陆鸽：《构建国有企业和谐劳动关系的思考》，《人力资源管理》2017 年第 8 期。

[84] 王兴华：《国有企业：劳动关系与三方权利平衡机制设计》，《会计与经济研究》2013 年第 2 期。

[85] 王燕春：《国有企业如何构建和谐劳动关系》，《工友》2014 年第 11 期。

[86] 王阳：《我国就业质量水平评价研究——兼析实现更高质量就业的政策取向》，《经济体制改革》2014 年第 5 期。

[87] 闻效仪：《工会直选：广东实践的经验与教训》，《开放时代》2014 年第 5 期。

[88] 翁小玲：《浅谈国有企业构建和谐劳动关系管理与对策》，《科技与企业》2015 年第 23 期。

[89] 吴清军、刘宇：《劳动关系市场化与劳动权益保护——中国劳动关系政策的发展路径与策略》，《中国人民大学学报》2013 年第 1 期。

[90] 夏青云：《“一带一路”视角下的劳动关系协调与沟通》，《海峡科学》2017 年第 5 期。

[91] 谢玉华、江贝贝、苏策：《转型市场经济国家劳动关系变革及其对中国的启示——以越南为例》，《中国人力资源开发》2016 年第 11 期。

[92] 信卫平：《国有企业改革进程中劳动关系市场化对劳动者的影响》，《工会理论与实践》2001 年第 4 期。

[93] 徐崇顺：《瑞典模式的历史进程和经验教训》，《复旦学报》（社会科学版）2007 年第 4 期。

[94] 徐景一：《经济新常态背景下地方政府治理集体劳动争议模式研究》，《当代经济研究》2015 年第 8 期。

[95] 徐向群、于崇建主编：《第三圣殿——以色列的崛起》，上海远东出版社 1995 年版。

[96] 严晓琳：《国有企业劳动关系分析》，《中小企业管理与科技》（下旬刊）2016年第3期。

[97] 杨静：《完善我国工资集体协商制度推动劳动关系和谐发展》，《河北经贸大学学报》2014年第6期。

[98] 杨曼苏：《以色列·谜一般的国家》，世界知识出版社1992年版。

[99] 杨体仁、李丽林：《市场经济国家劳动关系》，中国劳动社会保障出版社2000年版。

[100] 杨亚莉：《刍议新时期国有企业劳动关系》，《劳动保障世界（理论版)》2013年第11期。

[101] 杨宜勇：《以新体系提升经济创新力竞争力》，《经济日报》2017年第7期。

[102] 杨云霞：《习近平中国特色社会主义和谐劳动关系思想研究》，《理论视野》2018年第6期。

[103] 姚先国、郭东杰：《改制企业劳动关系的实证分析》，《管理世界》2004年第5期。

[104] 虞卫东：《当代以色列社会与文化》，上海外语教育出版社2005年版。

[105] 张春波、何春歧：《"基布兹"对我国农民道德建设路径的启示》，《人民论坛》2012年第4期。

[106] 张嘉昕、艾尼瓦尔·吐尔逊：《美国职工持股计划研究》，吉林大学，2015年。

[107] 张嘉昕：《德国共同决定模式的劳动者利益实现机制研究》，《社会科学家》2018年第5期。

[108] 张嘉昕、高嘉辰：《劳动产权：一种不容忽视的财产权理论》，《河南师范大学社科学报》2014年第1期。

[109] 张嘉昕：《工人自我管理：一部颠覆资本雇佣劳动的经济思想史》，社会科学文献出版社2013年版。

[110] 张嘉昕：《经济民主：劳动者参与管理和分享收益的逻辑走向》，《社会科学家》2017年第6期。

[111] 张嘉昕：《劳动产权理论的创生与发展》，《社科战线》2011年第4期。

[112] 张嘉昕：《马克思工人合作工厂理论视阈下的蒙特拉贡合作公司

研究》,《马克思主义研究》2012 年第 11 期。

[113] 张嘉昕:《马克思经济学与现代西方经济学劳动关系理论的比较研究》,《经济纵横》2011 年第 9 期。

[114] 张嘉昕、马晓丽:《二战日本劳动关系协调模式演变发展研究》,《经济视角》2016 年第 5 期。

[115] 张嘉昕、邱宁:《以色列基布兹的合作制经济模式研究》, 吉林大学, 2014 年。

[116] 张嘉昕:《瑞典共享型劳动关系模式利益平衡的逻辑与机制》,《社会科学家》2019 年第 4 期。

[117] 张嘉昕、王芳菲:《发达资本主义社会中的集体所有制经济研究——以日本山岸会为例》,《中国经济规律研究会论文集》, 2016 年。

[118] 张嘉昕、王芳菲:《国外马克思主义的劳动关系理论》,《理论视野》2018 年第 5 期。

[119] 张嘉昕、杨巧园:《西班牙蒙特拉贡合作制经济的体系构建与社会经济绩效研究》,《海派经济学》2016 年第 3 期。

[120] 张嘉昕、于珊:《法国调节学派劳动关系理论及其视角下的“黄马甲”运动透视》,《理论视野》2020 年第 1 期。

[121] 张立君:《论企业利益相关者共同治理》, 上海财经大学出版社 2008 年版。

[122] 张丽宾:《中国特色社会主义新时代的就业问题和就业工作》,《中国人力资源社会保障》2017 年第 12 期。

[123] 张鸣起:《以习近平新时代中国特色社会主义思想为指导 构建新时代和谐劳动关系》,《社会治理》2018 年第 3 期。

[124] 张宪周:《国企劳动关系存在的主要问题及对策》,《中外企业家》2013 年第 33 期。

[125] 赵祖平:《全球化及经济危机背景下的德国劳动关系协调机制》,《晋阳学刊》2017 年第 4 期。

[126] 郑东亮:《经济新常态下构建和谐劳动关系面临的挑战和对策》,《中国劳动》2015 年第 10 期。

[127] 郑萍:《日本农业集体所有制的合作组织》,《马克思主义研究》2009 年第 4 期。

[128] 周建军:《从德国的“共同决定”到浙江的“工资共决”》,《中

国经济时报》，2010 年 6 月 4 日。

[129] 周茂荣、聂文星：《德国共同决定制的起源、演化及其在战后德国经济发展中的作用》，《世界经济与政治论坛》2000 年第 5 期。

[130] 周新军：《劳动关系与劳资关系：两种体制下的经济关系》，《现代财经》2001 年第 12 期。

[131] 周颖：《中国国有企业和谐劳动关系的发展脉络与构建思路》，吉林大学，2016 年。

[132] 卓丽洪等：《"一带一路"战略下中外产能合作新格局研究》，《东岳论丛》2015 年第 10 期。

[133] 左向：《国有企业劳动关系管理实践与思考》，《人力资源管理》2013 年第 10 期。

[134] Al Campbell. The role of workers in management: The case of Mondragon. Review of Radical Political Econonmics, 2011.

[135] Arnold Scott. Equality and exploitation in the market socialism community. Social Philosophy and Policy, 1992, 9 (1): 9.

[136] Bergstein, Warren, and Wanda Williams. The Benefits of Employee Stock Ownership Plans. CPA Journal, 2013, 83 (4).

[137] Bob Jessop. Regulation Theory and the Crisis of Capitalism. Edward Elgar, 2001.

[138] Bonin, Putterman. Economics of Cooperation and the Labor-managed Economy. London: Harwood, 1987.

[139] Breuer, Mahhew P. Employee ownership. Smart Business Chicago, 2014, 11 (4).

[140] Chang K, Brown W. The transition from individual to collective labour relations in China. Industrial Relations Journal, 2013, 44 (2): 102 – 121.

[141] Chang, Saeyoung. Employee Stock Ownership Plans and Shareholder Wealth: An Empirical Investigation. Financial Management, 1990, 19 (1).

[142] Conte, Michael A. Economic Research and Public Policy toward Employee Ownership in the United States. Journal of Economic Issues, 1994, 28 (2).

[143] Culpeper, Robert, John Gamble, and Meg Blubaugh. Employee Stock Ownership Plans and Three-component commitment. Journal of Occupational

and Organizational Psychology, 2004, 77.

[144] Dagher, Veronica. Owners Look to ESOPs to Cash Out. Wall Street Journal-eastern Edition, 2013, 261 (100).

[145] David Ellerman. Intellectual Trespassing as a Way of Life. Lanham MD: Rowman & Littlefield, 1995.

[146] David Ellerman. On the Role of Capital in "Capitalist" and in Labor-Managed Firms. Review of Radical Political Economics, 2007, 39: 7.

[147] David Ellerman. The Democratic Worker-Owned Firm. Boston: Unwin Hywan, 1990.

[148] David Neilson. Remaking the Connections: Marxism and the French Regulation School. Review of Radical Political Economics, 2012 (44).

[149] Dominique Anxo, Harald Niklasson. The Swedish Model: Revival after The Turbulent 1990s, European Employment Models in Flux, 2009.

[150] Elfstrom M, Kuruvilla S. The Changing Nature of Labor Unrest in China. Industrial and Labor Relations Review, 2014, 67 (2): 453 -480.

[151] Faleye, Olubunmi, Vikas Mehrotra, Randall Morck. When Labor Has a Voice in Corporate Governance. The Journal of Financial and Quantitative Analysis, 2006, 41 (3): 489 -510.

[152] Friedman E. Insurgency Trap. Labor Politics in Post-socialist China. New York: Cornell University Press, 2014.

[153] Henry Near. Paths to Utopia: The Kibbutz as a Movement for Social Change. Jewish Social Studie, 1985.

[154] Hufford L. Sweden: The Myth of Socialism. London, 1973.

[155] Hui E S, Chan C K. Beyond the Union-Centered Aproach: A Critical Evaluation of Recent Trade Union Elections in China. British Journal of Industrial Relations, 2015, 53 (3): 601 -627.

[156] J. E. Meade. The Theory of Labour-managed Firms and profit Sharing. Economics Journal, 1972 (82): 401.

[157] Jessop, Bob ed. Regulationist Perspectives On Fordism And Post-Fordism. Northampton: Edward Elgar Publishing, 2001.

[158] John Bray. Labour's Wrongs and Labour's Remedy. R. Thoemmes Press Reprinted, 1997.

[159] John Godard. Industrial Relations, the Economy, and Society. North York: Captus Press Inc., 2000.

[160] Khan M T, Khan N A. Role of labor unions beneficial for employer. Far East Journal of Psychology and Business, 2011, 4 (3): 56-71.

[161] Kochan T. and H. Katz. Collective Bargaining and Industrial Relations. Homewood, IL: lrwin, 1988.

[162] Kraizberg, Ell, Aharon Tziner, and Jacob Weisberg. Employee Stock Options: Are They Indeed Superior to Other Incentive Compensation Schemes? Journal of Business and Psychology, 2002, 16 (3).

[163] Kramer, Brent. Employee Ownership and Participation Effects on Outcomes in Firms Majority Employee-owned Through Employee Stock Ownership Plans in the US. Economic and Industrial Democracy, 2010, 31 (4).

[164] Livingston, D. T., and James Henry. The Effect of Employee Stock Ownership Plans on Corporate Profits. The Journal of Risk and Insurance, 1980, 4 7 (3).

[165] Markowitz, Harry, Joseph Blasi, and Douglas Kruse. Employee stock ownership and diversification. Annals of Operations Research, 2010, 176 (1).

[166] Marsh, Thomas, and Dale McAllister. ESOPs tables: A survey of Companies with employee stock ownership plans. Journal of Corporation Law, 1981, 6 (3).

[167] Melford E. Spiro. Utopia and Its Discontents: The Kibbutz and Its Historical Vicissitudes. American Anthropologist, 2004.

[168] Michel Aglietta. A Theory of Capitalist Regulation: The US Experience, Translated by David Fernbach. Verso, 1979.

[169] Odom, Sue. Employee Stock Ownership Plans: Innovative and Tax-efficient Tools to Meet Your Business Planning Needs. South Carolina Business, 2014, 35 (4).

[170] Panu Kalmi. The Study of Co-operatives in Modern Economics: A Methodological Essay. Mapping Co-operative Studies in the New Millennium, 2003.

[171] Peter Leigh Taylor. The rhetorical construction of efficiency: Restructing and industrial democracy in Mondragon. Sociological Forum, 1994, 9 (3).

[172] Pugh, William, Sharon Oswald, and John Jahera Jr. The Effect of

ESOP Adoptions on Corporate Performance: Are There Really Performance Changes? . Managerial and Decision Economics, 2000, 21 (5).

[173] Ran Abramitzky, Lessons from the Kibbutz on the Equality-Incentives Trade-off. The Journal of Economic Perspectives, 2001, 25 (1).

[174] Richard B. Freeman, James L. Medoff. What Do Unions Do. New York: Basic Books, 1984.

[175] Robert Boyer. The Regulation School: A Critical Introduction. Columbia University Press, 1990.

[176] Rosen, Corey, and Michael Quarrey. How Well is Employee Ownership Working? Harvard Business Review, 1987, 65 (5).

[177] Selucky R. Marxism. Socialism and Freedom: Towards a General Democratic Theory of Labour-Managed Systems. London: Macmillan, 1979: 179.

[178] Shukla A. Collective relation between union and employer: industrial relations. Management and Technology, 2014, 3 (12).